高等学校小学教育专业系列教材

小学音乐活动教学设计与实施

主　编　匡雅玲
副主编　黄　冠　陈顺桥
　　　　高　霞

南京大学出版社

图书在版编目（CIP）数据

小学音乐活动教学设计与实施 / 匡雅玲主编 . —— 南京：南京大学出版社，2020.12（2023.1 重印）
ISBN 978-7-305-24076-8

Ⅰ. ①小… Ⅱ. ①匡… Ⅲ. ①音乐教育 – 教学研究 – 小学 Ⅳ. ① G623.712

中国版本图书馆 CIP 数据核字（2020）第 257462 号

出版发行	南京大学出版社
社　　址	南京市汉口路 22 号　邮编　210093
出 版 人	金鑫荣

书　　名	小学音乐活动教学设计与实施
主　　编	匡雅玲
责任编辑	曹　森　　　　编辑热线　025-83686756
照　　排	南京凯建文化发展有限公司
印　　刷	南京京新印刷有限公司
开　　本	787×1092　1/16　印张　15.25　字数　391 千
版　　次	2020 年 12 月第 1 版　2023 年 1 月第 3 次印刷
ISBN	978-7-305-24076-8
定　　价	43.80 元

网　　址	http://www.njupco.com
官方微博	http://weibo.com/njupco
微信服务号	NJUyuexue
销售咨询热线	（025）83594756

* 版权所有，侵权必究

* 凡购买南大版图书，如有印装质量问题，请与所购图书销售部门联系调换

前　言

二十一世纪是人才、智力竞争的世纪，需要培养人格完整、头脑健全的通识型及思辨型人才，发展学生的创新、实践、合作、自主学习能力，全面提高学生的综合素质，已成为教育的基本任务。多学科教育教学相融合也是小学教育未来发展的方向，"针对小学教育的实际需求，重点探索小学全科教师培养模式，培养一批热爱小学教育事业、知识广博、能力全面、能够胜任小学多学科教育教学需要的卓越小学教师"，不仅为初等教育专业的发展指明了方向，也给小学教师未来的发展指明了道路。

小学音乐活动课程可以被称为"从钢琴凳上（教师）、从座位上（学生）解放出来的音乐教育"。它是一种动态的音乐活动。在音乐活动中学生通过自身参与、亲身体验来感受音乐。在音乐活动中老师安排学生进行声势动作、嗓音模仿、动作创编与表演，目的在于通过活动让他们感受音符、感受乐句、学习节奏等，通过学生亲身参与的音乐活动培养他们的反应能力、合作精神，让学生在音乐活动中主动探求、勇于创新，在教学中构建师生互动、心灵对话的平台。培养与挖掘学生的创新能力，在音乐活动中体会成功的快乐，增强自信，是音乐活动的目的与宗旨。

音乐活动课程的核心是：以儿童为主体。在音乐活动课程中，学生始终是以自己的身体在感受音乐的特点，充分体现主体探究的精神，真正让儿童做学习的主人，让儿童在尝试（探究）中学习。音乐活动课程是开放的，它允许任何答案的出现，只要学生做了就是好的，即兴随音乐做律动，即兴演奏，即兴表演，学生五花八门的表演就是他们创造力的展现。音乐活动课程就是让音乐活动以"随风潜入夜"的姿态，融入学生的课堂生活，为大家带来意想不到的源于课程的发现和体验，这也是音乐活动课程的基本特征体现。

本书强调音乐的综合性，主张音乐活动与各学科教学有机融合，以音乐活动为媒介，将声势、动作、语言、演奏、戏剧等音乐活动运用在课堂教学中，让音乐课堂教学形式更加灵活、丰富。全书按照既符合师范教育专业学生学习的需要，同时也适用于小学教师的工作需求，及适用于教师培训的方式进行呈现。因此，在内容设计方面力求体现以下几个特点。

（1）以模块为导向的学习设计：例如在第五章节，设计声势、动作、语言、戏剧及其他五个模块，每个模块从一个学习主题着手，安排了音乐活动课程的设计理论、实践运用、课后练习等内容，以推进学习过程（模块名称即该模块学习目标及学习行动指向）。

（2）以任务为驱动的学习过程：在六个章节学习中，每个章节都为读者设定了由浅至深的学习任务，制订了可操作的学习路线。例如，在动作教学中设计了一系列由浅入深的音乐活动，目的是通过动作教学培养学生的音乐技能，提高学生的音乐素养，在教学中首先是从学生的身体放松开始，通过呼吸练习—聆听练习—律动活动，从单一元素到多种元素，利用对动作的学习与训练，培养学生的音乐感知能力、音乐表演技能及团体合作能力。

（3）聚焦课堂，课上、课下相结合的学习模式：本书围绕音乐活动课堂教学，运用理论与实践相结合的方法将音乐活动分为动作、声音及其他类进行梳理和归纳。书中借助扫码的形式将30多个教学视频以二维码进行呈现，学生可以在学习相关内容时，获得直观的体验与感受。这种形式也便于学生利用碎片时间，对知识进行模块化学习。

（4）以合作为模式的学习方式：提倡合作学习的方式。本书设计了大量的以小组完成的音乐活动，教材无论从声势的动作即兴、嗓音声势剧的创编，到最后综合性戏剧表演，无不贯穿着团队合作的思想与精神，在学生学习或教师教学的过程中，也极力倡导协同共享，以此促进个体对自我的认识以及互相学习的效能提升。

本书可作为高校小学师范类专业音乐教育实践指导材料，也可以作为在职音乐教师校本研修的培训用书以及音乐课堂教学研究的参考用书。全书的内容架构基于以教师发展为本的教师专业成长和终身学习理念，旨在通过音乐活动培养学习者的创新、合作、自主学习能力，通过大量的系列任务驱动下的"观察—探索—模仿—创造"过程，激发学习者的思辨意识，帮助学习者提升能力，促进专业发展。学习者个体，可以根据自己所思考的问题"对症下药"，找寻相应的章节内容展开重点学习，完成自我研修；入职不久的教师，可以通篇学习，并结合实际音乐教学或是工作中遇到的相关问题，结合书中相应的章节，反复推敲、学习直至掌握相关方法；学习团体如教研组，可以"按图索骥"，根据章节的内容安排，逐步实施校本培训；高等师范院校或职后师资培训施教者，建议按照本书的编写逻辑，以一个任务学习为一课时逐步展开教学并及时小结，帮助学习者的专业成长。同时，本书配备的大量线上资源可供老师、同学们学习与模仿。

教材作为武汉市市属高等学校教学研究项目"小学国学实践性系列课程研发"科研课题（课题编号：cx201817）的最终成果，其编写团队成员不仅有高校专业教师，还有从事小学音乐教育教龄长达10年以上的一线教师。其中由匡雅玲老师提出总体构想，制定编写要求，确定纲目、体例，陈顺桥老师负责组织统筹、审稿、统稿。具体编写分工如下：第一章由高霞编写，第三章、第四章由黄冠编写，第二章由陈顺桥编写，第五章由匡雅玲编写，第六章由罗悦编写；案例和数字资源由匡雅玲、陈顺桥、黄冠、郭辉老师共同完成。教材在编写过程中参考了李妲娜老师编著的20世纪90年代国内第一本系统介绍奥尔夫音乐教育思想与方法的教材，同时也参考了很多同行撰写的论文和其他相关资料，从中深受启迪，在此，对前辈老师以及相关研究者一并表示衷心的感谢及诚挚的敬意！同时感谢南京大学出版社的曹森编辑，为教材的出版付出了诸多心血！由于作者学识有限，书中不足之处，敬请专家与学者批评指正。

目 录

第一章 绪论 ··· 001

 第一节 音乐教育活动的发展概述 ··· 001

 第二节 音乐教育活动的发展现状 ··· 013

第二章 音乐教育活动概述 ·· 018

 第一节 音乐教育活动的本质与特征 ··· 018

 第二节 音乐活动的功能 ·· 025

第三章 音乐活动与教学 ··· 037

 第一节 著名音乐教学流派中的音乐活动 ·· 037

 第二节 中国当代音乐教育活动发展现状与策略 ··································· 066

第四章 小学音乐活动教学概述 ·· 073

 第一节 小学音乐活动的界定与实施 ··· 073

 第二节 小学音乐教育理论 ·· 076

 第三节 小学音乐课程标准及实例解读 ·· 100

第五章 小学音乐活动教学设计 ·· 116

 第一节 小学音乐活动教学的相关分析 ·· 116

 第二节 动作类音乐活动教学设计 ··· 119

 第三节 声音类音乐活动教学设计 ··· 164

 第四节 其他音乐活动教学 ·· 192

第六章　小学音乐活动教学评价 ………………………………………… 226

第一节　小学音乐活动教学评价的概述 …………………………… 226
第二节　音乐教学评价常用的方式方法 …………………………… 229

参考文献 …………………………………………………………………… 237

第一章 绪论

扫码获取
相关资源

音乐教育活动是以音乐艺术为媒介,以审美为核心的一种教育活动形式。它是一种艺术教育,属于美育的范畴,是我国教育方针的组成部分,是实施美育的重要内容与途径。概括地说,音乐教育是培养受教育者感受美、鉴赏美、评价美、创造美的能力的审美教育,同时它也是通过音乐活动,培养受教育者情感体验和情感表达的过程,因此,音乐教育又是情感教育。

音乐教育的作用,首先就是要开发每一个人对音乐艺术力量与生俱来的反应能力,音乐教育活动以培养全面发展的人、提高民族素质为目的,在塑造人的心灵、养成健康人格中具有特殊的作用,从这个意义来说,音乐教育是一种人格教育。总之,没有音乐教育的教育活动是不完全的教育。

第一节 音乐教育活动的发展概述

一、音乐教育活动在中国的发展历史

(一)中国的音乐教育起源

音乐教育作为一种艺术形态有广义和狭义之分。广义的音乐教育从人类音乐诞生之日就已经产生和存在。从"昔葛天氏之乐,三人操牛尾,投足以歌八阕"的历史传说中,我们可以想象葛天氏之民手操牛尾,踏着脚步,合着节拍,载歌载舞的场景。当儿童或者成人在欣赏这类歌舞表演时,自然而然地接受了音乐教育以及文化知识教育。《尚书·尧典》中说:"夔!命汝典乐,教胄子。"夔是尧舜时期著名的乐师,他的任务是利用雍正、平和的乐舞,教育王公贵族的子弟,使他们具有高尚的道德情操和健康美好的心灵,以使"天下大服,神人咸和"。从上述历史记载可以看出,早在原始社会就已经有音乐教育的现象,虽然当时的音乐教育的对象只是王公贵族的子弟们,但这显然已经是我国早期的音乐教育形式了。

狭义的音乐教育一般指学校教育。原始社会后期,学校教育已经萌芽。《周礼》《礼记》中都曾提到过我国已知资料中最早的学校——成均。著名教育史学家毛礼锐先

生认为"成均的乐教传统,流传后世,成为古代教育的借鉴,已致西周大司乐所掌仍为成均之法,以乐教贵胄子弟"。"成均"之学对中国古代教育的发展产生了重要的影响,开辟了我国古代学校音乐教育的先河。

(二)古代音乐教育活动

夏、商、周是我国学校教育走向成型的发展时期。继"成均"之学以后,又出现了名为"校""序""庠""学"之类的教育场所。《孟子》中有记:"夏曰校,殷曰序,周曰庠,学则三代共之,皆所以明人伦也。"可见此时我国学校教学活动的内容里已经有审美方面的内容了。商代时候开始重视音乐教育,提出"以乐造士"的教育主张。到周代,周公旦认识到音乐是一种行之有效的统治手段,于是"制礼作乐",兴办大型音乐教育机构,设立了大司乐、太师、小师、典同等乐官专门掌管音乐,并组织了相当规模的音乐教育活动。当时的教育宗旨非常明确:"施十有二教焉……以乐礼教和,则民不乖……以六乐防万民之情,而教之和。"可见当时的学校音乐教育已经相对完善,并有明确的教育目的。

先秦时期诸子百家争鸣,学术氛围非常活跃,孔子、孟子、荀子、墨子、老子、庄子等人都从不同角度提出过自己的美学思想和音乐教育的主张,这些对中国古代音乐美学及美育的发展都起了重要的作用。儒家、墨家、道家对音乐有不同的见解,但总体而言,儒家的音乐思想相对比较科学,它把音乐以及音乐教育与社会现实紧密联系,既能注意到音乐本身的审美特征,又能发挥音乐的社会功能,这对音乐教育的发展是至关重要的。孔子不仅重视音乐教育,自己也颇通音律。《史记》中记载:"孔子以诗、书、礼、乐教,弟子盖三千焉,身通六艺者,七十有二人。"孔子认为"兴于诗,立于礼,成于乐","乐所以修内,礼所以修外";可以看出,在孔子的音乐思想中已经把音乐教育定位为情感教育了。孔子"礼乐并重"的教育观,对我国音乐教育的发展产生了重要的影响。

孟子提出"与民同乐"的教育思想,不仅是孔子教育思想的继承,更是把孔子的教育思想向前推进了一步,充分地认识到音乐教学活动的普遍性。荀子"人之初,性本恶"的思想认为,人一生下来并不是善的,只有通过出生以后良好的教育,才能成为一个"善"的人,而音乐教育是必不可少的。他指出:"夫乐者,乐也,人情之所不能免也……故人不耐无乐,乐不耐无形,形而不为道,不耐无乱。"他认为听音乐是人生的快乐,是人天性的要求;人不能没有音乐,所以用"礼乐"来教育人民是符合自然规律的。荀子的音乐思想着重强调音乐的思想性和社会功能。

汉代是我国封建社会的初期,素有汉代"孔子"之称的思想家、教育家董仲舒主张"罢黜百家,独尊儒术"。他说:"仁之美者在于天。天,仁也。"他主张采用儒家"六艺"的内容进行教化。董仲舒对音乐有很精辟的论述:"乐者,所以变民风,化民俗也,其变民也易,其化人也著。故声发于和而本于情,接于肌肤,藏于骨髓。故王道虽微缺,而管弦之声未衰也。夫虞氏之不为政久矣,然而乐颂遗风犹有存者,是以孔子在齐而闻《韶》也。"

到西汉的时候,已经有较为完整的音乐教育机构——乐府。西汉乐府的主要任务是教学、演出、创作和搜集民歌等。它具有音乐教育的多种职能，是汉代最为重要的音乐教育机构。以杰出的音乐家李延年为代表的千人之多的乐师、乐工，对我国古代音乐教育的发展做出了杰出的贡献。

唐朝是我国历史上的鼎盛时期，也是文化繁荣时期，音乐教育和教学活动也取得了辉煌的成就。唐代音乐发展繁荣除了受经济文化发展的影响之外，还有一个重要的原因就是唐玄宗。唐玄宗是一位出色的音乐家，在位44年。他不仅重视音乐教育，还直接参与音乐活动，相传《霓裳羽衣曲》就是唐玄宗所作。唐代的音乐教育机构有太常寺、大乐署、鼓吹署、教坊、梨园。其中梨园是唐玄宗亲自执教的地方，主要练习法曲。

宋元时期的音乐教育跟唐代相比，没有很大的突破，但是在音乐理论的完善以及乐器的制造方面，得到了长足的进步。另外，这时期除了对音乐的社会功能的强调之外，对音乐在怡情方面的作用也有较全面的认识。

明清后期，音乐教育活动基本上处于停滞不前的局面。造成这样的局面主要由于学校音乐教育被大大削弱，社会音乐活动也被限制很多。

（三）近现代音乐教育活动

按照中国音乐史的传统划分方式，中国近现代的音乐教育可以划分为两个时期。1840—1919年为近代，也就是中国的旧民主主义革命时期；1919—1949年为现代，即中国新民主主义革命时期。

1. 旧民主主义时期

1840年之前，中国社会还处于闭关自守的阶段，对国外世界知之甚少。鸦片战争彻底打破了这种格局。随之而来的外来经济和文化的冲击，使国内的政治制度遭受了前所未有的冲击，也让中国当时许多仁人志士清醒地认识到自己的落后。在这个时期，先后产生了以李鸿章为代表的"洋务运动"和以康有为、梁启超为代表的"维新运动"。虽然这两个运动最后都以失败告终，但对当时中国社会产生了极大的影响，各行各业都发生了不同程度的变化。在教育方面的变化有兴办学堂教育、废除科举制度、调整教育结构、更新教学内容等，这在中国教育史上是具有划时代意义的。在音乐教育方面，音乐课被正式列入了国家的教育计划，"学堂乐歌"的出现是中国近现代音乐教育的重要标志。无论是以李鸿章为代表的洋务派，还是以康有为、梁启超为代表的维新派，都认识到了要振兴国家必须先振兴教育，对教育改革都提出了自己的主张。他们要求废除封建的教育制度，兴办正式的学堂。康有为认为学生的培养目标应该是德、智、体几个方面的全面发展，要开设音乐、舞蹈、军事训练这些课程。他主张小孩子在7岁以上必须入学，学习文史、算数、舆地、物理、歌乐，要上满8年。梁启超十分重视音乐教育的作用，他认为"盖欲改造国民之品质，则诗歌音乐为精神教育之一要科""今日不从事教育则已，苟从事教育，则唱歌一科，实为学校中万不可缺者。举国无一人能谱新乐，实为社会之羞也"。

梁启超和康有为的教育主张对当时的教育界产生了极大的影响，有力地推动了当时的教育发展。音乐教育家沈心工在他的《学校歌唱集》中特别强调了乐歌对陶冶学生性情、完善学生品格等方面所起到的重要作用。

这时学校教育的对象都是普通民众，它的主旨是提高全民的文化素质、高尚的道德品质和审美情操。中国普通学校的音乐教育就是从学堂乐歌开始的。在当时，以学堂乐歌为中心的普通学校音乐教育，对当时社会风尚、提高国民爱国意识方面起到了积极的作用。学堂乐歌的出现，与当时国外来的传教士和从国外留学归来的学生有很大的关系。

这之前在国内没有外国的音乐作品，也没有比较正式的像乐理这样的音乐理论。去国外留学的一部分学生将国外先进的教育思想和教育经验带回来，这也为当时的学堂乐歌的出现奠定了基础。1903年清政府颁布的《奏定蒙养院章程及家庭教育法章程》中写明："歌谣，幼儿在五六岁时渐有心喜歌唱之际所唱，可使幼儿之耳目喉舌运用到舒畅，以助其发育，且使心情和悦为德行涵养之质。"从中可以看出当时已经对幼儿进行音乐教育的必要性有了明确的认识。随后，1907年清政府在《奏定初等小学堂章程》中，明确将音乐课程列为必修科目，至此，翻开了普通音乐教育的第一页。此后，各个省市也相应制定了本地方的教育章程。《湖南蒙养院教课说略》中明确写道："乐歌为体育之一端，与体操并重；体操以体力发育精神，冲贯血气强身之本，而神定其果，心因以壮，志因以立焉。乐歌以音响节奏发育精神，以歌词令其舞蹈，肖像运动经脉，以歌意发其一唱三叹之感情，盖关系于国民忠爱思想者，如影随形，此化育之宗也，安可忽之？各歌皆取发育小儿身心；教育机关云歌唱者，培养美感，高洁心灵，涵养情性也。乐歌一道为用最大，凡立学堂不设乐歌，是为有教无育，是为不淑之教。盖不止幼稚园为然也。体操发达其表，乐歌发达其里。强健四肢莫善体操，乃全乐歌之妙在于舞蹈，以壮所歌之事与词，而用音响节奏以发扬之。学童得此天养，其粗糙之气卑劣之心自消除。"从中可以看出对学堂乐歌的定位是很高的，强调了儿童如果进行音乐教育，就不会出现举止粗俗、素质低下的情况。同时规定了各学校必须把学堂乐歌作为必修课程，不得擅自取消懈怠。在当时湖南省出台的这一章程里还明确指出要将本省地理历史等写成歌词，谱成新曲，以激发学生的"爱乡之情"从而达到"爱国之情"的目的。当时国内许多地方的学校也都开设了学堂乐歌课。

1912年，民国政府的建立标志着封建社会彻底结束，在教育方面的改革和进步也是非常明显的。许多留日、留欧的留学生，对学堂乐歌的发展起到了极大的促进作用。这之前的学堂乐歌主要都是用欧美的一些旋律填上中国的词，也就是以旧曲填新词为主，集体歌唱，通过这种方式来对学生进行富国强兵的爱国主义思想教育。后期，有很多留学生通过欧美的西洋作曲技法，创作出了一批有中国特色的作品，这是学堂乐歌的一大进步。整个音乐教育领域也有很大的改革和进步。第一，当时陆续颁布了《中学校令施行细则》《小学教则及课程表》《师范教育令》《师范学校规程》和《国民学校令施行细则》等一系列教育法规，对当时的中小学到师范学校的课程设置、课时数量、教学目的、教学内容等都做了比较明确的规定。无论是小学、中学、还是师范学校，音乐课程都是必修课。第二，音乐书籍特别是音乐教材的出版和发行得到前所未有的发展。各类书籍和报刊上发表的学堂乐歌多达1 400多首，在内容和作曲技法上都更加成熟。此外，用于学堂乐歌的教材有将近30多种，代表人物有沈心工、李叔同、辛汉等人。关于钢琴、风琴、军乐、乐器法、音乐教学法等方面的专著和乐谱相继出现，编著和译著的音乐理论书籍将近20种。可见当时学校音乐教育的发展已经达到了前所未有的高度。

2. 新民主主义革命时期

我国杰出的思想家和教育家蔡元培先生提出了"以美育代宗教"的口号，成为当时多数音乐家、音乐教育家进行音乐教育实践活动的出发点。时任中华民国临时政府教育总长的蔡元培先生提出"五育并重""以美育代宗教""美育教国"等创见。他认为："人生不外乎意志，人与人互相关系，莫大乎行为。故教育之目的，在于使人人有适当行为。""欲行为之适当，必先有两大准备：① 计较厉害，考察因果，以冷静头脑判定之，凡保身为国之德，属于此类，赖德育之助也；② 不顾祸福，不计生死，以热烈之感情奔赴之，凡与人同乐，设计为群之德，属于此类，赖美育之助也。所以美育者，与智育相辅而行，以图德育之完成者也。"在当时，他已经把德、智、美三者的关系论述得非常明确和清楚了。蔡元培先生的审美思想影响深远，把我国音乐教育的认识提升到了一个很高的高度，对审美教育的发展产生了极大的影响。

1919—1949年间，我国的音乐教育发展分为以下四个方面。

（1）普通音乐教育活动

1923年之前，学校音乐教育的主要内容以学堂乐歌为主，课程名称也叫"乐歌课"。1923年，国民政府颁布《课程设置纲要》，不仅规定小学六年和初中三年均设音乐课，而且将"乐歌课"更名为"音乐课"，这一变化是我国音乐教育的一大进步，不仅仅是音乐课程内容从唱歌扩大到了器乐、音乐理论等，更是一种教育理念的进步。1934年，教育部分别设立了音乐教育委员会和中小学音乐教材编订委员会。这是我国从国家层面设立的第一个专门主管音乐教育的委员会，将音乐教育提升到了一个更高的层面。这一期间，声乐体裁的作品得到了迅猛的发展，其中不乏一些优秀的作品。像萧友梅、赵元任、黄自等人创作了很多优秀的歌曲，直到今日，我国音乐学院和高等教育音乐院校还在传唱当时的一些优秀作品。这些作曲家和音乐教育家对我国的音乐教育做出了突出的贡献。

（2）师范音乐教育活动

由于中小学开展音乐课程需要很多音乐教师，音乐教师的紧缺，相应促使了师范音乐教育的发展。师范音乐教育从20世纪20年代到40年代末这期间得到了很大的发展。1941年，国民政府教育部进一步明确规定各省市应根据本省的需要制定师范学校的音乐师资班。次年又公布了音乐师范科课程设置及教学计划。我国最早的设有音乐的师范学校是私立上海专科学校，1922年更名为上海艺术专科师范学校。后来相继出现了北京女子师范大学、河北女子师范学院、国立女子师范大学、国立北平师范大学、国立北京师范学校等，这些学校都为各类学校培养了大批音乐教师，其中也出现了很多音乐家和音乐教育家。

（3）专业音乐教育活动

随着中小学音乐教育和师范音乐教育的发展，迫切要求建立专业的音乐学校。这时期出现了一批具有代表性的设有音乐学科的高等学府，比如北大音乐传习所、国立北京艺术专门学校、私立上海美术专科学校等,还有开设音乐系的燕京大学、沪江大学等。这些学校主要按照西方的教育体制,以传授西方的音乐理论和技能为主。这些学校大多设备简陋,师资短缺,开设的课程不健全。我国体制和规模较为完善的第一所专业音乐院校是1927年成立的上海国立音乐院,1929年更名为国立音乐专科学校。后来相继出现了国立北平大学女子文理学院、私立京华美术专科学校、国立杭州艺术专科学校、金陵女子文理学院等一批音乐教育学校。

（4）抗战期间的音乐教育活动

抗战期间受抗日救亡运动的影响,学校成为宣传抗日思想的主要阵地,因此这一时期的歌曲主要以抗日救亡歌曲为主。聂耳、冼星海、任光、张曙、麦新等人创作了许多反映当时广大群众表达坚决抗战的爱国热情的歌曲,这些歌曲成为当时学校音乐教育的主要内容,对当时的抗战做出了极大的贡献。随着战火的扩大,许多地方的音乐教育都出现了发展缓慢甚至停滞的局面。

1937年,在共产党领导的抗日战争敌后根据地,建立了一所由无产阶级领导的综合性艺术学校——延安鲁迅艺术学院,由吕骥和冼星海先后任音乐系主任。他们研究现代音乐理论与技术,研究中国音乐遗产,培养抗战的音乐干部,推动抗战音乐的发展,组织边区的一般音乐工作,编印出版音乐刊物,创作了大量的革命歌曲以及歌剧作品,发表了许多有价值的音乐理论文章。

（四）当代音乐教育活动

第一阶段（1949—1966）。1949年以前,由于社会的动荡,教育基本处于停滞的状态。中华人民共和国成立后,一切都处于百废待兴的状态,对旧的教育体制的改革成为当时迫切的需要。为此,政府相继颁布了一系列的教育法规,以使教育走上正轨。1952年,教育部颁布的教学计划规定:音乐课为中小学的必修课程,小学到初中一、二、三年级都必须开设音乐课,并强调了"德、智、体、美全面发展"的教育方针。1956年颁布的初中音乐教学大纲规定:学校音乐教育是美育和全面发展的有机组成部分。音乐教育的目的主要是教会学生有理解、有表情地歌唱和感受音乐,通过歌曲艺术形象的感染来培养全面发展的社会主义新人,强调了音乐课的重要性。随着这些教育法规的出台,全国各个地区的音乐教育活动积极开展起来,出现了丰富多彩、生动活泼的局面。随着中小学音乐课程活动的重视和开展,中小学的师资成了很大的问题。因此,国家对师范音乐教育给予了高度的重视。从1963年开始,全国各地原有的高等师范院校设立了音乐系,中等师范学校也纷纷设立音乐班,一些综合性大学也设立了音乐学科。这对我国的中小学音乐师资的培养起到了重要的作用。

由于历史的原因,这一时期的音乐教育活动基本上以学习苏联的教育模式为主,学的是苏联的教育体系、教育理论。国家派人到苏联去学习,请苏联专家来华讲学。按照苏联的模式来进行音乐教育,是这一时期的一个特点。这一时期音乐教育的另一个特点是过多地强调了音乐的社会功能,因而忽视了音乐教育的美育功能。当时的教育方针强调的就是受教育者要德智体美全面发展,成为有社会主义觉悟的有文化的劳动者。在这一纲领的指导下,音乐教育的最重要的美育功能逐渐被淡化,音乐教育活动的发展受到了影响。

从总体上来说，这一时期的音乐教育活动还是在政府的教育方针和有关政策的指导下，取得了一定的发展，为以后的音乐教育奠定了一定的基础。

第二阶段（1967—1977）。这一时期的音乐教育活动无论是学校教育还是社会教育都具有鲜明的政治色彩，这是这一时期音乐教育的重要特征。

第三阶段（1978年至今）。这是音乐教育复苏、繁荣的时期。该阶段的音乐教育发展主要呈现为以下几个特点。

1. 音乐教育地位得到恢复

在党的十一届三中全会提出的解放思想、实事求是路线的指引下，美育的重要性又被提出来了，政府重新认识到音乐教育在中小学教育中的重要作用和不可替代性。1979年以来，从中央到地方的教育行政领导部门先后多次召开专门会议，研究有关艺术教育问题。1981年1月，文化部、教育部联合发布《关于当前艺术教育事业若干问题的意见》，意见指出："要重视培养专门艺术人才，也要注意普通教育中的美育。各级文化教育部门必须把艺术教育放在应有的地位，加强领导，大力支持，认真抓好。"1985年5月，中国音协第四次代表大会召开期间，37位音乐教育界代表联名向党中央、教育部倡议呼吁，要求尽快改变当时普通音乐教育落后现状，并在《人民音乐》刊物上发表了《关于加强学校音乐教育的建议书》。随后，1986年第六届全国人民代表大会第四次会议审议通过《关于第七个五年计划的报告》，《报告》明确把美育、德育、智育、体育一起列入国家的教育方针，从而重新确定了音乐教育在学校教育中的地位，音乐教育又正式恢复到学校教育中。

1986年国家教委设立了直属艺术教育处，并且成立了由47位专家、学者、教师、研究人员组成的艺术教育委员会。这一举措，改写了我国教育史上音乐教育无专门机构和专人管理的历史，在国家政府中第一次有了主管艺术教育的职能机构，在各省市，也有了专门从事管理音乐教育的机构和人员，形成了一定层次的音乐教育活动管理的网络。

2. 学校音乐教育得到发展

（1）中小学音乐教育得到发展

首先，在中小学音乐教育的课程设置上规定了中小学每周必须开设一节音乐课。从实施的情况看，全国绝大多数地区都能严格按照这一规定执行，只有极少数地区，由于学校师资缺乏或者重视不够，达不到国家的要求。

其次，在中小学音乐教材方面更加灵活丰富。根据国家颁布的教学大纲，教育部出版了全国统一的中小学音乐教材，这一教材成为全国统一的通用教材。后来，有的省市在遵循国家教育大纲的前提下，根据地方的实际情况，编写了地区性的中小学音乐教材，形成了"一纲多本"的局面。近年来，从国家到各个省市地区，都在不断深化中小学音乐教育改革，在学习国外先进音乐教育活动理念的基础上，根据我国的实际，提出了一些有创新性的新的教育理念。同时配套出版了一些新的音乐教材，有人民音乐出版社和人民教育出版社出版的两个版本，有的省市也编写了适合本地区的教材。

（2）普通高等学校音乐教育初步发展

1986年以来，我国各非音乐类普通高等学校也开始对音乐教育有了新的认识，开设了一些音乐选修课，让大学生可以根据自己的兴趣爱好选择音乐课。此外学校还组织一些有关音乐的社团，以开展社团活动、开设讲座等方式实施音乐教育。这些方式虽不同于中小学的音乐教育必修课，但是可以极大地丰富大学生的文化生活，陶冶情操，提高审美能力，完善人格。

（3）师范院校艺术教育蓬勃发展

从20世纪80年代后期开始，许多师范院校开设了音乐系，一直到90年代，师范音乐教育都在比较平稳地发展，为我国的中小学音乐教育培养了大量的师资。90年代末到21世纪初，全国高校实行"并轨"，随着国家对各高校招生政策的放开，各高校实行自主招生。原来没有音乐系的师范院校纷纷开设了音乐系；原来已经开设音乐系的学校，扩大招生规模，除了国家部委直属学校和省属学校以外，每个市基本上都有市属的师范大学或者师范学院。从这个角度来说，师范院校音乐教育的规模已经达到了一个前所未有的规模。

3. 明确音乐教育活动的发展方向

1988年之后，国家教委连续下发了《在普通高等学校中普及艺术教育的意见》《关于加强少年儿童艺术教育的意见》等文件，号召全社会要重视艺术教育。为了弥补之前大学生艺术教育的不足，普通高等学校必须把音乐选修课逐步纳入教学计划之中；艺术教育要与文化部门密切配合，争取社会力量，要从孩子抓起，常抓不懈。1989年国家教委制定并颁布了《全国学校艺术教育总体规划（1989—2000年）》，这个《规划》是我国教育史上第一部有关学校艺术教育的重要文件，为学校艺术教育的发展指明了方向。它对学校艺术教育的目标和任务、管理、教学、师资、设备与科研等各个方面提出了明确的要求，是学校艺术教育改革与发展的蓝图。贯彻《规划》以来，总体上形势很好，也有了比较显著的效果，但是还存在着许多问题，这是地方经济发展与音乐师范院校的发展不平衡所造成的。

早在1993年2月，中共中央国务院正式印发《中国教育改革和发展纲要》，其中第35条明确规定："美育对于培养学生健康的审美观念和审美能力，陶冶高尚的道德情操，培养全面发展的人才，具有重要作用。要提高认识，发挥美育在教育教学中的作用，根据各级各类学校的不同情况，开展形式多样的美育活动。"这是党中央国务院第一次在国家颁布的指导性文件中以专条的形式论述美育在学校教育中的地位和作用，这一重要文本为今后我国音乐教育迅速发展，为开展音乐教育的新局面提供了理论上和政策上的保障。

1994年7月，国家教委下发关于在普通高中开设"音乐欣赏课"的通知。

1995年5月，国家教委下发了《关于发展与改革艺术师范教育的若干意见》，《意见》指出：要明确音乐师范教育的指导思想与培养目标，提高办学效益，对建立音乐师范教育教学体系等若干问题提出了基本思路和具体要求。1996年，国家教委印发了《关于加强学校艺术教育的意见》，该《意见》可以说是对这一时期国家颁布的艺术教育文件的一个全面概括与总结，也是贯彻执行有关音乐教育方针政策和中央领导指示精神的一个具体实施方案。1997年8月，在北京人民大会堂隆重召开"全国中小学优秀艺术教师表彰暨国家教委艺教委专家讲学团成立大会"，从全国30万中小学音乐美术教师中评选出来的500名优秀教师受到大会表彰，其中音乐教师250人。它反映了艺术教育在全国教育当中地位的进一步提高和加强，同时这也适应了我国学校教育由应试教育向素质教育转轨、继续大力加强艺术师资队伍建设的要求。国家教委组建了艺术教育专家讲学团，开展骨干艺术教师的培训工作，促进了我国艺术教育事业的发展。

1999年6月，中共中央国务院召开第三次全国教育工作会议。这次会议的主题是动员全党同志和全国人民，以提高民族素质和创新能力为重点，深化教育体制改革和教育结构改革，全面推进素质教育，振兴教育事业，实施科教兴国战略，为实现党的十五大确定的社会主义现代化建设宏伟目标而奋斗。此次大会颁布了《中共中央国务院关于深化教育改革，全面推进素质教育的决定》。《决定》指出：实施素质教育必须把德育、智育、体育、美育等有机统一在教育活动的各个环节中。学校教育不仅要抓好智育，更要重视德育，还要加强体育、美育、劳动技术教育和社会实践，使各方面教育相互渗透、协调发展，促进学生的全面发展和健康成长。这个《决定》，是我国教育方针与教育观念大改革、大进步的一部纲领性文件，它标志着美育正式写进国家教育方针，这是党和国家为切实提高音乐教育在学校教育中的地位所采取的最重大的、具有划时代和历史意义的举措。

回顾中华人民共和国成立以来的70多年，中国当代音乐教育活动的发展，经历了许多曲折，但从总体上来说，音乐教育的地位得到了空前的提升，美育在学校教育中的地位以国家教育法规的形式得到了确立与保护，音乐教育的发展向着更好更高的目标迈进！

二、音乐教育活动在西方的发展历史

（一）欧洲古代音乐教育活动

公元前8—6世纪，古希腊的斯巴达为了把奴隶主阶级的子弟培养成为坚强的斗士和有修养的"管家"，设立"学校"，教这些奴隶主的子弟们学习各种文化知识，演唱各种赞美诗和战歌，并把音乐教育活动同当时的宗教和军事训练结合起来，使斯巴达人有节制、有思想。当时的斯巴达音乐教育活动反映了这个民族坚强的斗志。斯巴达人的舞蹈往往和歌唱结合起来，以合唱为主，在音乐表演的时候通常会表现战斗场面的体操性质的舞蹈，音乐风格简单朴素，节奏粗犷喧闹，具有很强的艺术感染力。斯巴达人很重视音乐教育，男孩子要求7岁开始上学，在文法学校学习文法，在音乐学校学习音乐、学习荷马史诗，并要求学生会用乐器来为诗歌伴奏。到后来，教学内容开始具体化，声乐和器乐正式分开。柏拉图是著名的思想家、哲学家，他对音乐教育有很深刻的认识。他认为作为未来的统治者，无论是男孩还是女孩，在十七八岁之前，都得致力于体育和音乐的学习，随后才是算数、几何、天文学，到30岁时选出优秀者再学习辩证法或者哲学。要用音乐来揭示他们想象中的美与善的真谛，使他们的生活像音乐一样有"节奏"、有"旋律"，使他们有高尚的灵魂。柏拉图的这种对音乐的重视在当时的思想意识形态方面是极其"前卫"的。对当时以至后来的欧洲音乐教育的发展产生了巨大的影响。后来他的弟子亚里士多德秉承了他的思想和观点。亚里士多德对音乐教育有着更为深刻的理解与认识。他认为音乐有三个目的，即教育、消遣和精神方面的享受，"音乐能改变灵魂的品质，既然它具有这种力量，我们就一定用它来培养青年一代"。亚里士多德的音乐思想对欧洲早期的音乐教育发展有重要的指导意义，成为当时实施美育的重要理论基础。

（二）中世纪以及文艺复兴时期的音乐教育活动

在欧洲中世纪早期有文法学、修辞学、辩证法、算数、几何、音乐和天文学等主要学科。可见，音乐在当时的学校教育中一直有其独立的地位。无论是初级学校教育还是高级学校教育，音乐课程都一直长期存在并受到重视。当时的音乐教育活动主要以服务宗教为主，这也是这一时期音乐教育的主要特点。到了6世纪末，格利哥里一世更加重视宗教音乐，不仅要求宗教音乐人士搜集、研究并且编撰宗教歌曲，还在教会旁边设立圣歌学校。《赞美诗唱和集》就是在这样的背景下产生的，这是欧洲历史上第一本规范化的音乐教科书，它对欧洲音乐的发展产生了巨大的推动作用。从那时候到7世纪左右，音乐被公认为学校里的正式课程。到后来，学校里除了唱圣歌以外，还逐渐出现了音乐史等音乐理论课程。

文艺复兴是对旧的封建体制的大革命，音乐教育也发生了极大的改变，音乐教育活动不再单纯以宗教内容为主，音乐活动中的人文思想开始显现。教育内容以及教育形式出现了多元化、自由化、分工化的特点，音乐教育与社会科学及自然科学的联系更加紧密。总之，文艺复兴运动有力地促进了音乐教育活动的发展。

（三）近现代音乐教育活动

1. 欧洲的音乐教育活动

1960年英国开始的资产阶级革命影响了整个欧洲，整个欧洲的教育发生了巨大的变化，音乐教育活动也在改革思潮的影响下，发生了很大的变化。这种变化首先是教育观念的变化，一些思想家对音乐教育提出了很多新的观点，其中伟大的启蒙运动的代表是卢梭。卢梭认为美育是发展人全面能力的不可缺少的部分，主张对儿童进行早期的启蒙教育，并且极力主张艺术教育不能仅仅为宗教服务，必须摆脱宗教的束缚。卢梭的思想对当时音乐教育观念的改变产生了很大的影响。

从18世纪开始，欧洲的音乐氛围非常浓厚。当时社会上各种音乐团体和各种音乐活动层出不穷，各阶层的人们都积极参与音乐活动，音乐已经成为人们精神生活不可或缺的一部分，成为有教养的象征。在这种社会氛围下，社会音乐教育积极发展，音乐教育和音乐活动的内容愈加丰富，宗教音乐逐渐失去了主导地位。

18世纪末，法国爆发了轰轰烈烈的资产阶级革命，对当时的经济、政治、教育体制产生了重大的影响。随着反封建浪潮的掀起，音乐成为当时宣传革命思潮的重要手段，革命歌曲成为当时的主流，社会音乐教育和学校音乐教育也得到了极大的发展，在初中、高中、高等教育中取得了合法的地位。

到19世纪，欧洲大多数国家音乐教育活动已经发展到一定的规模，音乐课程已经成为从幼儿园到大学的主要课程之一,各级各类音乐学校形成一定的规模,并且建立了许多专业的音乐学院。

特别强调的是德国的音乐教育活动:

奥尔夫音乐教育体系是德国音乐教育活动的代表。德国至今也是世界音乐发展最为领先的国家之一。早在17—18世纪,德国已经实行了义务教育。后来,受到法国资产阶级革命的影响,德国的音乐教育受到了一定的影响,无论是教育结构还是教育内容都发生了一定的改变。最大的教育思想变化就是提出了"大众音乐教育"的观点。到19世纪末,在克雷齐默尔的积极努力下,德国通才学校开始对音乐课程进行改革,提出全国统一的教育大纲,音乐被重新规定为文科中学的必修课,并要求音乐教师必须通过州级考试,后来又进行了一系列与中小学音乐教育、专业音乐教育有关的彻底改革,音乐教育在整个教育体系中占有了平等的地位。

"二战"战败后,德国整个国家的经济、政治、教育都受到了严重的影响,但是德国人以严谨的作风在最短的时间内逐渐恢复了原有的一些体系。在当时,最有代表性的德国音乐教育思想就是奥尔夫音乐教育体系,这一体系对德国的中小学音乐教育的推动是巨大的。后来,奥尔夫音乐教育思想在全世界各地传播,德国音乐教育走在了世界的前列,为世界音乐教育做出了贡献。

2. 美国的音乐教育活动

美国的音乐教育活动,在殖民地时期和南北战争时期,由于战争的影响,发展缓慢。直到第二次世界大战以后,美国音乐教育才迅猛发展,直至今日依然是音乐教育发展最好的国家。

从19世纪末到20世纪初这个阶段,美国的学校音乐教育结构已经形成一定的规模。不仅幼儿园到大学都开设了音乐课程,并且在专业音乐教育方面也达到了一定的高度。许多综合性大学都开设了音乐系或者音乐学院,这为后来的美国音乐教育走在世界前列奠定了重要的基础。

从20世纪50年代开始,美国对幼儿园、中小学的音乐教育活动展开了一系列的改革。美国政府组织了很多专业的音乐教育家分析研究了当时世界上比较先进的音乐教育理论和体系,从中汲取优秀的方面,再结合本国的实际情况,制定了新的教学大纲,明确了各阶段学校音乐教育的目标和方法。

美国每隔几年就对现行的教育大纲进行修改完善。1965—1968年美国组织全国著名音乐教师在纽约曼哈顿维尔学院研究制定了《曼哈顿维尔音乐教育大纲》,这份大纲包括了音乐素质培养大纲和教师进修培养大纲,对教师有明确的要求。这次大纲的修订对美国的音乐教育有很大的推动作用。此后,美国音乐教育无论是从中小学到大学,甚至是专业音乐院校,不断完善,形成了一套较为成熟的体系。

3. 日本的音乐教育活动

日本近现代音乐教育,开始于"明治维新"(公元1868年),经历了创始、调整阶段,1947年以后步入繁荣时期。1879年,文部省设立了音乐研究机构,考察学校音乐教育活动实施情况。此后,进一步吸收欧美各国的音乐教育思想和方法,一方面清除战争期间军国主义思想的影响；另一方面，重视教育，大力引进欧美教育体制，先后颁布了《教育基本法》《学校教育法》和《社会教育法》等法律法规，建立起以资本主义国家主要是美国的教育制度为模式的战后音乐教育体制。同时，对本民族的音乐传统文化教育也给予了充分的重视。1949年，文部省又颁布了《学习指导要领》，把"培养提高学生的音乐感受能力、发展学生的音乐表现能力和音乐欣赏能力，使学生爱好音乐，丰富其情操"定为音乐教育的根本目标，扩充了音乐教学活动的内容，增加了创作和基础教学。现代日本中小学教育中，音乐课为必修课程，从小学一年级至中学二年级，每周2学时，中学三年级每周1学时，高中设立艺术必选课，从音乐、美术、书法、造型四门课中选择一门。此外，还有丰富多彩的课外音乐活动。20世纪50年代以来，日本音乐教育的发展与繁荣，与日本在经济上取得了世人瞩目的飞跃发展是紧密相关的。经济的发展推动了文化、教育的发展。音乐师资水平的提高、音乐教学设备的完善、音乐教学理念的先进这些都对日本音乐教育的发展起到了极大的促进作用。

4. 苏联的音乐教育活动

苏联也是在历史上音乐教育发展得不错的国家。十月社会主义革命之后，苏联现代音乐教育可以划分为对旧音乐教育体制调整、改善时期（1917—1929年），新体制定型、发展时期（1930—1945年）和改革、完善时期（1945年之后）。第二次世界大战之后，苏联的音乐教育理论得到了迅速的发展，并且造就了一大批世界一流的音乐家和音乐教育家。著名作曲家、音乐教育家卡巴列夫斯基是其中一位杰出的代表。他把毕生的心血倾注于儿童音乐工作，为孩子作曲写书，并亲自从事音乐学习和普通学校的音乐教学工作。20世纪70年代，他主持了教育部成立的"音乐工作室"的工作，编写制定了新的音乐教学大纲，并亲自到学校按大纲进行教学实践工作，对俄罗斯的音乐教育做出了极大的贡献。

苏联普通学校一至七年级的音乐教育活动，每周1学时，教学内容以唱歌为主，兼授音乐欣赏和音乐知识。学校音乐教育注重国内外音乐的结合、理论与实践相结合、课内教学与课外活动相结合的教学原则，在全国形成了比较健全的教育体制和教育体系。

除了以上这些国家以外，许多经济较发达的国家在音乐教育方面也取得了很大的发展，比如匈牙利、瑞士这些国家的音乐教育在世界上也都处于先进行列。

音乐教育史就是音乐教育发生、发展的历史。音乐教育的发展跟每个时代各个国家的政治、经济是密不可分的。安定的政治环境、发达的经济是音乐教育发展的基础和前提。

研究中外音乐教育发展的历史，目的在于以史为鉴，通过学习分析过去的历史，汲取优秀的传统，客观地认识现在，才能建设具有世界先进水平的具有中国特色的音乐教育体系。

第二节　音乐教育活动的发展现状

一、学校音乐教育活动的发展现状

我国普通学校音乐教育，源于20世纪初，至今已有百年历史。在这百年中，音乐教育经历了一个曲折、迂回的发展历程。中华人民共和国成立以来，普通学校音乐教育有了长足的发展，在课程地位、课程管理、法规制定、教材建设、师资培养、教学设施及教育科研等方面取得了很大的成绩。尤其是基础音乐教育和教学活动的发展更为迅速，积累了许多有益的经验。然而，在新的历史条件下，现行基础音乐教育和教学活动在理念、目标、内容、方法、评价等也面临改革。下面主要介绍基础音乐教育取得的主要成就及存在的主要问题。

（一）基础音乐教育取得的主要成就

改革开放以来，特别是20世纪90年代以来，随着基础教育的改革与发展，尤其是素质教育的不断推进，我国基础音乐教育取得了有目共睹的成绩，获得了空前的发展，出现了从未有过的繁荣局面。

1. 美育和音乐教育在学校中的重要地位得到确立

从20世纪80年代开始，美育和音乐教育逐步得到重视，在学校教育中的地位日益提高。1986年，在第六届全国人民代表大会上通过了"贯彻德育、智育、体育、美育全面发展的教育方针"，确立了美育在国家教育方针中的地位。1999年6月召开了第三次全国教育工作会议，在这次会议上颁布的《中共中央国务院关于深化教育改革，全面推进素质教育的决定》中，明确提出美育是素质教育的重要途径和内容，强调了美育在学校教育中的重要地位。

2. 音乐教育管理体制逐步完善

1986年9月，中华人民共和国成立以来第一个主管普通学校艺术教育工作的专门机构——国家教委艺术教育处成立（随着艺术教育的发展不断得到重视，1989年教育部设置了社会科学研究与艺术教育司，1993年在此基础上成立了体育卫生与艺术教育司）。同年，还成立了由全国著名艺术教育家组成的艺术教育咨询机构——国家教委艺术教育委员会。这两个机构的建立，结束了我国音乐教育长期以来没有专门机构管理和指导，长期得不到重视的状况，从而使音乐教育的发展得到了体制和组织方面的保障。随后，全国各省市教育行政部门相继成立了艺术教育处和艺术教育委员会，配备了专职人员，初步形成了全国艺术教育的管理和咨询网络。

3. 音乐教育法规建设得到加强

以法兴教是教育改革与发展的根本大计，尤其是对于基础薄弱的艺术教育来说，更需要权威性的法规来规范管理。

1989年，我国第一个全国学校艺术教育的纲领性文件——《全国学校艺术教育总体规划（1989—2000年）》（以下简称《规划》）颁布，提出了20世纪最后10年我国学校艺术教育的发展目标和主要任务。《规划》为我国学校艺术教育的发展描绘了一幅宏伟蓝图。《规划》的贯彻执行，有力地推动了我国普通学校音乐教育的改革与发展。2002年颁布的《全国学校艺术教育总体规划（2001—2010年）》进一步描绘了我国学校艺术教育发展的美好远景，是新世纪第一个十年普通音乐教育改革与发展新的奋斗目标和行动纲领。

从20世纪70年代后期开始，教育部（国家教委）先后制定、修订了九部中小学音乐教学大纲，即《全日制十年制学校中小学音乐教学大纲》（1979年）、《全日制五年制小学音乐教学大纲》（1982年）、《全日制初级中学音乐教学大纲》（1982年）、《九年制义务教育小学音乐教学大纲》（1988年）、《九年制义务教育初级中学音乐教学大纲》（1988年）、《九年义务教育全日制小学音乐教学大纲》（1992年）、《九年义务教育全日制初级中学音乐教学大纲》（1992年）、《九年义务教育全日制小学音乐教学大纲（修订稿）》（2001年）、《九年义务教育全日制初级中学音乐教学大纲（修订稿）》（2001年）。这些大纲的颁布试行，对于规范中小学音乐教学，促进音乐教育建设，使音乐教育走上健康发展的轨道起了重要作用。尤其是2001年颁布的两个大纲修订稿，体现了适应现代社会发展需要和素质教育的新理念，是新时期学校音乐教育法规建设的重要成果，标志着我国中小学音乐教育已步入规范化、科学化发展的阶段。

1989年和2002年，教育部（国家教委）两次颁布《九年义务教育全日制小学音乐教学器材配备目录》和《九年义务教育全日制初级中学音乐教学器材配备目录》。这两份文件对中小学音乐教学所需要的设施、器材做了详细的规定，从而实现了我国中小学音乐教学设备的规范化管理。

特别需要指出的是，伴随着新世纪钟声而启动的我国新一轮基础教育音乐课程改革取得了划时代的成果。2001年，国家《义务教育音乐课程标准》诞生，标志着我国基础音乐教育的改革与发展进入了一个新的历史阶段，具有里程碑式的重大意义。

4．音乐教育体系进一步完善

1994年，中央领导同志发表了关于加强学校艺术教育和高中应该开设音乐课的重要指示。同年，国家教委决定在全国普通高中开设艺术欣赏课，其中，包括音乐欣赏课，规定在高一或高二年级开设，每周一课时，为必修课。

高中开设音乐欣赏课是加强学校美育工作的重大举措，不仅有利于培养高中学生的审美情趣，提高音乐文化素养，陶冶情操，完善人格，而且弥补了高中阶段长期不开设音乐课所造成的艺术教育"真空"和"断层"，对发展和完善我国普通音乐教育体系意义重大。

5．音乐教材建设有了长足发展

20世纪80年代以来，我国中小学音乐教材建设有了长足的发展。受教育部委托，人民音乐出版社1980年编辑出版了《全日制十年制学校中学音乐课本》《全日制十年制小学音乐课本》统编教材，从而结束了我国中小学长期以来缺乏音乐教材的状况；随后，在"一纲多本"教材方针指导下，上海、北京、天津、广东、湖南、湖北、安徽、吉林、四川、福建、新疆等省、市、自治区相继编写出版了具有本地区特色的中小学音乐教材，丰富了教材体系，推动了教材建设；90年代以后，初步形成了人音版、人教版、沿海版（广东）等版本，并包括许多省市和地区编写的乡土教材以及若干种高中音乐欣赏教材在内的中小学音乐教材体系。

6. 音乐教师整体素质得到提高

我国中小学音乐师资数量不足、水平不高是阻碍我国中小学音乐教育发展的重要原因之一。近20年来，国家和各省、市、自治区艺术教育主管部门采取各种措施、通过多种渠道来努力解决这一问题。在大力加强高师音乐教育学科建设，加快中小学音乐师资培养的同时，采取了诸如"中小学音乐教师基本功比赛""中小学音乐优秀课（录像）评比""全国音乐教育论文评选"以及组建"艺术教育专家讲师团"、举办"音乐教学研讨会"、引进国外先进音乐教学法等多种方式，培训教师，促进教师素质和教学水平的提高。

此外，音乐课程设置时数增加，音乐课程开课率稳步上升，音乐教学设备日臻完善，课外校外音乐活动日趋丰富多彩，音乐教育科研不断深入并取得了许多研究成果。这些都标志着我国普通音乐教育已进入历史上最好的发展时期。

（二）基础音乐教育存在的一些问题

在充分看到我国音乐教育的改革与发展取得巨大成就的同时，我们也应清醒地认识到，目前我国基础音乐教育也存在一些问题：

首先，传统的填鸭式的音乐教学模式让学生爱音乐，不爱音乐课。爱乐，是孩子们的天性，然而，难懂的乐曲，枯燥乏味的乐理，老师一个人在那儿"哆来咪"，尤其是机械、呆板的训练方式让学生产生了深深的厌烦情绪。

其次，基础音乐教育存在着专业化倾向。我国基础音乐教育已有近百年历史，但由于种种原因，我们至今还没能找到和建立自己的基础音乐教育体系。现行中小学音乐教育基本沿用了专业音乐教育的模式，无论在教学内容还是教学要求方面，均受到专业音乐院校的深刻影响，内容与要求追求全面、系统、高难度，既超出中小学生的现有水平和接受能力，也超出中小学生在音乐方面的发展需要，这也是我们开设小学音乐活动课程的缘由。我们必须明确基础音乐教育以美育为其宗旨，它是音乐文化素养的教育，是全方位培养人的素质教育。

最后，现有的基础音乐教育还存在非艺术化倾向。音乐能够开发智力，能够引起学生对艺术浓厚的兴趣，是由于音乐本身具有非语义信息特征，"不确定性"是其重要特质，这要求音乐课不能以讲授代替感受，以讲解代替理解。教师应带领、引导学生，感受、领悟音乐，让学生运用自己的原有经验去获得更多的对音乐艺术的理解，这远比用语言解释来得精彩、有趣。

二、社会音乐教育活动的发展现状

（一）社会音乐教育活动概念

社会音乐教育活动属于一个与学校教育活动相对的概念，指的是存在于学校之外的，政府、文艺单位、个人以及艺术团体面向社会成员所提供的和音乐相关的教育活动,除此之外私立学校和各类公办学校面向社会提供的音乐服务也属于社会音乐教育活动。社会音乐教育活动有两个基本特征:社会性,即所服务的群体包含社会中所有成员,不受年龄、性别、宗教、受教育程度等的限制,所有社会群众都能够接受社会音乐教育;开放性,主要指的是社会音乐教育活动的发展模式和开展方式都不受限制,属于自发性的活动,在不同区域、不同经济发展背景以及不同社会阶段中,以不同的形式存在,服务于社会群众。

当今社会音乐教育活动的机构主要有三种,分别是国家政府主办的社会音乐教育活动机构,比如歌舞团以及当地的青少年活动中心;私人举办的社会音乐教育活动机构,比如私人家教;学校和社会主办的社会音乐教育活动机构,比如民办音乐培训学校。

社会音乐教育活动队伍中,主要成员是具备一定专业能力的高校教师以及在校音乐专业的大学生。随着经济的发展和人们消费水平的提升,更多的家庭重视少年儿童音乐教育,因此"幼龄化"是社会音乐教育的一个重点特征。为了满足小学生音乐学习需求,私人家教应时而生,被市场所认可和接受。

(二)社会音乐教育活动的特点

当今社会要求具有高素质的人才,同时各行各业也面临高度竞争的现状,很多家庭为了全面提高子女的素养,让他们有一技之长甚至多计之长,开始对孩子进行社会培训,尤其是让孩子学习各种音乐技能。强烈的专业型培训需求促使社会音乐行业得到一定的发展。社会音乐教育活动的重要性日益凸显,主要表现出以下特点:

1. 教育内容丰富多彩,补充高校音乐教育活动

社会音乐教育活动通过各种技艺的反复训练,提高学生的熟练程度,不但提高了学生的基本功,音乐教育活动的艺术性培训也得到不断提升,与国家倡导社会音乐教育活动大局意识看齐。很多培训机构中的教师在进行音乐艺术训练时,对各种演唱技能和音乐演奏技能进行训练,所训练的曲目为考级中经常选择的曲目,因此很多学生的音乐鉴赏能力、感受能力以及音乐创造能力得到全面提升。

2. 音乐培训机构资质审核严谨,教师素质不断提高

为了提高社会音乐教育的质量,社会音乐培训机构被划入民办教育领域中,即当地文化和教育管理部门负责社会音乐培训机构资质审核。音乐教育活动机构的审批必须经过政府部门的层层把关,创办人必须出具相关资格证,对录用教师也有相关规定。音乐教师录用的决定权属于各教育培训机构,他们大部分是根据该行业中应聘者学历、音乐等级和其他如教师资格证等作为录用依据。所以,社会音乐团队为了实现自己的理想和目标,都聘请一些有成就的音乐人参与教学,还专门开展教师能力培训,教师素质不断提高。

3. 有效监督,促进市场竞争逐渐规范

对于市场经济发展来说,竞争性是其基本特征之一,市场经济要想实现长久有效的发展,必须要有竞争,尤其是合理的竞争。通过竞争,实现社会资源的高效配置。改革开放之后,我国各行各业实现快速发展,其中也包括社会音乐教育这一行业。规模不等、性质各异的社会音乐教育活动机构如雨后春笋,社会音乐教学活动服务多种多样,并有良好的经济效益。社会音乐教育市场的蓬勃发展,促进了政府对社会音乐教育的监督,取缔了虚假宣传以及随意定价的社会音乐培训机构,扼制了恶性竞争,有利于社会音乐市场的科学发展。

  21世纪以来,我国教育事业得到较好发展,社会音乐教育活动也呈现出快速发展的态势。任何事物发展都有两面性,社会音乐教育活动在满足社会大众所需的同时,其本身也出现各种发展问题,比如有着明显的功利化倾向,审核机制不健全以及缺乏监督等,需要从社会音乐教师认证资格制度的建设、业务音乐考级制度的改革以及加强监管等角度出发,逐一解决这些问题。相信随着社会各界的共同努力,我国社会音乐教育事业必将呈现出更良好的发展态势,服务于社会群众。

思考与练习

1. 唐朝是我国音乐教学活动历史上的鼎盛时期,你能去网络上搜索一下这一时期唐朝的音乐作品吗?
2. 中华人民共和国成立后的音乐教育活动取得了哪些长足的进步?
3. 请你描述一下近现代西方音乐教育活动的发展现状。
4. 结合当地的社会音乐活动展开调查并进行分析。
5. 请你谈谈你对当前学校音乐活动发展现状的认识。

第二章 音乐教育活动概述

扫码获取
相关资源

"教育兴则国家兴，教育强则国家强。"党的十八大以来，以习近平同志为核心的党中央高度重视教育问题，习近平总书记在不同场合多次强调发展教育的重要意义，为教育强国的建设指明了方向。

小学音乐活动是小学音乐教育的重要组成部分，具有音乐教育所具有的本质与内在特征，这是实施小学音乐教学，完成小学活动课程的前提与基础。通过音乐活动发现美、感受美、表现美，提高学生的探索力、表现力和创造力，实现学生全面素质的提高。

第一节 音乐教育活动的本质与特征

一、音乐教育活动的本质

音乐教育的本质是以音乐艺术为媒介，以审美为核心的一种教育形式，它是一种艺术教育，属于美育的范畴，是我国教育方针的组成部分，是实施美育的重要内容与途径。

什么是美育？概括地说，美育就是审美教育，也就是美感教育，它是培养受教育者感受美、鉴赏美、评价美、创造美的能力的教育。它既是以美感为基础的更为复杂的美的认知活动，又是对艺术、自然景物、精神文明的感受、鉴赏、评价、创造时情感体验和情感表现发展的过程。从这个意义上来说，美育是一种情感教育。

美育主要通过审美活动来进行，活动过程充分体现愉悦性，可寓教于乐，使人赏心悦目，在潜移默化中接受教育，使人的审美趣味从低级向高级，从这个意义上来说，美育是一种趣味教育。它以培养全面发展的人，提高民族素质为目的，在塑造人的心灵、养成健康人格中它具有特殊的作用，从这个意义上说，美育是一种人格教育。总之，没有美育的教育，是不完全的教育，它的作用是其他教育形式不可替代的，它所具有的独立品格和作用是美育发展能有悠久漫长历史的重要原因。如今美育已经越来越为中外各国所重视。

音乐教育的对象和范围是很广泛的，既包括学校的音乐教育，也包括社会音乐教育；学校音乐教育又可分为专业音乐教育和普通音乐教育，其目的、任务、内容和方法都有很大的不同。本文所说的音乐教育活动泛指普通学校的音乐教育，而不是旨在培养从事音乐艺术专业工作者的专业音乐教育。

在学校中进行审美教育活动的途径和内容很多，其中最重要的一个方面就是以审美活动为核心，以艺术美为基础内容的包括音乐教育活动在内的艺术教育。

一方面，音乐教育具有教育的基本属性，它与学校德智体等方面的教育一样，都能对受教育者施以一种有目的、有计划、有系统的影响。其目的在于使受教育者得到充分、自由、全面的发展，培养成为"四有"新人。因此，它同样应该遵循教育的共同规则。

另一方面，音乐教育又有其自身的特殊功能、目的和规律。它是以音乐审美活动为核心，通过音乐美的形式和内容，感染受教育者，发展他们的美感，提高他们感受美、鉴赏美与创造美的能力，培养他们高尚的道德情操和文明习惯，促进他们的智力和身体健康发展。

音乐教育着重培养的是艺术教育所特有的，能对学生终身发展产生影响的基本能力和素质，如审美情操、审美理想、审美趣味、音乐审美能力、探索思维、想象力、创造力等。它同样应该遵循审美教育的特点和规律进行，注重情感体验和个性特点，因材施教，使学生积极主动地、生动活泼地学习。

总之，音乐教育最基本的性质就是它具有审美性，它是通过音乐媒体进行教育的一种审美教育，它是实施全面素质教育中不可或缺的重要组成部分。

二、音乐教育的特征

小学音乐活动是小学音乐教育的组成部分，是音乐教育的实施途径与方法。要实施音乐教育，就必须抓住音乐艺术的本质特征——审美特性，音乐艺术的审美特性从根本上决定了音乐艺术教育的教学特点和方法，表现出其相应的特殊的要求。

（一）音乐艺术的审美特性

"音乐是凭借声波振动而存在、在时间中展现、通过人类的听觉器官而引起各种情绪反应和情感体验的艺术门类。"[①] 它具有如下几点主要的审美特征。

1. 音乐是抽象的而非语义性的

音乐组织材料是抽象的而非语义的，与美术、戏剧等艺术所运用的材料色彩线条、造型动作相比，音乐显然是很抽象的。音乐和语言都是用声音做媒介来表达的，但表达的内容却有明显差异。语言具有一种约定俗成的语义，音乐的声音却完全不同，它限定在艺术的范围内，作为艺术交流而存在。它通过各种乐汇所唤起的联想，在情感激发中自由展开，不遵守语义学的规则。音乐的声音所具有的这一性质，决定了以声音为媒介的音乐信息具有约定性。表现为音乐创作、表演与欣赏的"三位一体"，使用人为约定的某种音乐体系来进行。谁掌握音乐的约定性，谁对音乐的理解就越深，就越容易"听懂"音乐。

---

① 赵沨、赵宋光：《音乐》，载《中国大百科全书——音乐舞蹈》，中国大百科全书出版社，1989，第1页。

2. 音乐是表情性的而非模拟性的

音乐的音响是表情性的而非模拟性的。音乐中也有模拟自然界与现实生活中音响的因素，但这种音响所模拟的效果，是作为表情服务的辅助手段。黄自说过："音乐只可引我们入悲，而不能告诉我们悲。"音乐的创作者是怎样通过音响反映、表现现实呢？

一是通过仿造。音乐在声音的音色、高度、力度、速度等属性特征上进行仿造，当然这种对音响的描绘，也是为表情服务的，"借景抒情""状物咏情"，这就为小学音乐活动的教学设计、教学实施提供了方法与依据。例如：小学音乐活动课程"龟兔赛跑"，用打击乐模仿动物说话、行动的声响，用声响模仿、表达情感。

二是通过象征的手段。音乐的象征性体现在用声音去象征声音以外的事物。如在线资源库课程《下雨了》中，用声音表现早晨的街道、学校生活等；通过音色要素也可象征某些事物或现象，如国家在线课程《报纸回旋曲》中用报纸的声音去象征风声、冰雪被踩踏声、炮击声等。

三是通过暗示。音乐声音的暗示主要是寓意性的，它往往从现实现象的概括中形成。它与寓意性模仿不同，因为它并不是从模仿对象的声音特征出发，而是通过声音造成的特定气氛去暗示某些事物和现象。在教育戏剧中常采用这样的手段，用背景音乐、嗓音、打击乐等创设情景。

四是借助文字的指向。音乐借助文字标题概括指示，缩小了我们联想的范围。如我国作曲家辛沪光的管弦乐《嘎达梅林》，是以蒙古族民族英雄嘎达梅林领导蒙古族人民起义，向封建军阀作殊死斗争的历史事件为题材的。顾名思义，为人们聆听这首乐曲进行联想提供了明确的指向。

3. 音乐是创造性的而非同一性的

音乐的声音与自然界的声音之间不存在一一对应的关系，所体现出类似于自然的声音，必须依靠人们的想象和联想活动，才能感受、理解它们的含义。所以音乐与其含义之间，存在一个中介因素——音乐表现。音乐的传送必须经过表演这样一个中介环节，表演者对音乐必须进行再创造。音乐艺术是二次创造完成的艺术，这就给音乐艺术的表演、创编、鉴赏、评价提供了更为灵活多样化的可能。

创造性特征是小学音乐活动的特色之一。移易转化、统觉、联想，这些是创造能力培养的出发点，也是其产物。有关创造性能力的培养在节奏、动作、声势、戏剧活动中无处不在。在音乐活动教学中它们并不是简单的操练或机械训练，因为机械的训练违反了这些音乐活动本身的原则，缺乏了敏锐的感知和主动的动作反应，充其量只能是训练"条件反射"能力。听后有感而发，本身就是移易转化，这种"发"既然是"有感而发"，就不能规定必须怎么动，其所"发"所"动"，就必定是即兴的，具有个性特点的，而这也就是创造性能力训练、培养的开始，是人人都能接受的训练。音乐活动教学中贯穿始终的，就是这种对创造性精神和创造性能力追求的观念与原则。

音乐的非同一性特征表现在对音乐的理解与接受方面，不同的人接受音乐存在差异是显而易见的。文化素质、阅历、性别、年龄、音乐知识水平有所不同，所属民族、区域不同，形成音乐理解方式、音乐欣赏爱好、聆听音乐时心理状态的不同等，正是由于这些差异的存在，同一个音响信息，甲与乙感受会完全不同，同一个人此时或彼时对它的评价也可能完全不同，这也为音乐活动的创造提供了空间。

4. 音乐是传情性的而非具象性的

音乐具有情感的内涵。情感表现是艺术的共同目的，但是其他的艺术形式是以具体的形象唤起感情的。音乐则不同，音乐的音响形式是感情的直接载体。因此，音乐能给人以情感的移入，它能更直接、更有力地进入人的情感世界，被誉为"最富情感的艺术"。声音刺激人的感官，伸展到听觉区，唤醒着听觉、感觉、知觉和表象，蔓延到大脑神经系统，传播于各器官，改变了心跳、呼吸、血流以及运动神经的活动频率，引起它们的生理变化，于是产生了相应的情绪和情感。

《乐记》中记载："其哀心感者，其声噍以杀；其乐心感者，其声啴以缓；其喜心感者，其声发以散；其怒心感者，其声粗以厉；其敬心感者，其声直以廉；其爱心感者，其声和以柔……"[①] 就是说，焦急短促的声音，引起悲哀的情感；和缓的声音，使人快乐；轻快的声音，使人感到高兴；粗犷严厉的声音，使人悲愤欲绝；正直端庄的声音，给人以崇敬之感；柔和的声音，使人感到喜悦。可见，声音对人是有不同的刺激作用的。

情感心理活动的运动状态表现为生理和心理感受上的快、慢、强、弱、升、降变化；而在音乐中，音乐以音的高低走向、节奏、力度、速度、音色等音乐元素作为表现人类情感的信息手段，用这些音乐元素类比情感心理活动的物理属性——快、慢、强、弱、升、降变化，从而产生一种特殊的、不同凡响的共鸣，音乐对人的思想情感有强烈的感染作用。

音乐和人的心理、情感活动具有形态上的一致性：都是运动的、不可见的、有节奏的、随现即逝的。以节奏来讲，音乐具有节奏，如同生命的节奏，它们同样受宇宙间大自然同步律的制约——音乐的感情必然同人的感情同步。

从音乐的起源来看，音乐本身就是人的主观表象，就是人的心灵的倾诉，所以，音乐可以拨动到人内心最深处的情弦，可以非常迅速直接地触动听者的心灵。在这方面，《史记》也有记载：公元227年燕太子丹送荆轲赴秦谋刺秦王政，至易水河上，"高渐离击筑（古代乐器，一种用竹尺敲击发声的弦乐器，现已失传），荆轲和而歌，为变徵之声，士皆垂泪涕泣。""复为慷慨羽声，士皆瞋目，发尽上指冠"。这段记载绘声绘色地描述了随着音调从"变徵"声变为"羽声"，而在人的感情上引起了共鸣和震颤，即从"垂泪涕泣"到"瞋目""发尽上指冠"。人的情绪由于受到音乐感染而产生波动，跃然纸上，这就是音乐的情感效应。

5. 音乐是时空性的而非静态的

音响呈流动状态，音乐艺术是在时间中展现的，它必须在时间中展开和完成。时间可以说是一切音乐形式存在的关键因素，音响必须依赖于时间与空间发生联系，从这个意义上说，音乐也被称为时空的艺术。

各种音乐要素都必须在时间中体现。节奏，音的长短交替，是以时间为依托的，

[①] 吉联抗译注：《乐记》，音乐出版社，1958，第1页。

被称为"音乐的时间形式"。速度,指的是节奏的频率,是以时间做准绳的,离开时间就无所谓速度。音高、力度和音色,都只有在声音存在的前提下才能存在,它们依附于声音,必然依附于时间。旋律是音与音横向行进的关系,总是随着时间推移而展现流逝的。和声虽具有纵向的音的组合关系,但也是依靠时间长短来判断自身存在多久,而且和声进行其横向的连接,也是在时间的过程中得以完成的。至于曲式结构、织体等,也只有通过时间才能顺序展开。

音乐的形式存在于时间中,但这个时间又不是通常所说的物理上的时间过程。人们在听音乐时从来不会计量时间的长短,也不会从音乐进行中感觉到时间像钟运行一样,嘀嗒嘀嗒在消失。音乐的时间是依靠自身的组织,即音的组织状况和时值的变化而连接起来。在音乐的时间序列中,每个音乐的声音形式都在相互的关联中运动着,人们在聆听音乐时,由于感受到这些变化的运动,而感觉到音乐在推移、在延续。音乐时间只能存在于音乐的进行当中,音乐中的时间是音乐自身变化而创造出来的一种时间表象。在这个表象中,乐曲在进行、和谐在生成、节奏在延续。"音乐的结构是一种内化了的运动,它不仅能把人体的动作内化,而且能把世间万物的物态予以内化,让我们在想象中模仿宇宙万象的运动。沿着这样的途径,人类就借助音乐的音响结构把大千世界生生不息的万端生机和无穷活力摄取过来,化为自己饱满的生命力。采取这样的方式,音乐就把人类审美意识中的符号层面——意念、表象、意象的活动转为实践层面——脉搏、心跳、呼吸、肌肉、内分泌的活动,使具有精神的丰富性的主体体验到自己存在的物质的现实性,确让自己实践的能动力量。"[①] 因此,我国音乐家赵宋光先生才这样说:"假如你能把音乐不仅仅理解为听觉的艺术,而且进一步理解为运动觉的艺术,那么你对音乐美的理解就大大深化了。"[②]

(二)音乐教育活动特征

音乐教育的本质与其特征是密不可分的。本质是特征的内在规律,特征是本质的外在表现。作为审美教育的重要组成部分,小学音乐活动课程具有情感性、形象性、愉悦性、主体性等基本特征。

1. 情感性

由于音乐不是表现事物本身,而是直接抒发人的内心情感世界,这种情感活动灵活、准确、细腻,是主观情感的审美体验,因此音乐能够以真挚、生动、深刻的感情去拨动人的心弦,比其他艺术能够更直接、更有力地"使人的心灵爆发出火花来"(贝多芬语),它的"节奏与乐调有强烈的力量浸入心灵最深处"(柏拉图语)。以音乐艺术为媒介、以审美为核心的音乐教育最具有情感性。

我国朱小蔓教授在《情感教育论纲》中论述了"逻辑—认知与情感—体验共同构成完整的教育过程"。在音乐教育中,认知与情感在质的层面是不相同的,但同时,它们又是相辅相成、相互渗透的。从这两个过程所依赖的心理机制以及所促进的人的心

---

① 赵宋光:《音乐美》,湖北教育出版社,1996,第9页。
② 赵宋光:《音乐美》,湖北教育出版社,1996,第8页。

理发展的层面来看，认知过程主要是感觉、知觉、表象、回忆和概念、判断、推理的过程，它着重训练主体对客体固有属性、特征、本质和规律的把握，是以客体为轴心的描述性活动。而情感教育则是情绪唤醒、主观感受与体验的过程，它强化主体对客体的态度、情感和思维的价值取向，是以主客体意义关系为轴心的体验性活动。"两个过程的旨归毕竟不同。前者经过同化或顺应的过程将外部客体知识收为主体的认知结构，后者则通过情感向客体的投射，在对意义关系的领略中使主体的情感世界接受一次洗礼，增添一次经历。"①

音乐教育，以音响、动作等为表现手段，构成富有动力性结构的审美形式，通过"诉诸心灵的精神、洋溢的情感以及声音所显示出这种内容精华的表现"，实现培养受教育者对音乐的创造和表现、感受和体验、鉴赏和评价等能力，完成对学生的审美教育，音乐教育的情感—体验过程同样是经过以爱美为特征，激发、培养学生对音乐学习兴趣的情感唤起阶段；以鉴赏美为特征，培养学生感受、体验、鉴赏、评价音乐美的情感体验深入阶段；以创造美为特征，将内在审美情感体验客观化、对象化、形式化的情感外化阶段。总之，音乐教育活动处处离不开情绪唤醒、主观感受与体验，离不开情感层面及其活动。它的一切活动，核心在于情。从这个意义上说，音乐教育就是审美情感教育。

音乐教育要培养对音乐艺术的创造和表现能力，就要进行必要的技能技巧训练，也要学习必要的音乐基础知识。但是，作为审美教育的音乐教育，音乐基本知识和基本技能技巧的学习，只是感受、体验、鉴赏、评价、表现和创造音乐美的一种必要手段。从音乐艺术教育着重培养的是其所特有的、能对学生终身发展起影响和作用的、稳定的、基本的能力和素质（如审美能力、审美情感、审美理想、想象力、创造力）的目的性来看，音乐教育的突出特征是情感性而不是技艺性。

在小学音乐活动课程中，原本的音乐、诗词、动作、演奏，都是由心灵力量所兴起并发展的一切，情感是基础、是根本，没有情感，我们将走向心灵的荒芜，"正如要有自然界中的腐殖质，才有可能使万物生长一样，靠原本的音乐方能发挥出儿童身上的力量"（奥尔夫《学校儿童音乐教材》）。所以，小学音乐活动不是一般意义上的教学法，甚至也不是严格意义上的音乐教育课程，而应将其视为一种体现某种观念并将其作为原理来应用的音乐教育行为。

2. 形象性

小学音乐活动课程总是以一定的鲜明生动的艺术形象为基础内容的。由于构成音乐的物质材料是流动的音响，它是创造性的非自然性的，是抽象的非语义性的，是模糊的非对应性的，是表情的非确定性的，因此，音乐是通过音乐语言高低抑扬的旋律变化、轻重缓急的节奏安排，以及动作的力度、速度等变化，塑造独特的音乐艺术形象。音乐和客观世界有着千丝万缕的联系，通过复杂的人类艺术形象思维——联想、幻想、想象等一系列的阶梯，从而间接表现出客观世界，不仅是可能的，而且是早已为音乐历史所证明的。音乐艺术的形象性是个比较宽泛的概念，它是通过感知、联想、

---

① 朱小蔓：《情感教育论纲》，南京出版社，1993，第57-58页。

表象、想象等心理活动构成的有思想情感的、有审美价值的内容。

小学音乐活动课程体现形象性特征，是由于形象性有助于促进受教者对音乐的感受和体验、鉴赏和评价、表现和创造能力，所以在音乐教育方法和手段上，努力寻求听觉、视觉甚至运动觉等方面的感受中介，通过联觉和意象等心理过程达到对音乐的准确感知和深刻理解，是很重要的一个方面。当然，由于音乐主要是通过表达情感来体现的，抒情手法是塑造音乐艺术形象最主要的手法，因此，音乐教育的形象性与情感性有着密不可分的联系。

3. 愉悦性

音乐给人以愉悦感是通过听觉产生的一种"审美趣味判断"（康德语）。它是审美经验积淀的心理反应，是一种美感享受。在小学音乐活动课程中，愉悦性可以构成一种审美的本质力量。那些优美的旋律、动作等以特有的艺术魅力滋润着学生的心田。这种"快乐式"的教学，赋予音乐教育强大的生命力。在打击乐、戏剧、动作等教学中，教师引导学生遵循模仿—探索—即兴—创编—表演的模式，把音乐教育的愉悦性从"悦耳"升华到自我创作、自我肯定与认可等更高层次，更好地感受、领悟音乐的内涵，获得更高境界的审美自由。通过音乐活动课程教学培养学生高尚的审美情趣，完成美感的实现，正是音乐活动课程宗旨所在，是音乐教育的重要特征之一。

4. 主体性

小学音乐活动课程具有主体性特征。它不是单纯的"摹仿"或"再现"，而是融入了创作主体、表演主体乃至欣赏主体的情感。音乐艺术创作是艺术作品创造者作为创作主体的对象化过程，集中表现在创作活动具有能动性和独创性，音乐作品的表演是二度创作，具有主体性，自不待言。在音乐作品的欣赏中，我们前面讲过在音乐信息发出（客体）和接受（主体）之间存在不等式，在对音乐作品的感受上个体与个体之间也存在明显的主观评价不相同的现象，具有主体性的特点，形成了欣赏者在审美感受上鲜明的个性差异。

小学音乐活动课程具有主体性特征，一方面是因为音乐艺术的主体性特点。以音乐艺术作为媒介的各种音乐教育活动，就处处体现着浓浓的主体性色彩。在音乐教育教学过程中，学生不是观众、听众，而是各种音乐活动的参与主体，是音乐创作者、表演者、欣赏者、评论者。参与的形式尽管多种多样，但是受教育者主体地位是突出的。另一方面，音乐教育不仅"适应人的向善求美的需要，让人的情感在伦理亲情、认识兴趣、创造冲动、审美体验、理想憧憬等方面获得满足"，而且通过对需要的调节和引导，人持续地从追求"完满"和"超越"中获得满足，从而形成一种情感上的"定势倾向"。"这时，由于个体的需要得到了满足，自己的选择得到了实施，所以，人感到不是必然总体在主宰、控制或排斥偶然个体，相反，是偶然个体主动寻找、建立、确定必然总体，人便产生了自我超越的快乐感、高尚感和幸福感。"[①] 这就是音乐教育的主体性特征在情感教育方面所深蕴的含义。

---

① 朱小蔓：《情感教育论纲》，南京出版社，1993，第107页。

第二节 音乐活动的功能

一、音乐活动的社会功能

音乐是有着深远意义和明确目的的实践活动。它在漫长的历史长河中有了高度的发展，也在广阔的社会生活中起了多方面的作用。随着时代的发展，人们对音乐的社会功能的认识也越来越深刻。

（一）社会音乐活动的审美功能

音乐的审美功能表现为可以使人们感到身心愉快，从而陶冶性情，提高审美能力与审美趣味。音乐的审美功能主要体现在美化心灵、调节情感、提高审美能力和情趣三个方面。

1. 美化心灵的作用

音乐艺术用音响的魔力作用于人的情感，引起联想、想象、激动、共鸣，以潜移默化的方式使人接受某种道德情操、精神品质、意识观念的熏陶渗透，从而使人们达到崇高的思想境界。

古希腊哲学家柏拉图在《国家篇》中说过："节奏与乐调有最强烈的力量浸入心灵的最深处。如果教育的方式适合，它们就会拿美来浸润心灵，使它也就因而美化；如果没有这种适合的教育，心灵也就因而丑化。"[①]

2. 调节情感的作用

音乐对人的情感作用比较直接迅速。这是因为音乐通过中枢神经系统作用于人体时，这一结构在情绪的反应、激活、体验中起重要作用。同时，音乐的运动模式与人类情感运动模式有异质同构关系，使人们易于把握音乐所比拟的情感内涵。

音乐可以诱发人的内在感情，触发人们内心积极性情感（如喜爱、快乐、兴趣等），使消极性情感（如悲痛、厌恶、愤怒等）得到宣泄。音乐可以使对立的感情相互转化，例如音乐通过积极的情感内涵作用于人的情感，使人们原有的消极情感逐步转化为积极的情感。优美的音乐中动人的旋律、轻松的节奏、悦耳的和声、丰富的音色，可以使人的兴奋与抑制得到调节，身心愉快，精神协调。好的艺术作品，使人得到充分的审美享受，使人们处在积极向上的情感状况下，在实践活动中有强大的精神力量。例如，有学校组织一个班的学生欣赏贝多芬的《第九交响曲》第四乐章后，学生纷纷写了感想，有的感到"眼前仿佛出现一片光明，不怕道路上重重困难，一定能够达到光明的彼岸"；有的在思考"人生之路应如何走？要像贝多芬一样敢于正视人生，不被命运所摆布"；有的受到第四乐章"欢乐"主题的感召，坚定"努力向前，别灰心，只要坚韧不拔，自强不息，终将胜利"。

[①] 柏拉图：《国家篇》，转引自何乾三：《西方哲学家 文学家 音乐家论音乐》，人民音乐出版社，1983，第10页。

3. 提高审美能力和情趣的作用

通过感知音响，体验情感，培养人具有"音乐的耳朵"，可以从中得到审美的情趣，提高审美能力。音乐是人类精神世界中极为重要的部分，人们的生活离不开音乐。"七弦为益友，两耳是知音。"通过聆听音乐，人们的"音乐之耳"能对大千世界有敏锐的感受力、观察力，甚至具有对声音选择、筛选的能力。它可以让人们感受到大自然中的森林"交响曲"，感受到暴风骤雨的惊心动魄的力度、速度，更可以享受浩瀚音乐作品中的"玉液琼浆"。在聆听音乐中不断把握音乐的分寸感，取得对音乐艺术的体验，从而使自己在声音的世界中进入更高的精神境界。

（二）社会音乐活动的认识功能

人们通过音乐艺术可以认识现实。音乐艺术创作者在创作时，将现实加以选择，以自己的情感和体验对作品进行加工，通过象征、模拟、暗示、抽象概括等方法间接显示现实。观众通过听、看等活动，认识音乐艺术作品表现的某种情绪和情感，再通过联想和想象理解音乐艺术作品所反映的现实。音乐艺术作品的认识功能主要体现在超越现实、振奋精神、信号象征三个方面。

1. 超越现实的作用

音乐艺术不仅是社会生活的反映，也是人类理想的体现。因此，音乐艺术作品不仅有反映现实的功能，而且具有超越现实的特征。协调集体劳动动作，消除疲劳，是人类早期在生产实践中发现的音乐功能。从体验生活到参与实践，再到超越现实，正是音乐艺术超越现实作用的体现。这种超越精神，不但能使我们在困难时想到胜利，在失败时想到成功，而且会唤起愿望，使我们的现实生活变得更加美好。

2. 振奋精神的作用

音乐艺术是社会生活的反映，但是这种反映较实际生活又具有更高、更强烈、更集中、更典型、更理想的特点，从而超越功利主义的束缚，使心灵纯洁化和高尚化。

音乐可以组织和协调社会成员的意志行为，传达与交流社会成员的思想感情，从政治态度、伦理道德等方面对人产生影响，激发起一种潜移默化的力量，起到"善民心""移风俗"的教化作用，当音乐艺术作品使人产生激情时，在条件适合的情况下，就能发挥巨大的作用。例如法国大革命时，革命群众高歌《马赛曲》向巴士底狱进军。这说明音乐具有很强的鼓舞力量。

优秀的音乐艺术作品是时代的号角、人民的心声。这些作品通过流畅的旋律、明快的节奏、真挚的情感、洗练的结构、质朴清新的音乐风格，塑造出动人的艺术形象，具有激动人心的感召力，对人们有很深的教育意义。

3. 信号象征的作用

某些音乐作品由于政治或其他社会原因，在固定场合、固定情况下反复使用，使人们产生了心理定势，变成具有一定社会意义的信号，具有某种特定的象征的意义。如各国的国歌，它所造成的那种代表一个国家尊严及情感的象征，是很明确的。从电视中，我们常常看到，运动员为国争光，在最高领奖台上，听到奏响自己祖国的象征——国歌时，热泪盈眶的场景。这里，国歌已成为祖国的化身与象征。

军歌、校歌、班歌、会歌也是如此。类似的这种情况与特定的政治内容或社会内容相结合的，还有在宗教仪式、国家典礼、民间婚丧仪式、队伍行进等集体活动使用的音乐作品，这时，音乐的社会价值由于外部因素的结合得到了充分发挥。如在第二次世界大战期间，民主阵营广播电台播放贝多芬的《命运交响曲》作为象征。因为《命运交响曲》的主题【 0 33 | 1 - | 0 22 2 | 7 - | 7 - |】其时值三短一长，而被认为相当于莫尔斯电码中的"V"字而成胜利（victory）的象征，强调民主必胜、法西斯必败的信心。这也是非音乐因素对音乐社会价值影响的一例。

（三）社会音乐活动的教育功能

重视发挥音乐的教育功能，自古而然。《乐记》记载："乐也者，施也。"[①] 又曰："先王之为乐也，以法治也，善则行象德矣。"[②] 通过音乐艺术的魅力，给人以积极向上、奋发进取的精神力量。这种教育与影响，不是机械灌输，也不是强迫他们接受，而是采取艺术性与思想性融为一体的方式进行的。这种影响和教育，是长期感染、潜移默化的，"随风潜入夜，润物细无声"，使人们受教育于不知不觉中。音乐的教育功能主要体现在健全大脑、健康心理、人际关系和谐化三个方面。

1. 健全大脑的作用

心理、生理学家发现大脑左右两半球存在功能的差异。大脑左半球，通常承担处理语言、数字和其他分析功能等抽象思维的任务，习惯上称为"数字脑"；大脑右半球通常承担处理空间图形、识别形象、感知音乐环境等与直觉和艺术方面相关的形象思维任务，习惯上称为"模拟脑"。有实验表明，这种分工不是绝对的，两半球的机制是相互联系、相互补充的。脑神经细胞活动时，处于兴奋状态，不活动时就处于抑制状态。兴奋与抑制作用，缺一不可。合理地使用和锻炼大脑，符合其客观规律，刺激大脑左、右半球活动，才能发挥大脑最高效益。

音乐艺术对促进大脑健康发育、成长和保护大脑健康，以及全面开发大脑的潜能等方面有积极的作用。例如演奏时，两眼要视谱，两手十指要有不同的动作，两耳要校正音准、节奏、速度与力度，还要分析乐曲所表达的感情并加以处理，在瞬息之间取得动作的协调与统一。一些实验表明，如果有计划地给初生婴儿在哺乳、活动和睡眠时听一些优美的、愉快的、兴奋的不同风格和不同形式的音乐作品，可以使婴儿的朦胧期缩短，学语期提前。

近来，神经学家关于右脑控制感情和直觉，同时右脑又是音乐脑，与创造性思维有着密切关系的理论越来越被人们重视，因此用音乐促进人的大脑发育，培养创造性人才，也成为国内外音乐教育研究者颇为感兴趣的问题。

2. 健康心理的作用

音乐艺术对于聆听者的心理健康，有着重要的意义和积极的作用。

其一，音乐能够培养人的感知、想象、直觉和思维能力的发展。聆听者通过多样

[①②] 吉联抗译注：《乐记》，音乐出版社，1958，第21页、第31页。

化训练听觉的实践，大大提高了听觉能力。

音乐艺术，不论是演唱、演奏和欣赏，要求人们精神专注，而且要引起记忆、想象、思维等一系列心理反应。音乐结构的对称性、旋律的流畅性、节奏的规律性、音色的可感性、内容的情感性和随意性，可以有效地启发和锻炼人的感知能力和思维想象能力。

其二，音乐能够培养人的情感体验调节能力和情感传递能力。情感是人的心理知、情、意三维结构中不可或缺的有机组成部分。情感对于人的认识和行为，对于人的整个社会生活都有着极为重要的意义。由于音乐作为与人类情感息息相关的一种精神活动，充分地体现了情感的体验性、调节性和传达性，因而音乐实践活动必然使人们的情感体验能力、调节能力和传达能力得到培养、提高和发展。例如，情感必须是协调的，情感失控、失调就会引起心理上失常。音乐艺术，恰恰具有情感的调节功能。旅居异国他乡的海外赤子，一曲思乡曲，寄托了对祖国家乡的无限眷恋之情，能起到情感调节的作用。

综上所述，一个有较强的感知、想象、直觉、思维能力的人是聪慧的，一个既有上述诸能力又有情感的体验、调节和传达能力的人，则不但是聪慧的，而且是健全的。许多世界名人与音乐结下不解之缘。马克思、恩格斯、列宁均精通音乐，在论著中有许多涉及音乐的精辟论述；大文豪高尔基年轻时在歌剧院参加过合唱，他在小说中引用了许多民歌。可见音乐艺术对开启人们的智慧、健康人们的心理等方面有着巨大的作用。

3. 人际关系和谐化的作用

人际关系，是人文环境中最重要的组成部分。由于人是社会群居的，天然地倾向于同社会、同他人取得和谐；但人又有自我保存和无限发展的欲望，因此，潜伏着同社会、同他人的矛盾冲突。音乐艺术以沟通交流的方式，起到聚合作用，推动了人际关系趋向和谐。

例如，大家都非常熟悉的苏格兰民歌《过去的好时光》就是社会交往的一个范例。民歌的作者用这首歌曲，寄托对朋友的思念之情，当这首歌曲广为流传后，这位作者已经同人民进行精神的交际和思想的沟通了。电影《魂断蓝桥》用它做主题歌后，这首歌曲更风靡世界，现在被叫作《一路平安》，其旋律也成了离情别意的情感象征。在大学毕业的联欢会上，在向朋友饯行告别会上，这个旋律总会引出人们滚滚的泪花。人与人之间在这种场合下的精神交流中，音乐又起到了推波助澜的强化作用。音乐沟通了人与人之间的情感，增强了人的群众意识和认同倾向；音乐教会了人们掌握和运用这种最广泛、最普遍的交流手段；音乐能使人的交际活动艺术化和美感化。

音乐活动有利于培养人的整体意识和协作关系。歌咏活动、合奏都是以集体的面貌出现，大家都需要懂得协作配合的重要性；即使是独唱、独奏，也需要与伴奏有合作的关系、与观众有上下呼应的关系；合唱队则更能体现社会化的团结，每个参加音乐活动的人，通过音乐实践活动，训练节奏的统一、声音的和谐、音高的准确、声部的均衡、情绪速度的一致，都自觉地维护合唱、合奏中在旋律、节奏、情绪等方面的统一要求，有利于形成具有统一意志和共同情感的群体。

(四) 社会音乐活动的娱乐功能

音乐本身就具有使人愉悦的属性。音乐可以提供有教养的娱乐,有文化的休息,通过松弛的审美享受积蓄精神的素养和活力。人们在紧张的学习和工作之余,从事音乐审美活动可以转换一下兴奋中心,从而消释劳累,解脱烦虑,弛懈神经,使身体和心理得到休息。音乐的娱乐功能主要体现在愉悦养性、怡情健身、参与自娱三个方面。

1. 愉悦养性作用

荀子在《乐论》中说:"夫乐者乐也,人情之所不能免也,故人不耐无乐。"这是认为音乐使人"快乐",是满足感情需要所不可缺少的,人的心愉快了,人的机体内生理化学变化变得畅通无阻,就会产生增力的感觉,人的精神面貌会表现出积极的情绪,焕发出神采。

从原始氏族的集体歌舞,到各民族现存的集体歌舞、群众聚会上表演的歌舞节目,乃至儿童的唱游活动,都发挥了这样的功能。通俗轻松的娱乐音乐在古代社会中常作为宴饮音乐出现,在现代文明的条件下,则常作为餐厅、茶座、商场、候车室及其他休息场所的背景音乐来播放,以增强日常生活中的某种情趣。当然音乐审美活动带来的快乐,不只是简单的生理上的满足,而是精神上的愉悦、心理上的平衡,进而升华为一种高尚的情操,促使人们的精神世界更加充实、和谐。人们常用"人生的最大快乐""生活中的一股清泉""陶冶性情的熔炉"来说明音乐的这种社会功能。从这种社会功能的反面表现来讲,娱乐音乐中格调低下、趣味庸俗的部分,可能对人们精神生活产生消极影响和腐蚀作用,这是有必要抵制和克服的。

2. 怡情健身作用

音乐传入人的耳膜,刺激大脑中枢神经,使人身体分泌多种有益的生化物质,如激素、酶等,产生抗疲劳、助消化、降血压、调理神经等作用。真可谓:"一声来耳里,万事离心中。清畅堪销疾,恬和好养蒙。"清畅恬和的音乐既可解除疾病,又可保养心性,有益于身体健康。第二次世界大战后,国外盛行的音乐疗法,对音乐给人们造成的生理、心理反应所做的研究和探索是很有意义的。

音乐能使人得到积极休息。"不会休息的人就不会工作",工作久了免不了疲劳而需要休息。休息有多种方式。结合自己爱好的音乐,做有兴趣的活动,就是一种积极的休息。关于科学家爱因斯坦休息有一段逸事。爱因斯坦中年任教于荷兰莱顿大学。在紧张的脑力劳动之余,不时地和他的同道埃伦菲斯特一起演奏名曲。他的小提琴与埃伦菲斯特的钢琴配合默契,音乐洗刷了他们头脑中的疲劳。有时爱因斯坦会突然中断演奏,用琴弓敲着钢琴,和好友一起讨论起学术问题,积极休息之后,新的思潮涌来,打开了心灵之廊,可能把难题轻松地解决。这种张弛交替的休息是大脑再创造的开始。音乐是调剂锻炼大脑最好的工具之一。清华大学理工科学生总结出这样一个公式:$8-1>8$,即从学生每天8小时学习时间中抽出1小时进行音乐等文体活动,其效果大于单纯的8小时学习。

3. 参与自娱作用

音乐除了可以借助客观音乐表演来聆听欣赏外,还能通过审美主体自身音乐实践活动来达到自娱的目的。自娱形式虽不是音乐艺术所特有的,但是音乐的自娱活动,比起其他艺术形式来说,要方便简捷得多,颇具群众性。自己哼唱一支喜爱的歌曲,不受任何条件的限制;卡拉 OK 问世后,更使得不少音乐爱好者由鉴赏型转向参与型。

以上,我们叙述了音乐具有审美、认识、教育、娱乐等四大社会功能,展开讲,音乐具有美化心灵、调节情感、提高审美能力和情趣、超越现实、振奋精神、信号象征、健全大脑、健康心理、人际关系和谐化、愉悦养性、怡情健身以及参与自娱等 12 个方面的作用。我们对四种社会功能的划分只是相对的,在实际情况中,四者难解难分,互相渗透。

同时必须指出音乐的社会功能是双向的。好的音乐艺术作品具有积极向上的社会功能,反之可能引起消极和反面的社会作用,我们应该最充分地发挥音乐艺术积极向上的社会功能。

二、学校音乐教育活动的功能

音乐教育功能是音乐社会功能在教育上的具体体现,上述音乐社会功能都能在音乐教育方面找到它的实证,二者既密切联系,又有明显的区别。音乐教育的功能包含更明确的目的性、计划性、有序性,其教育效果比自发的音乐活动有明显的增值效应。

(一)学校音乐教育活动的主体效应

音乐教育的主体效应体现在审美教育的功能上。原国家教委在《全国学校艺术教育总体规划》中明确指出:"艺术教育是学校实施美育的主要内容和途径,也是加强社会主义精神文明建设,潜移默化地提高学生道德水准,陶冶高尚的情操,促进智力和身心健康发展的有力手段,艺术教育作为学校教育的重要组成部分,具有其他学科教育所不可替代的特殊作用。"[①]

1. 学校音乐教育活动是学校实施美育的主要内容和途径

艺术教育包括音乐、绘画、舞蹈、电影、电视、戏剧等各种艺术形式,它们的表现手段、传播途径和存在方式不尽相同,但都是实施美育的重要内容和途径。其根据有二:一方面审美教育是艺术的核心内容,另一方面是由艺术的本质特征所决定的。如果把学校艺术教育看成是一个多因素、多层次的复杂系统工程,那么,音乐教育就是构成这一系统工程不可或缺的子系统。

从教育内容看,无论是哪一种艺术教育,基本上都包括培养人们感受美、鉴赏美和创造美的能力这三个方面的共同内容,只不过侧重点和角度有所不同而已。音乐教育,以音响、身体动作等为表现手段,构建成富有动力性结构的审美形式,通过"诉诸心灵精神、洋溢的情感以及声音所显示出这种内容精华的表现",实现培养受教育者对音乐艺术的感受、理解、鉴赏、表现和创造等能力,完成对学生的审美教育。这种审美教育有着丰富的内涵。如对情感的理性塑造和控制,对意志的理性引导和调整,对感知、想象等能力的理性渗透和升华等,构成情感、意志、认知三个系统之间相互

---

① 国家教委体育卫生与艺术教育司:《学校艺术教育工作文件汇编》,人民音乐出版社,1996,第 45 页。

渗透、交融的教育，从而达到完善的审美心理结构。

从教育过程看，前面讲过完整的教育过程包括认知—逻辑、情感—体验两个层面及其活动。"对教育要做完整的理解，不能回避、抽离情感层面。离开情感层面，教育就不可能铸造个人精神、个人的经验世界，不能发挥大脑的完整功能，不能保持道德的追求，也不能反映人类的人文文化世界"。① 音乐教育以情感教育见长，其主要的教育过程是情感—体验的过程，在树建完整的教育过程上音乐有其独特的作用。

从教育任务看，美育的任务，就是为了构建人的审美的心理结构。音乐等艺术是人类审美意识的对象化，是人们不同时代的审美意识和审美经验的积淀和物态化。因此，人们经过音乐艺术教育，可以接受不同时代的审美意识、审美经验，并使之纳入审美心理结构的构建中去。这种审美心理的构建，实际上是培养人的一种有机的和整体的反应方式。"在审美活动中，主体之所以感到生命审美愉快，是因为他们把握到了一种具有节奏性、平衡性和有机统一性的完整形式，这种形式积淀了人的情感和理想，具有特定的社会内容，所以会同时作用于人的感知、想象、情感、理解等诸种心理能力，使它们处于自由和谐的状态。在这种自由氛围中，各种能力就像是做了一场富有意义的演习，它们既能共存，又能互相配合，每一种能力都得到了最大限度的发挥，但又兼顾到整体，以不损害整体有机统一为限。"② 音乐艺术教育对于构建这样的一种审美心理结构，有其特殊的作用。

2. 学校音乐教育活动是学校实施美育的最佳方式

综前所述，音乐教育集情感性、形象性、愉悦性、主体性四大特征于一身，比实际生活的美具有更高、更强烈、更集中、更典型、更理想的特点，因此，音乐教育是学校实施美育的最佳方式。具体地表现在四个方面。

（1）最理想的方式

我国第一部美学专著《乐记》，系统地阐述了音乐教育，它提出艺术的育人功能为"和同"，即情感的和谐与协调。音乐教育以音乐为中介，它是擅于表现或传达情感的，有着强烈的感染表现力。它采取有组织的音响及身体运动，通过巧妙的、经常更换的、层出不穷的结合；通过多样化、混合、提高、降低、跳跃、停顿、加速、力量、轻弱、强烈、简单和复杂的进行、缓和、抑制以及数以千计的其他手法，不但可以直接表现人类各种细致复杂的情感、情绪，而且可以直接接触人的心灵最深处，激发和宣泄人的激情。

正如匈牙利著名音乐家李斯特所说的一样："如果说音乐被人称为最崇高的艺术，被唯灵论者提高到上界，认为唯有音乐才配做天上的艺术，那主要是因为音乐是不假任何外力，直接沁人心脾的最纯的感情的火焰；它是从口吸入的空气，它是生命的血管中流通着的血液。"他接着说，"感情在音乐中的独立存在、放射光芒，既不凭借比喻的外壳，也不依靠情节和思想的媒介。"③ 音乐的不具象性，留给欣赏者（受教

---

① 朱小蔓：《情感教育论纲》，南京出版社，1993，第62页。
② 滕守尧：《审美心理描述》，中国社会科学出版社，1985，第355页。
③ 李斯特：《李斯特论柏辽兹与舒曼》，张洪岛、张洪模、张宁译，人民音乐出版社，1979，第27页。

者）空间，他们必须通过联想、想象，用全部身心去体验作品所表现的复杂、深刻、细致的内心情感，使音乐透入人心，与主体合而为一。这种审美的方式，应该说是最理想的。

（2）最方便的方式

音乐教育的形象性、可感性特征，说明它是最方便的一种教育形式。人们在生产、斗争、生活的漫漫长路上与音乐结成了亲密的伴侣，音乐无时无刻不在包围着我们。可以毫不夸张地说，世界不能没有音乐，人们离不开音乐。教育研究者曾在北京市城乡22所中小学960人中做过音乐心理问卷调查，调查结果表明，音乐课程是学生最喜欢的课程之一，喜欢这门课程的人数占调查总数的35.3%，居第三位；而在"你喜欢音乐的程度"一项调查中，喜欢和非常喜欢音乐的占调查总数的71.4%。从满足和提高青少年审美需要的角度来看，无疑音乐教育是最为方便的。

（3）最自然的方式

音乐教育过程充满了愉悦性，可寓教于乐，使人赏心悦耳，在潜移默化中接受教育。长期在美的熏陶感染下，不仅能使人在精神上得到愉悦和滋养，而且有助于提高感受、表现、创造、鉴赏美的能力，培养健康的审美情操，使人的精神世界更丰富、更和谐、更完美。这种浑然天成的教育形式，是最为自然的。

（4）最富有创造性的方式

音乐教育的主体性特征决定了这种教育形式是最富有创造性的。音乐的不确定性、多义性、朦胧性，既是它的局限性，又是它的长处。它为欣赏者（受教育者）留下了更广阔的自由空间，调动了他们的审美感受力，用全部身心去体验、去联想和想象（也是一种创造）、去理解。培养受教育者"分辨音律的耳朵"实际上是一个不断学习、不断体验和不断创造的过程。对受教育者来说，这是最富有创造性的一种教育形式。

3. 学校音乐教育活动是学校实施美育的有效手段

音乐教育是学校美育的有效手段，可以从两个方面说明。一方面，音乐教育过程的审美化。音乐教育是一种有目的的、有计划的、有指导的通过音乐培养受教育者的实践活动过程。整个教育过程始终面向全体学生，把增进受教育者对音乐美的感受、表现、理解、鉴赏和创造能力放在首位。音乐教育的目的对音乐教育任务的明确、教育制度的建立、教育内容的选择，以及全部音乐教育过程都起着指导作用。音乐教育，有用以指导教学的指导性文件——音乐教学大纲，有可供选择的、经过专家编审的音乐教材，有热爱教育事业、专业的师资队伍，从而保证音乐教育的目的性、计划性、指导性。音乐教育尊重受教育者的个性人格，鼓励受教育者积极主动地创造，使其在自由、解放、愉悦的心境中发展自己的个性，满足个人审美情感的需求，提高自己作为人的全面素质。

另一方面，音乐教育方法的多样化。音乐教育学习领域非常广泛，如唱歌、器乐、律动、欣赏、创作以及音乐基本知识和技能训练等。以情感—体验层面及其活动为主，教育方法灵活多样，并符合受教育者音乐心理发展特征的需求。如果说教育是一门艺术的话，那么音乐教育就是艺术中的艺术。它克服了呆板、填鸭式、居高临下的教育方式，使整个音乐教育充满了生机和活力，向教育艺术化方向迈进。

（二）学校音乐教育活动的协同效应

德国著名物理学家 H. 哈肯（Hermann Haken）创立了协同学理论。他认为在系统内部，协同导致有序。系统内的各个子系统既独立运行，又关联运动。而只有当关联运动占主导地位时，各子系统之间才会产生协同效应，提高整体功能。反之，如果子系统的独立运行占主导地位，关联运动减少，就会产生内耗，降低整体功能。全面素质教育也是一样，德、智、体、美育等各个子系统，不仅要独立运行，还要关联运动。因此，作为美育主要内容、途径、手段的音乐艺术教育与德育、智育、体育之间存在着同步合作、互补的关系。这就是音乐教育的协同效应。主要表现在以下几个方面：

一是辅德，即音乐教育的道德教化功能。音乐教育对培养青少年一代全面和谐发展，提高他们的精神境界，激励和鼓舞人们为祖国社会主义现代化事业而奋斗，建设社会主义精神文明，造就一代新人具有重要作用。

重视发挥音乐的教育作用，自古而然。《乐记》记载："乐也者，圣人之所乐也；而可以善民心，其感人深，其移风易俗，故先王著其教焉。"[①] 当前，我们也应当发挥音乐"善民心""移风易俗"的教化作用。通过音乐艺术魅力表现革命的理想，给人以积极向上、奋发进取的精神力量。这种教育与影响，是采取艺术性与思想性融为一体的方式进行的，是潜移默化的，"润物细无声"，使人们受教育于不知不觉中。

音乐教育有利于向学生进行爱国主义教育。优秀的音乐作品是时代的号角，人民的心声，这些音乐作品，通过流畅优美的旋律，明快完整的节奏，真挚朴实的情感，严整洗练的结构，清新质朴的音乐风格，塑造出动人的音乐艺术形象，具有激动人心的感召力，对人们有很好的教育作用。优秀的民族、民间音乐作品加深了学生对祖国大好河山的热爱，对祖国悠久文化历史的了解，对现实生活的赞美及对美好理想的向往，极大地丰富了学生的精神世界，从而有效地进行爱国主义的思想教育。

音乐教育有利于培养学生的整体意识与协作关系，有利于进行集体主义教育。无论是合唱、合奏还是独唱、独奏，都有与别人协作的问题，与观众上下呼应的问题。通过音乐艺术的实践活动，有利于形成具有统一意识和共同感情的团结的学生集体，他们会自觉自愿地接受规范纪律的约束，从而有利于培养青少年遵守纪律、协调一致的集体主义精神。

二是益智，即音乐教育对发展学生的智力起积极作用。雨果说：开启人类智慧的宝库有三把钥匙，一把是数字，一把是文字，还有一把就是音符。音乐教育通过行之有效的训练，使学生感知觉能力得到积极的发展。音乐可以促进注意力、记忆力、想象力和思维能力的发展。当然音乐的注意力、记忆力、想象力、思维能力与科学的注意力、记忆力、想象力、思维能力是有区别的。科学思维是认知的、理性的、逻辑的思维，而音乐艺术思维是审美的、情感的、形象的思维。音乐思维是以审美感知为起点，经联想、想象形成审美意象，从中获得审美愉悦或以外化动作展现内心体验的心理过程。在这个过程中，形象思维始终伴随着强烈的情感活动，形象思维与抽象思维是心理功能不同的表现，突出不同的侧面，二者是相辅相成的，相得益彰，达到透过

[①] 吉联抗译注：《乐记》，音乐出版社，1958，第22页。

事物的表象而把握事物本质的目的。

三是健体，即音乐教育能促进体育的发展，对学生身心健康协调发展起积极作用。美是心灵上的体操，体育是健与美结合的"艺术"。音乐教育与体育是密切相关的。体育中很多项目与音乐是形影不离的，自由体操、艺术体操、广播体操、花样滑冰、花样游泳、跳水、武术等都是在音乐声中进行的。动人的音乐旋律、节奏与体形、线条、技巧融为一体，塑造出优美动人的艺术形象。此外，音乐教育中有些内容与身体运动有直接的联系。如瑞士作曲家、音乐教育家达尔克罗兹，首创"体态律动学"，以身体为乐器，通过身体动作，体验音乐节奏的速度、力度、时值等变化，"借助节奏来引起大脑与身体之间迅速而有规律的交流"。它使学生在心理上处于高度的注意状态，在音乐—听音乐的耳与视谱的眼—运动着的身体—迅速反应的大脑之间建立起一种交流、分析的密切联系，通过反复运动，不断改进、纠正、完善自身对音乐的感受和理解，使听觉、运动觉、感受、情绪的训练与大脑的机能协调起来。

音乐教育有怡情健身的作用。一方面，音乐教育可以使人心旷神怡，有一种愉悦性情的心理感觉，可以促进身心和谐健康。另一方面，音乐能调节人的情感，使人得到积极的休息。

综上所述，正是由于全面素质教育各系统之间存在着协调效应的关系，20世纪80年代以来，世界各国的教育逐渐发展为融合式教育，进行了综合式教育或融合式教育的试验或设想。这种融合式教育包括各科的融合，教学中本国语和外国语的融合，美学与其他各科的融合，将教育看成一个整体，各科融合、交叉，以达到整体效果。经过这种融合之后，各科之间不再有明显的界限，也突出了各科的个性和侧重点。①

（三）学校音乐教育活动的文化效应

学校音乐教育活动的文化效应即音乐教育的文化功能。文化是人类历史的产物，是人类在改造自然、社会和自我过程中所创造的精神财富（包括已经由物品和文字等承载或表现的那部分精神财富）的总和。音乐是一种文化现象，教育也是一种文化现象，它们都是整个人类文化的有机组成部分。其中教育在整个文化现象中又有其独特的价值，它既构成了文化本体，又起着传递和深化文化的作用。音乐教育也是一样，具有传递、选择、改造和创新音乐文化的作用。

1. 传承传统音乐文化是音乐教育的主要任务之一

音乐文化和其他文化一样，具有一个共同的重要特征，那就是只能学而知之，而不能生而知之。这就决定了音乐教育与传承音乐文化有着不可分割的关系，从这个意义上讲，音乐教育是人类音乐文化的传递、保存和延续的过程。从最初音乐文化凭着口传心授世代相传开始，到形成学校教育后，音乐教育在保存和传递音乐文化上的作用更为突出，即使在高科技发展的今天，高科技为我们提供了保存音乐文化的各种手段，但是音乐教育在培养具有音乐文化素质的人和掌握音乐语言工具等方面，为传递和保存音乐文化所起的关键作用是不容忽视的。因此，对音乐教育要做文化的理解，

---

① 滕守尧：《美育——教育现代化的关键》，北京大学学报（哲学社会科学版），1995年第2期，第63-69页。

而不仅是科学的理解，这才是音乐教育走向创造、实现价值的依据。

国民音乐教育（普通学校音乐教育）是音乐文化的摇篮。当今世界上许多国家都在国民音乐教育中把传承民族音乐文化摆在十分重要的地位。世界上有很多的著名音乐教育家都主张儿童学习音乐与学习语言一样，应当用本民族的母语歌唱，以培养儿童对民族音乐文化的深厚感情。匈牙利著名音乐教育家柯达伊认为音乐教育是通向民歌最短的一条道路，他系统地采用以匈牙利民歌为主的五声调式音乐为教材，通过以民族基调为课程内容的音乐教育，培养理解匈牙利民族文化的新一代。德国著名音乐教育家奥尔夫主张每个民族甚至每个地区须主要基于自己的民族、童谣和方言去学习音乐，并自编音乐教材，做到以学习自己的母语、自己固有的音乐语言和舞蹈语言去说（朗诵）、唱、奏、跳，去进行音乐教育。还有很多国家如日本、英国、美国、俄罗斯、印度等都在学校音乐教育中采取一系列措施，保护和发展自己的民族音乐文化，在音乐教育内容中，本民族音乐文化的比重都相当大。在我国，音乐和音乐教育界有识之士越来越重视音乐教育在传承民族音乐文化上的重要作用，他们认为，弘扬中华民族音乐文化，必须以本民族的传统音乐文化为"根"，必须从教育入手，从基础教育起步。1995年12月，全国第六届国民音乐教育改革研讨会就围绕"以中华文化为母语，充分发挥音乐教育在国民素质教育中的积极作用"这一主题展开了深入的探索和研究。这次会议起了导向的作用，为加强学校民族音乐教育，使中华民族本土的音乐文化后继有人，能够真正得到传承、弘扬和发展，对逐步形成具有中国特色的音乐教育体系起到了积极的推动作用。

2. 音乐教育具有选择音乐文化的作用

一切文化的传承都是有选择的，在历史长河里，包括音乐艺术在内的各种文化产品和活动，经过实践和时间的检验，对社会生活有效用的文化逐渐积淀下来并逐代相传，反之渐次淘汰遗失。随着人类文化发展速度的加快，各种文化之间的交往更加频繁和广泛，对音乐文化选择的要求也就更高。

音乐教育选择音乐文化的作用，主要体现在：一是可以选择音乐教育内容，虽然仅仅从浩如烟海的音乐艺术宝库中选用了为数不多的一些音乐作品，但代表了音乐文化绚丽多姿的风貌以及源远流长的特征，帮助受教育者深刻地认识历史和现实；二是可以精心地选择音乐教师，逐步形成一批高质量、高水平的音乐师资队伍；三是可以选择音乐教育的方式和方法。通过上述三方面，音乐教育就能发挥其选择音乐文化的优势，选择社会主流音乐文化基本要素和基本精神，选择能促使受教育者德、智、体、美诸方面都获得发展的基本文化要素，选择有利于科学进步、生产发展和生活质量提高，实际应用率较高的文化因素。

3. 音乐教育具有整理音乐文化的作用

一方面，音乐文化要保存和发展，就要有个去粗取精的整理过程。音乐文化本身浩大繁杂和受教育者身心发展的特点决定只有经过精心整理的音乐文化才易于被受教育者理解与接受。因此，音乐教育本身有整理音乐文化的迫切要求。另一方面，学校音乐教育具有整理文化的能力，学校的音乐教师不仅有渊博的知识，而且懂得人类掌握音乐文化的基本特点和了解受教育者,经过他们整理的音乐文化更易于被受教育者所认识和掌握。音乐教师虽然也在不断地创造音乐文化,但更主要的是整理和选择音乐文化并传递给下一代。

4. 音乐教育具有发展音乐文化的作用

任何民族文化艺术都在不停地运动、发展之中,民族音乐文化也是一样。周荫昌先生在全国第六届国民音乐教育改革研讨会上的总结报告中说过,普通学校里强调"以中华文化为母语"的音乐教育,"在本质上它绝不是要带着青少年们走向过去,而是理解过去,继承和发展传统,更好地走向未来"。他又说:"横向上,在切实重视、搞好本土、本民族文化的保存、开发工作的同时,自觉地推进本土文化与外来文化及本国各民族文化的结合;纵向上,进一步搞好传统文化与现代文化的结合,是 21 世纪人类文化发展的共同趋势。"①

在当前东西方文化撞击、交流、融汇的形势下,音乐文化的发展,不能离开人类文明的共同成果,要坚持"以我为主,为我所用"的原则,开展多种形式的对外音乐文化交流,博采各国音乐文化之长,向世界展示我国音乐文化建设的成就。例如,当今世界上有很多著名的先进音乐教育体系,前一阶段引进、学习是必要的,但是真正的学习,还必须结合国情、民情,使这些先进的内容,扎根在中华民族文化的沃土之中,形成有我们自己特色的东西。

音乐教育之所以具有发展音乐文化的作用,一是为社会音乐文化的不断更新发展提供了大量具有创造活力的人,二是因为学校集聚着一批有创造能力的人,他们是音乐文化更新发展的生力军。

思考与练习

1. 什么是美育?
2. 音乐教育的最基本性质是什么?
3. 你怎样理解音乐的创造性特征?
4. 学校音乐活动的功能有哪些?

---

① 周荫昌:《以中华文化为母语,充分发挥音乐教育在国民素质教育中的积极作用》(节选),《中国音乐教育》,1996 年第 3 期,第 12 页。

第三章 音乐活动与教学

扫码获取
相关资源

20世纪20年代，我国杰出的革命教育家恽代英，倡导用游戏的方式对儿童进行教育，提出"游戏乃小儿天然生机，不可遏除""（儿童）如无游戏，即无教育""（应）使小儿于游戏之教育"的主张。我国著名的幼儿教育家陈鹤琴也认为艺术活动是"活教育"的一个部分。他认为"游戏最好有音乐为之鼓兴"，在幼儿的游戏活动中加入节奏与动作是符合儿童天性的，游戏与音乐两者之间积极的互动是最完美的结合。

在世界著名的音乐教育流派中，大多都采用了以音乐活动的方法进行音乐教学的模式，在这样的教学中，各国民族丰富的音乐文化资源为音乐活动的素材来源，学生通过亲自参与活动，用肢体运动、歌唱、器乐等表现形式表达音乐情感，并逐步加深对不同音乐文化的理解，积累音乐审美经验，从而丰富音乐审美体验。

第一节 著名音乐教学流派中的音乐活动

一、达尔克罗兹教学法中的音乐活动

（一）个人生平简介

埃米尔·雅克·达尔克罗兹（Emile Jaques Dalcroze，1865—1950），瑞士音乐教育家。早年曾先后在日内瓦、维也纳、巴黎等地专修音乐，1892年起应聘在日内瓦音乐学院教授视唱练耳、和声和作曲课程。1900年前后，提出关于"体态律动"（Eurthythmics）的学说，并在这一学说的基础上建立了自己的音乐教育体系。

（二）基本教育观念

达尔克罗兹认为，音乐的本质在于对情感的反映。人类通过身体将内心情绪转译为音乐，这就是音乐的起源。对音乐的理解与其说它是一种智力过程，不如说是情感过程。因此音乐教育首先要通过音乐与身体结合的节奏运动唤起人的音乐本能，培养学生的音乐感受力和敏捷的反应能力，进而获得体验和表现音乐的

雅克·达尔克罗兹

能力。同时，通过节奏运动这种教育手段，可以使学生从小就在生理运动器官和思维之间形成一种自由转换的密切联系，达到身心的和谐发展。

达尔克罗兹音乐教育体系的理论基础的核心主要可归纳为：在教育哲学上，他认为音乐教育的根本目的是审美情感教育，这种目的是通过儿童在音乐活动中不断获得积极体验的过程来达到的。而且，艺术与艺术教育中的这种体验及其表达，都不能离开个人的独创性。在教育心理学方面，他认为：学习音乐，特别是学习音乐的节奏，必须依靠身体大肌肉的运动反应，这种身体运动反应又必须与个人内心对音乐的反应紧密联系。

鉴于以上观点，达尔克罗兹在其音乐教育体系中主要安排了以下三方面的课程内容：体态律动、视唱练耳和即兴创作。尽管在实际教学中，这三方面的内容往往是相互交织在一起的，即听音乐并创造性地、即兴地用身体动作来表现对所听音乐的感受，但由于它们各自拥有独立的教学目标、教学内容、教学方法和教材体系，因此它们仍然是三门各自独立的课程。

达尔克罗兹音乐教育体系中最有个性且最有成效的部分是"体态律动"。这一学说的核心是，音乐教育应从身、心两方面同时入手去训练学生，让学生从开始接触音乐，就不仅学习用听觉去感受音乐，同时学习用整个肌体和心灵去感受节奏疏密、旋律起伏和情绪变化的规律。只有在身心两方面都真正投入音乐进行中，内心对音乐的感受、理解才可能是精确的、生动的，同时由此而产生的动作才可能是一种真正充满生命活力的律动。

这一学说把缺乏运动反应的训练看成是传统音乐课程不能有效发展敏锐乐感的症结所在，所以在新体系的创建中特别增加了身体运动训练和身体对音乐的即兴运动反应训练。体态律动课程主要是由这两部分训练内容组成的。

身体运动训练的目的主要是使身体的各个部分都能做到随心所欲地适当紧张和放松；可轻松、自然、迅速、灵活地独立运动和联合运动；能充分地了解时间和空间，并能准确地使时间与空间相结合；能掌握身体运动的各种基本方式，并能创造性地运用和发展它们。身体对音乐的运动反应训练的总目标是提高大脑与身体之间合作的效率，提高身体对音乐即兴运动反应的速度、准确性和独创性水平。具体的反应训练内容包括对速度、力度变化的反应，对重音、小节及节拍变化的反应，对节奏、旋律、和声、织体、曲式的反应，对音色的反应，等等。

由于达尔克罗兹的体态律动课程强调的是即兴反应训练，因此，这一体系对教师有着相当高的素质要求。他们必须有准确的听辨能力和熟练的视奏能力；他们必须熟记尽可能多的民歌、童谣和有戏剧性效果的其他曲调，能随心所欲地即兴创作出音乐，激发、指挥和促进学生的动作表达。

（三）达尔克罗兹教学法中的音乐活动课例

课例 3-1　伦敦桥

教学目的

通过做《伦敦桥》的音乐游戏，培养学生倾听音乐，并随音乐速度变化做迅速反应。

教学建议

1. 和着音乐变化行走

全体学生和着《伦敦桥》的音乐自由行走，按照音乐速度的变化（逐渐加快、逐渐变慢）行走。音乐可用谱例 3-1 及谱例 3-2。

谱例 3-1

英国童谣

谱例 3-2

英 国 童 谣
小 云 译配

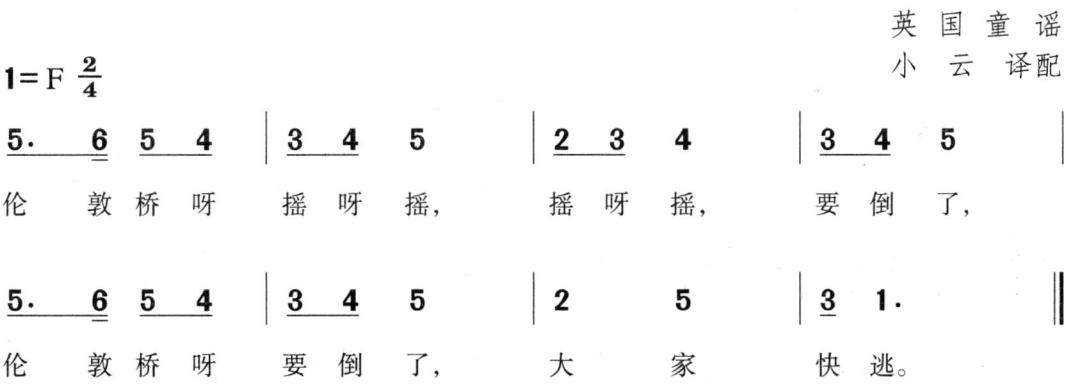

2. 听音乐做游戏

（1）随着音乐行走，听到音乐停止，立即与旁边的人组成俩人一组，双手做搭桥状。当音乐继续进行时，俩人分开继续行走。

（2）请两位同学面对面做双手搭桥状；其他同学随着音乐钻桥通过（参看图 3-1）。当音乐停止时，搭桥的同学双手立即落下，将走在"桥"内的同学套住，被套在"桥"里的同学，需要离开游戏队伍，游戏继续进行。每当"桥"落下一次，搭桥的同学要交换一次。

图 3-1 听音乐搭桥

教学提示

（1）游戏时，教师可以改变弹奏钢琴的速度、力度，以训练学生对音乐的反应力。

（2）学生可以边唱歌曲《伦敦桥》，边根据歌曲的旋律或者歌词即兴动作。

（3）教学中，教师也可以改变歌曲节奏进行演奏，如改用附点八分音符（参见谱例3-3），训练学生对不同节奏的反应力与表现力。

谱例 3-3

伦 敦 桥

课例 3-2　大鼓和小鼓

教学目的

用身体表现音的强弱变化，并用身体动作做出反应，培养对音强弱的感受力。

教学建议

1. 模仿大鼓和小鼓

全体学生和着音乐做跑跳步（任意方向的跑跳步），其间听到"大鼓声"（弹奏强音）就做一个"振作"（f）的姿势；听到"小鼓声"（弹奏弱音），就做一个"收缩"（p）的姿势（参看图3-2）。音乐可用谱例3-4。

谱例 3-4

图 3-2　模仿大鼓和小鼓

2. 边表演边唱歌曲

当学生熟悉了动作后，可加入歌词，边表演边唱歌曲，当唱到"咚咚"的地方，模仿擂大鼓的动作；唱到"嗵嗵"的地方，模仿敲小鼓的动作。歌词见谱例3-5。

谱例 3-5

大鼓和小鼓

[日]小林纯一　词
[日]中田喜直　曲
陈永连　译配

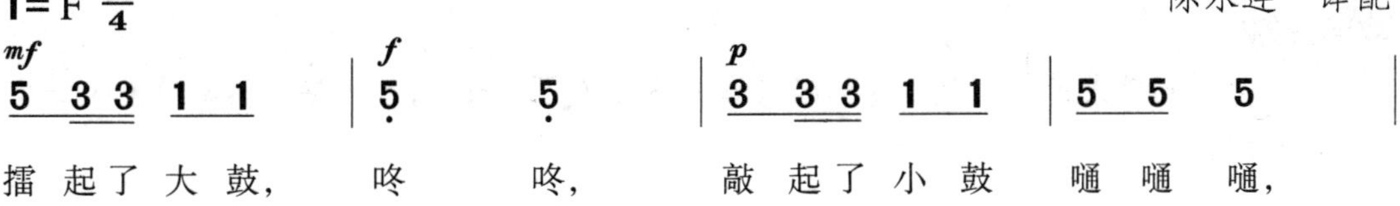

1=F 2/4

mf　5 3 3 1 1 ｜ f 5· 5· ｜ p 3 3 3 1 1 ｜ 5 5 5 ｜
擂起了大鼓，　咚　咚，　敲起了小鼓　嗵嗵嗵，

```
  f                    p                  f            p
  6 5 5 3 3  | 5 3 3 2 2 | 5·  5·  | 1 1 1  ‖
  擂 起 了 大 鼓，  敲 起 了 小 鼓   咚   咚   嗵 嗵 嗵。
```

3. 打击乐与表演

　　分为两组，分别进行演奏和动作表演，演奏小组由学生用大鼓和小鼓给歌曲伴奏，另一组进行动作表演，练习中两组可以相互交换。

教学提示

　　（1）教师在敲击鼓的强、弱音时，力度要明显，建议开始时强音要出现在强拍上，且时间要略长，随着学生对声音的反应准确后，可将强、弱音出现在任何地方。教师也可采用弹奏钢琴的形式（参见谱例 3-6）。

谱例 3-6

　　（2）唱歌曲《大鼓和小鼓》时，要特别注意强弱音的变化。

　　（3）大鼓和小鼓做节奏伴奏时，可用其他自制打击乐来代替大鼓和小鼓，要注意音量的变化。

课例 3-3 "龟兔赛跑"游戏

教学目的

　　通过身体动作表现"龟兔赛跑"的故事，体会（♫）和（♩）音符，拓展学生的音乐节奏感和想象力。

教学建议

1. 讲"龟兔赛跑"的故事，可由教师讲，也可由学生完成。
2. 跟随故事进行动作模仿

（1）小白兔动作

白兔跑步：跟随音乐模仿小白兔跑步动作，可向任意方向。音乐可用谱例3-7，动作参看图3-3。

谱例3-7

图3-3 跑步 　　　　图3-4 休息 　　　　图3-5 模仿乌龟慢慢爬

白兔休息："跑累了，休息一会儿吧！"

全体学生和着音乐模仿小白兔躺在地上休息。音乐可用谱例3-8，动作参看图3-4。

谱例3-8

（2）乌龟动作

"乌龟慢慢爬。"学生跟随音乐模仿乌龟慢慢爬的动作。音乐可用谱例3-9，动作参看图3-5。

谱例3-9

（3）"小白兔见乌龟跑到前面，跳起来急追。"

全体学生和着音乐模仿小白兔急跑的动作（与活动1的小跑步动作相同）。音乐可继续用谱例3-7。

> **教学提示**

（1）注意小白兔和乌龟音乐的节拍、速度要尽量保持一致。学生要随着音乐模拟动作。

（2）在学生完成即兴动作时，要充分发挥学生的想象力。

（3）可将学生分成两组，分别模仿乌龟与小白兔。练习中两组可进行角色对换。

◎ 扫描章首二维码，查看"雨中散步"游戏、"汽车喇叭响"游戏、"跟我学"等更多课例。

达尔克罗兹的贡献，在于他第一次在理论和实践两方面同时确立了身体运动反应在音乐教育中的重要地位。体态律动学说不但在理论上启发了近现代音乐教育心理学的有关研究，而且也在实践上推进了整个近现代音乐教育的技术进步。在其后发展起来的大多数有影响的儿童音乐教育体系中，都可以看到"身体运动反应训练"的各种发展或变化的模式。

二、柯达伊教学法中的音乐活动

（一）个人生平简介

左尔坦·柯达伊（Zoltan Kodaly，1882—1967），匈牙利作曲家、民族音乐学家、音乐教育家。从20世纪初开始，为了探索建立匈牙利音乐教育体系的途径，他动员了许多杰出的学者、作曲家和优秀的教师，在深入研究国外音乐教学法、取人之长的基础上，与匈牙利本国的教学经验相结合，创立了具有匈牙利特色

左尔坦·柯达伊

的音乐教育体系。该体系传播于世之后，便被人称作"柯达伊教学法"，柯达伊教学法业已成为当今世界最具影响的音乐教育体系之一。

（二）柯达伊教育体系的基本教育观念

对于音乐教育的功能和目的，柯达伊主要有以下观点。第一，音乐是世界人类知识中不可缺少的一个部分，没有音乐就没有完整的人。因此，音乐教育必须成为学校全部课程中的一个组成部分，每一个学生都应享受学习音乐的权利。第二，音乐教育是培养合格音乐听众，培养熟悉热爱本国文化的社会成员的重要途径。因此，优秀的本国民间音乐和世界优秀音乐应成为学校音乐教育的主要教材。为此他特别指出："每个民族都有大量的，特别适合用于教学的民间歌曲，如果我们选择得好，并通过这些歌曲有目的地提供及安排新的音乐要素的学习，民间歌曲将会成为最适合的教材。如果我们想要了解其他民族，首先必须要懂得我们自己。而且没有其他更好的办法比得上通过民间音乐去达到了解。所有这些努力的最终目的是引导、促使学生们懂得和热爱这些最优秀作品的过去、现在和将来。"他在1957年出版的《100首匈牙利民间歌曲集》序言中写道："……在这个基础上，我们可以建立起民族的，但又是打开人们心灵，通向人类最伟大作品的音乐文化。经过这样教育的人，在他听到与经过了几百年考验的优秀的音乐作品相反的东西时，他会给以衡量，他不会被谬误引入歧途。"为了达到这一目的，柯达伊创设了以歌唱教学为主要内容的课程体系。

柯达伊体系中另一个重要内容就是音乐的读写能力。柯达伊认为："一个有音乐读写能力的人，将比没有这种能力的人掌握更多的音乐文化。"他同时又一再强调地说："音乐理论的唯一目的不是传播专门名词和概念，而首先是实践，我们必须帮助学生学会唱、读和写他们所听到的旋律。"柯达伊探索使用简单易懂的方法，使学生在普通教育中能够牢固掌握基础知识，并具有多方面的、基本的音乐能力，进而引导他们进入更宽阔的音乐殿堂。

柯达伊教学法中所使用的某些基本手段并非完全由他本人独创，而是他继承了前人和国外的优秀传统，吸取其有效成分，结合匈牙利实际和需要而进行的改革与实践。这些方法在他的教学体系中具有有机统一、协调发挥的作用，实现了教学的系统化和整体化。柯达伊体系的主要做法有如下几个方面。

1. 使用首调唱名法

使用首调唱名法（Relative Sol—Fa，Movable Do）是柯达伊教学法最基本的原则之一。追溯渊源，唱名最早是在11世纪由著名音乐理论家圭多·阿瑞佐提出的。开始出现在拉丁文赞美诗中的是6个音级唱名，当时唱作：ut、re、mi、fa、sol、la。随着"si"的引入，唱名变成了7个音级。17世纪时以"do"取代了"ut"，因此唱名每个音级都是以辅音为字头，元音为后一个字母。后来"si"改变为"ti"，是为了避免第Ⅴ级和第Ⅶ级音使用相同的辅音字头。现在的首调音级字母使用的是d、r、m、f、s、l、t，完整的写法是Do、Re、Mi、Fa、Sol、La、Ti，使用临时升降记号时要改变元音的发音，升高半音Fa变成Fi，降低半音Ti变成Ta，最普通的临时变化音就是这两个音级，其他变化音级也同此规律。

首调唱名示例:

在五线谱中如果出现很多经常出现的变化音阶,则表明这是在另一个高度的首调唱名(类似简谱的 1=G,1=D)。另外,字母标记和唱名也已经表示出音级的性质。例如:音级 mi,它的后一个字母元音"i",清楚地表明了它与最近的下一个音级(fa)之间只能是半音关系,因为升高半音的元音字母是"i"。因此,在首调关系上不可能出现升 mi,如果在旋律进行中出现这样的音级,就意味着进入了另外的调性高度。在首调唱名体系中,变化音级的概念相对简单。

首调唱名法由英国女教师 S. A. 格洛弗首创,约翰·柯尔文(John Curwen,1816—1880)将之完善。柯尔文曾经运用这种简便易学的首调唱名法对发展英国的合唱事业做出了重大贡献。训练中,它使那些让人感到迷惑的调性关系变得简单明了,合唱队员能够很快地掌握读谱视唱。1937 年,柯达伊在他的多声部歌曲、视唱作品《匈牙利比其尼亚》第一版序言中,引导人们注意首调唱名法的优点,还特别介绍了由约翰·柯尔文引入英国音乐教育中的首调唱名法。柯达伊的这部教材拓宽了这种唱名体系的实际应用之路。

柯达伊认为,使用首调唱名比使用固定唱名更能帮助儿童很快地学会读谱。首调唱名法用于训练和培养孩子们的音乐概念是十分有效的。因为,从一开始它所代表的就不是具体的音高,而是反映各音高之间的关系以及每个音在一个体系中所起的作用,而且建立了音级的倾向感觉,建立了调式基础。

使用首调唱名法歌唱,可以从任何一个音高开始,而使用固定唱名法就要有一个固定高度。对于儿童来说,要求唱得和谱子上的固定音高一致是有困难的。同时,学习固定唱名法又必须从无升、降号的调开始,选材也受到限制,不适合儿童的音域。使用首调唱名法就顺利地解决了音高、音域这两个问题。教学中不以调号的多少作为衡量程度深浅的标准,排除了视谱教学中调号的困惑,有利于尽早进行多方面音乐能力的培养。

2. 柯尔文手势法

(1)柯尔文手势法简介

柯尔文手势是 1870 年由英国人约翰·柯尔文首创。目的是能更有效地学习和掌握首调唱名法,使其得到更快、更广泛的普及,并增强音乐教学中的效果。这套手势多用于音准训练，移植到匈牙利学校后，又做了一些修改，柯达伊在柯尔文手势的基础上，稍加改动后，形成了现在的手势图样。手势的直观性使首调唱名法掌握起来更方便，对调性的记忆也更快捷。在运用手势时，学生一般只用单手表示，而教师必须学会用双手表示，在合唱训练时，教师须学会用两手操作不同的手势，能用双手来表示不同的音高，以便指挥不同的声部。

柯尔文手势包括7种不同姿势，各自代表着音阶中固定的某一唱名，并通过在空间所处的不同高低位置，显示音阶中各音之间的高低关系和调式音级倾向。

（2）手势简图及动作说明

下面试用如下简笔画形式为大家展现，以右手为例。

"do"，平握空拳，掌心向下。

d' （高、低八度的"do"同为一个动作，不同高度）
坚强又稳固的音——大调的主音

"ti"，食指斜指向左上方，握其余四指，掌心向左前下方。

t' 尖锐又敏感的音——大调的导音

"la"，五指自然松开向下，呈提拉姿势，掌心向下。

l  暗淡、悲叹的音——大调的下中音

"sol"，侧平掌，掌心向内。

s  庄重又明亮的音——大调的属音

"fa"，掌心翻向外，拇指向下方伸开，握其余四指。

f 凄凉、使人畏惧的音——大调的下属音

"mi"，横平掌，掌心向下。

m  平稳又平静的音——大调的中音

"re"，上斜平拳，掌心向左下。

r 活跃向上的音——大调的上主音

（3）柯尔文手势动作提示

柯尔文手势动作设计与所代表的唱名密切相关，首先"do""mi""sol"三个音是自然大音阶中的稳定音，它们的手势都比较平稳。其中"do"是主音，最稳定。其余四个不稳定音中，"ti"为导音，有向"do"解决的强烈倾向，用食指斜上指表示；"fa"有向"mi"解决的倾向，用拇指向下表示。这样，"ti—do""fa—mi"两个半音音程也同时得到了明确的显示。

手势与身体有关部位的大致高度，一般规定为："do"，腰部；"re"，下肋部；

"mi",剑突部;"fa",胸部;"sol",颌部;"la",眉眼部;"ti",额部;"do",头顶部。如需指示高音"re""mi"时,可提起足跟,在头顶以上的高度做手势。

3. 节奏唱名法

柯达伊认为:"节奏训练应该比我们今天所习惯的更早和更全面地进行,而且也应该在两个声部中进行。如果在幼儿园就进行这种训练,那么在普通小学做到读谱即唱就不再是幻想。"

在匈牙利音乐教育中,幼儿教育阶段是结合儿童歌谣的语言节奏和儿童游戏歌曲来进行固定节拍和节奏训练的。通过拍手、踏脚、摇曳等身体运动的方法,启发幼儿设计自己熟悉的生活中的动作,如敲钉、刷牙、削水果皮、拉提琴等,伴随歌曲,加强固定拍子的感觉,这是节奏训练的基础。随着节奏的日益复杂,逐渐培养儿童对节拍、节奏、强音、节奏句式、节奏的多声部、节奏的即兴创作等多方面的感受和能力。

4. 字母记谱法

我国目前流行的是数字简谱,即用阿拉伯数字代表唱名,而柯达伊体系采用的是字母简谱,方法是将每一个唱名的第一个字母(即辅音字头)作为整个音节的标记。即音阶的第一音 do 记作 d,第二音 re 记作 r,第三音 mi 记作 m,其余依次为 f、s、l、t 等。若遇到低八度的音,就在右下方加一个小的"1";高八度的音,则在右上方加一小的短撇"'",如 d_1、r_1、m_1 或 d'、r'、m'……字母谱主要用于辅助五线谱学习,对后来的音程练习、多声部视唱、和弦分析也有意义。

下面是柯达伊《五声音阶乐曲》第二册第九首的字母简谱,与数字简谱、五线谱的记谱法对照如下。

字母简谱:

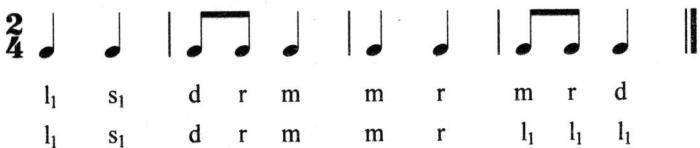

数字简谱:

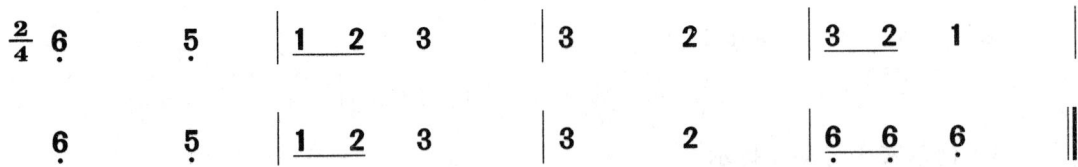

五线谱:

5. 固定音名唱法

柯达伊教学法中同样重视固定唱名法的学习，学习器乐和无调性作品适用固定唱名法。

使用固定音名唱法可以避免类似调名相同、音高不同的调式变化的问题。下面就是以 D 大调音阶为例，将首调唱名与固定音名进行比较。此处按英美国家使用的固定音名标记，升高半音用"is"来表示，降低半音用"es"来表示。

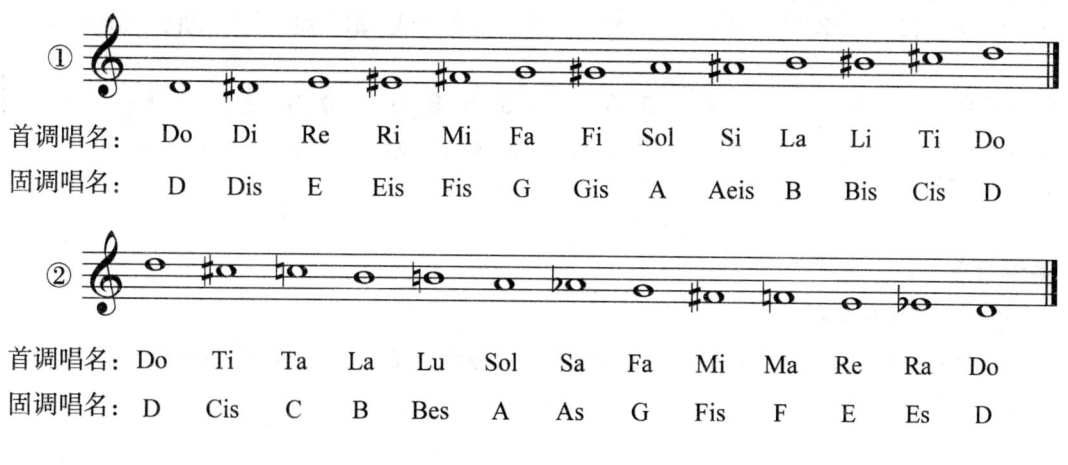

（三）柯达伊教学法中的音乐活动课例

课例 3-4　火车开啦

教学目的

1. 通过歌曲感受音乐形象；能够按歌曲节奏边唱边进行律动和表演。
2. 引导学生积极参与音乐活动，学会与同学合作并从中体验创造的快乐；培养学生团结协作的精神，培养他们的集体荣誉感。

教学建议

《火车开啦》是一首轻快的儿童歌曲，歌曲当中的"X －""X""X X"三种基本节奏型可以让学生进行节奏创编。可参看谱例 3-10。

谱例 3-10

火车开啦

匈牙利儿童歌曲
吴　　静　译词
欧阳　斌　配歌

1=C 2/4

活泼　欢快地

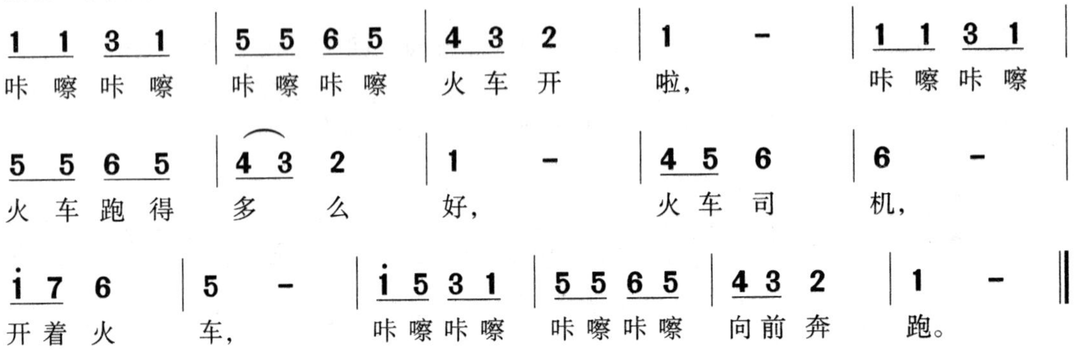

| 1 1 3 1 | 5 5 6 5 | 4 3 2 | 1 — | 1 1 3 1 |
咔嚓咔嚓　咔嚓咔嚓　火车开　啦，　咔嚓咔嚓

| 5 5 6 5 | 4 3 2 | 1 — | 4 5 6 | 6 — |
火车跑得　多　么　好，　火车司　机，

| 1̇ 7 6 | 5 — | 1̇ 5 3 1 | 5 5 6 5 | 4 3 2 | 1 — ‖
开着火　车，　咔嚓咔嚓　咔嚓咔嚓　向前奔　跑。

教学过程

（一）模仿与探索

播放火车的录音，教师引导学生模仿火车的各种声音（用柯达伊节奏读、唱该节奏）。如谱例 3-11。

谱例 3-11

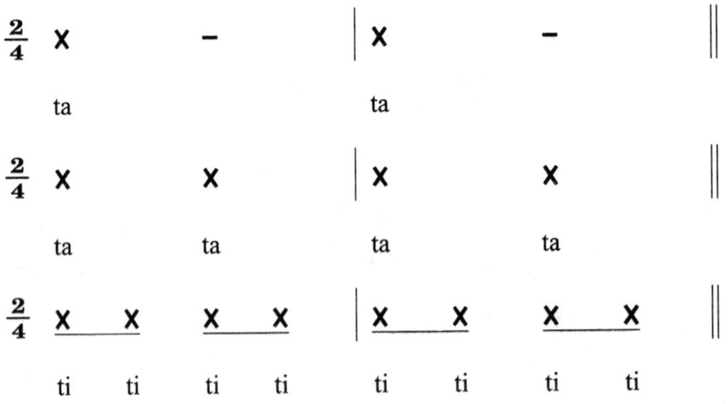

2/4 X　—　｜X　—　‖
　　　ta　　　　ta

2/4 X　X　｜X　X　‖
　　　ta　ta　ta　ta

2/4 X X X X ｜X X X X ‖
　　　ti ti ti ti　ti ti ti ti

（二）节奏练习

将节奏制作成"车票"发放给学生。教师引导学生用车票与火车声音相匹配，如火车的长笛声选择"X — ｜X — ‖"这张节奏车票，并依次出示下列节奏（学生回答交流，老师板书节奏），见谱例 3-12。

谱例 3-12

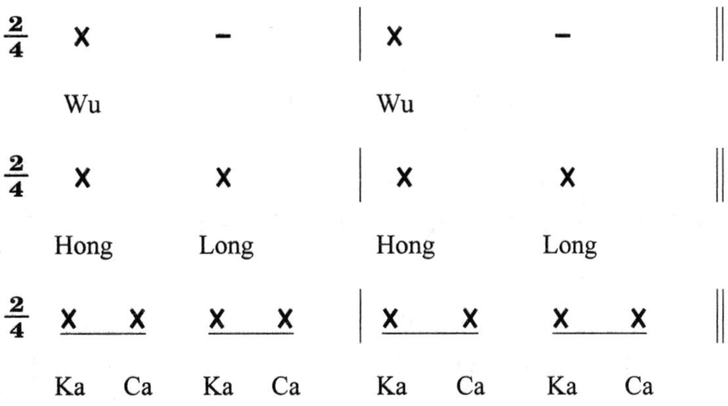

$\frac{2}{4}$ X — | X — ‖
　　Wu　　　　Wu

$\frac{2}{4}$ X　X | X　X ‖
　Hong Long　Hong Long

$\frac{2}{4}$ XX XX | XX XX ‖
　Ka Ca Ka Ca　Ka Ca Ka Ca

（三）动作创编

指导学生用动作、节奏模仿等表演火车离站和进站的情境。

如：你们能不能把这三种声音排列一下，来演一演火车从车站出发慢慢驶向远方的情境呢？强调声音强弱有什么变化，速度有什么变化。

学生小组讨论交流，用动作和声音一起展示：火车的速度越来越快，声音越来越弱。

谱例 3-13（离站）

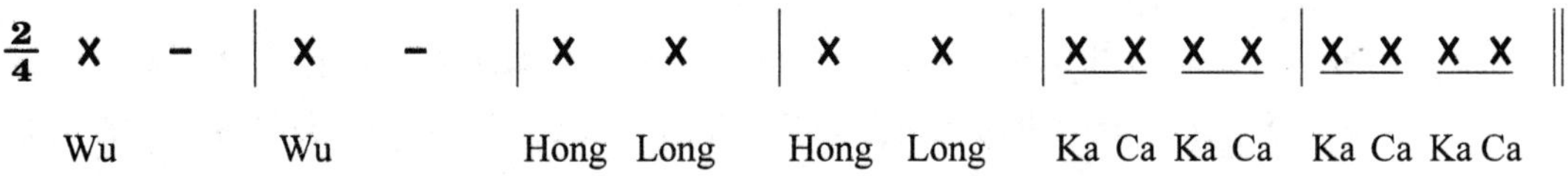

$\frac{2}{4}$ X — | X — | X　X | X　X | XX XX | XX XX ‖
　Wu　　　Wu　　Hong Long Hong Long Ka Ca Ka Ca Ka Ca Ka Ca

谱例 3-14（进站）

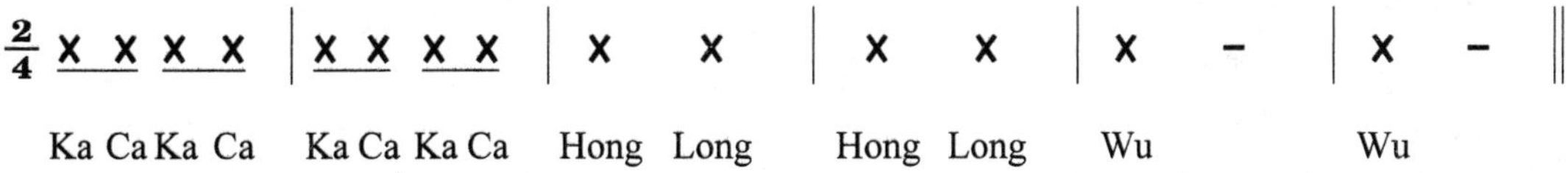

$\frac{2}{4}$ XX XX | XX XX | X　X | X　X | X — | X — ‖
　Ka Ca Ka Ca Ka Ca Ka Ca Hong Long Hong Long Wu　　　Wu

（四）歌词创编

1. 老师出示节奏并按节奏说与火车有关的话，请学生进行模仿和创编。

谱例 3-15

$\frac{2}{4}$ XX XX | XX XX | XX X | X — ‖
　咔嚓 咔嚓　咔嚓 咔嚓　火 车 开　　啦。

$\frac{2}{4}$ XX XX | XX XX | XX X | X — ‖
　咔嚓 咔嚓　咔嚓 咔嚓　火 车 走　　了。

2. 教师引导学生创设角色并进行表演，如：扮演花、草、树木、山洞、火车司机、乘客等。

（五）舞台表演及展示

学生边唱歌曲边"开火车"进行表演。

课例 3-5　过新年

教学目的

1. 情感态度价值观：通过倾听、模仿、演奏，体会锣鼓节奏的热闹欢腾气氛，并能通过声音、表情、肢体动作等表现喜悦之情。

2. 过程与方法：通过对歌曲的反复聆听、演唱，激发学生对打击乐器（比如鼓、锣等）的兴趣并进行创编活动，用柯达伊的节奏读法让学生更好地掌握歌曲的节奏，自如地表现歌曲情绪。

3. 知识与技能：通过欣赏、观察、讨论游戏，感受并体验过新年的喜庆气氛，激发和培养学生表达、交流、分享的兴趣及能力；感受活动带来的快乐情绪，了解民族的庆典文化；感受大江南北人们特有的风俗民情，了解中国的民族音乐。

教学建议

（一）视听结合，创设情境

1. 播放音乐《春节序曲》

结合歌曲氛围，教师引导学生回答相关问题，表达传承中华民族优秀传统文化的思想。本土民族音乐在音乐教学中的运用是柯达伊教学理念里最重要的组成部分，也是音乐活动课程所倡导的精神。

2. 贴春联

上联是——鞭炮声声锣鼓响。

下联是——唱歌跳舞多欢畅。

横批是——过新年。

教师由此导入新课，并介绍新年的相关习俗与文化。

（二）游戏激趣，解决难点

1. 节奏模仿游戏

教师在歌曲声中开火车来到学生面前，进行节奏表演，模仿正确的学生乘上"快乐列车"，然后列车继续行驶到下一位同学面前，依次循环。

2. 老师敲锣鼓节奏，播放背景音乐《过新年》

活动中教师可采用下列节奏。

谱例 3-16

$$\frac{2}{4}\ \underline{X\ X}\ \ \underline{X\ X}\ |\ X\ \ 0\ \|$$

老师也可采用柯达伊节奏法读节奏"$\underline{ti\ ti}\ \ \underline{ti\ ti}\ |\ ta\ \ 0\ \|$"。

将歌词加进去，老师可以采用下面的谱例 3-17，在拍点上敲击锣鼓。
谱例 3-17

$\frac{2}{4}$ ti ti ti ti | ta 0 ||
　　咚 咚 咚 咚　锵

全班学生完成以上节奏练习后，练习节奏谱例 3-18 或谱例 3-19。
谱例 3-18

$\frac{2}{4}$ ta ta | ti ti ta ||
　　咚　锵　咚 咚　锵

谱例 3-19

$\frac{2}{4}$ ta ta | ti ti 0 | ta ta | ta 0 ||
　　咚　锵　咚 锵　　咚　　咚　锵

3. 节奏拓展

游戏中可完成以下练习：

（1）听歌曲，辨别节奏。

（2）用打击乐模仿锣鼓声，为歌曲伴奏。

（3）节奏接龙游戏。

（三）动作即兴与表演

教师引导学生用动作、打击乐等进行歌曲《过新年》的表演。

教学提示

（1）舞蹈可采用扭秧歌动作。

（2）延伸拓展传播文化，老师给学生讲述中国传统文化和中华本土民族音乐文化。可播放课件，展示不同地区过新年的风俗民情。

◎ 扫描章首二维码，阅读"快乐的音乐会""阳光牵着我的手"等课例。

柯达伊的贡献主要在于：他创造了一种立足于本国国情的音乐教育体系。这种体系在匈牙利十分有效地造就了大批有相当音乐修养的、热爱本民族音乐文化的音乐爱好者。正是由于他坚持了音乐教育立足于弘扬本民族文化精神的理念与实践，才使柯达伊音乐教育体系获得了举世公认的成果。

三、奥尔夫教学法中的音乐活动

（一）个人生平简介

卡尔·奥尔夫（Carl Orff，1895—1982），德国作曲家、音乐教育家。1914年毕业于慕尼黑音乐学院，1924年和友人军特一起创办了"体操—音乐—舞蹈"学校，以成人为教育对象开始了他作为音乐教育家的生涯。1930年—1935年，奥尔夫完成了五卷《学校音乐教材》的写作，并开始对儿童音乐教育发生兴趣。1948年，奥尔夫让儿童在一组乐器上演奏音乐并制成系列广播，得到了儿

卡尔·奥尔夫

童的喜爱，并引起了音乐教育工作者的关注。1949年，奥尔夫和友人开设了一个工作室——第49工作室，专门从事设计、改进和制造奥尔夫乐器的工作。1950年—1954年，他的五卷《学校音乐教材》正式出版。1961年，奥地利萨尔茨堡的莫扎特音乐学院建立了奥尔夫研究所，随后不久又在研究所的基础上成立了奥尔夫学院。由此，奥尔夫的音乐教育思想和技术迅速地在德国乃至全世界传播开来，被公认为对世界近现代音乐教育改革产生深远影响的最重要的体系之一。

（二）基本教育理念

奥尔夫音乐教育体系赋予音乐教育以全新的观念和方法，对许多国家和地区的音乐教育产生了深远的影响。概而言之，奥尔夫音乐教育体系的基本内容包括三个基本原则、三种基本特质和五种基本方法。

1. 奥尔夫音乐教育体系的三个基本原则

（1）人本性的音乐价值观

人本主义思想是奥尔夫思想中最深刻的内在驱动力，是奥尔夫思想的哲学基础。人本主义强调人的尊严、价值、创造力和自我实现，把人的本性的自我实现归结为潜能的发挥，而潜能类似本能。教育的目标、学习的结果应该是使学生成为具有高度适应性和内在自由性的人。人性来自自然，自然人性即人的本性，凡是有机体都具有一定的内在倾向，即以有助于维持和增强机体的方式发展自我潜能，强调人的基本需要是由人的潜在能量决定的。

自然的人性不同于动物的自然属性。人具有不同于动物本能的基本需要，包括生理的、安全的、尊重的、归属的、自我实现的需要。教育上的人本主义强调教学的目标在于促进学习，学习并非教师以填鸭的方式强迫学生顺从地掌握枯燥乏味、琐碎呆板的教材知识，而是在好奇心的驱使下吸收有趣的和需要的知识；教师的任务不是教学生学习知识，也不是教学生如何学习，而是为学生提供各种学习资源，营造促进学生学习的气氛，让学生自己决定如何学习。奥尔夫据此理论出发，倡导音乐教学要深入儿童的情感世界，提高儿童主动学习音乐的兴趣和积极性。奥尔夫提倡在音乐教育中不仅要培养儿童基本的音乐技能，还要培养儿童对音乐的鉴赏能力，通过音乐教育实现个人综合素养的提升。

(2)原本性的音乐教育观念

原本性的音乐教育观念是奥尔夫音乐教育的起点。奥尔夫认为，表达思想和情绪是人的本能欲望，并通过语言、歌唱、乐器、舞蹈等形式自然地流露出来。他强调音乐教育要从最基本的原本性音乐观念入手，利用最简单、最原始的节奏和音高元素，通过简单的方式表达音乐，以唤醒儿童的音乐天性。这种原本性的音乐教育观念中包含原始的音乐、乐器、语词形式、动作形式等。这种自然流露的形式有助于促进儿童即兴发挥的创造力的萌发。

在原本性的音乐中，音乐、舞蹈、动作、语言是紧密结合在一起的，是学习者、聆听者和表演者合而为一的表演形式。奥尔夫认为，原本性音乐教育是从古老的音乐传统中获取生命力的，并在新的时代形势下与时俱进地创造新的教育模式，以传承音乐文化教育的精髓。原本性是最为基础的起点性音乐元素。这一音乐元素在时间上最早，在逻辑架构中最具起点性，在教学体系中最为基础。并且，原本性音乐是和动作、舞蹈、语言紧密结合的，它优先于音乐结构分析而存在。原本性音乐包括行为和意识两个层面。在行为层面，音乐受众不是被动的听众，而是积极的创造者和参与者；音乐教育的过程存在于教育行为中，它不是为舞台表演而存在的，而是相互交流和自我学习所需要的。从意思层面来讲，音乐是一种心灵的交流，人的音乐活动直接与人的想象、联想、情绪感受等诸种审美情感、心理体验及审美意识活动相连。这也是音乐教育成果很重要的一个方面。

(3)民族性的音乐教育特征

奥尔夫将民族语言有机地引入音乐教学，将语言的语速、语调、语气、语义与音乐的音高、音长、音量、音色等对应起来进行教学，将其与动作、舞蹈、音乐有机结合。运用语言进行音乐教学，从儿童熟悉的环境与事物入手，避免一开始就进行专业知识训练和技巧训练，可以减少儿童的畏难情绪和心理障碍，提高儿童学习音乐的兴趣和积极性。语言是民族文化的最基本要素，通过音乐强化对母语文化的学习，能够更好地传承民族的特色文化。奥尔夫音乐教育的节奏基石就是语言中最短小、最基本的节奏单元，如自己的姓名、动物名称、交通工具名称、国家名称等。然后扩展到使用成语、谚语等，将成语划分为小节奏，进行即兴编配创作。接着进行儿歌的节奏朗诵练习。运用母语进行的儿歌教学，是儿童喜闻乐见的教学方式。

不同的民族有不同的音乐文化。奥尔夫音乐教育体系是开放的，为弘扬民族文化和理解多元文化找到了契合点和理论框架。

2. 奥尔夫音乐教育体系的三种基本特质

(1)奥尔夫音乐教学的重心：节奏教学

原本性音乐教学将音乐、语言、动作结合在一起，其最基本的关节点是节奏。节奏是自然、社会和人的活动中一种与韵律"结伴而行"的有规律的变化。节奏是音乐教学的组织结构，是将听觉运动以节拍、速度、时值等要素表现的外在形式。节奏的性质"呼吸"、力度等，都是由作品的艺术内容、音乐形象决定的。节奏感是人体对节奏掌握的精准度，是人捕捉到、感受到、表现出乐曲节奏的韵律、韵味、趣味、情趣等节奏美的一种直觉。音乐节奏感是一种基本的音乐能力，不仅有生理的基础，还有心理的情感作用。

节奏练习是音乐学习的起点和终点，贯穿于音乐学习的全过程。奥尔夫创造性地吸收了达尔克罗兹体态律动的教学方式，将身体动作与音乐教育融合在一起。在动作教学中，奥尔夫探讨感性和理性协调互补，身体和心灵平衡共建的教育方式，将音乐节奏外化为肢体动作，扩展身体动作的创造性和多样性，实现声音多维度和身体多样性的统一，提升儿童的节奏领悟能力和音乐感知能力。

（2）奥尔夫音乐教学的特色：身体乐器

奥尔夫主张将身体作为乐器，通过身体发出声音，以此来表达和交流音乐情感。声势训练不需要其他教学用具，对场地和环境也没有特殊要求，是一种较为高效、使用较多的教学手段。奥尔夫教学法将儿童的身体作为乐器，通过身体动作进行音乐节奏训练。

奥尔夫提炼出世界各国民族舞蹈相通的四种基本形式，并以此对应传统和声的四个声部：跺脚对应男低音声部，拍腿对应男高音声部，拍手对应女低音声部，捻指对应女高音声部。

奥尔夫教学法使用大量的基本形体动作进行教学，充分尊重儿童身心发育的特点。动作训练中包括节奏训练、反应训练、动作训练、即兴练习等。通过这些训练，培养儿童的合作力、反应力、感受力，提高他们的听觉、视觉感知，激发学生的想象力和创作欲望。

（3）奥尔夫音乐教学的指向：情感体验

奥尔夫音乐教学的重要特点是关注儿童内心世界的开发。在教学方法上，奥尔夫体系推崇主动学习音乐，注重培养儿童的创造力。儿童不会把学音乐当成负担，会全身心地投入音乐世界中，用肢体、语言和乐器自由地演绎，以独特的方式展示内心世界。当音乐成为儿童自身的需求时，儿童自然会轻松快速地掌握乐理、演奏以及语言文化，如用蛙鸣筒模仿秋夜的蛙声，用腕铃描绘春江细雨，用语言与肢体拍打演绎节奏。

奥尔夫音乐教学给儿童发展个性提供了无限的空间，也能通过集体表演培养儿童的集体意识与合作精神。根据奥尔夫原本性音乐教育的原理，培养儿童的感知能力、反应能力、领悟能力、身体各部位的协调能力、记忆力、创造力、交流沟通能力等，同时培养儿童艺术方面的素养，并通过亲自参与的活动（说、唱、奏、动、听、游戏等）探究、发现、表现和创造艺术。

3. 奥尔夫音乐教育体系的五种基本方法

（1）节奏起点

节奏是一种富有艺术魅力的活生生的音乐语言，是音乐最基础的部分，也是音乐教学中最重要的部分。节奏把音乐、舞蹈、语言等联系在一起。奥尔夫认为，儿童音乐要从其自然趋势出发，如四分音符是走步的节奏，八分音符是跑步的节奏，等等。他还认为音乐构成的第一要素是节奏，而不是旋律；节奏可以脱离旋律单独存在。奥尔夫强调节奏是音乐的生命，是音乐生命力的源泉。因此，奥尔夫强调从节奏入手进行音乐教育，结合语言节奏、动作节奏培养儿童的节奏感。节奏朗诵活动的内容可根据儿童的年龄选择不同的难度，包括儿歌、谜语、谚语、词汇或者无意义的单音节或多音节等。

（2）打击乐器

奥尔夫音乐教学中一般不用钢琴、小提琴之类的乐器，而多用简单的打击乐器，分为有固定音高的和无固定音高的两类。奥尔夫设计了一套音准精确、音色优美的乐器，包括无固定音高的打击乐器（如三角铁、串铃、响板、沙锤等），以及有固定音高的音条乐器（如钟琴、木琴、钢片琴等）、竖笛、定音鼓等。打击乐器的使用非常广泛，契合了奥尔夫以节奏为音乐第一要素的观点。打击乐器还常常与朗诵、表演、舞蹈结合起来运用。这些乐器采用打击的方法，没有指法上的困难和技术上的负担，有利于培养儿童的节奏感和自信心；而且音色鲜明，富于幻想，因而能满足儿童的好奇心，激发儿童的兴趣和想象力。在排练过程中，可以让儿童交换乐器，使他们能够掌握各种打击乐器的使用方法。

（3）声势训练

声势训练是儿童运用简单的身体动作发出各种有节奏的声音。它包括节奏模仿、接龙游戏、节奏创作、旋律伴奏等方面。

（4）即兴演奏

打击乐器演奏技术简单，伴奏的各个声部均以固定节奏型为基础，因而完全可以让儿童自由即兴演奏。这有利于培养儿童演奏的灵活性、创造性以及合作能力。即兴演奏可以让儿童直接参与到音乐活动中，充分发挥他们的想象力和创造力。这符合奥尔夫"注重培养艺术想象力和创造力""要求儿童自己创造音乐，发展个性和创造性"的精神。

（5）动作与舞蹈

动作训练包括律动、舞蹈、戏剧表演、指挥和声势活动。其中，声势活动是一种将身体作为乐器进行节奏训练的既简单又有趣的活动。虽然其中有些并不是一般音乐教学的内容，但是奥尔夫认为它们都是儿童音乐教学内容中不可缺少的部分。动作和舞蹈是人声和乐器之外音乐的另一种表现形式。动作技巧、即兴表演、形体塑造随课程的逐步深入而增加难度。

（三）奥尔夫教学法中的音乐活动课例

课例 3-6　节奏回声——听听我的鼓

教学目的

1. 引导幼儿听辨鼓的音色，正确运用拍手和跺脚将节奏模仿出来，协调进行二声部的训练。

2. 使幼儿感受节奏回声的乐趣。

教学建议

（一）听辨音色，加入声势

1. 教师和幼儿围坐成一圈。教师请幼儿在自己的身体上探索声音较低的音色，如跺脚；再请幼儿在身体上寻找声音较高的音色，如拍手。

2. 教师拿出大鼓和小鼓，分别敲击，请幼儿聆听大鼓和小鼓的音色。

3. 确定动作：大鼓音色低沉，可用跺脚表示；小鼓音色明亮，可用拍手表示。

（二）学习谱例，感受回声

1. 教师示范念读谱例3-20的第1~4小节"|听听 我的|鼓 0|听听 我的|鼓 0|"，并在第2、4小节四分音符后敲两下小鼓。引导幼儿在教师敲鼓时随鼓声拍两下手，掌握拍手的基本节奏。

谱例3-20

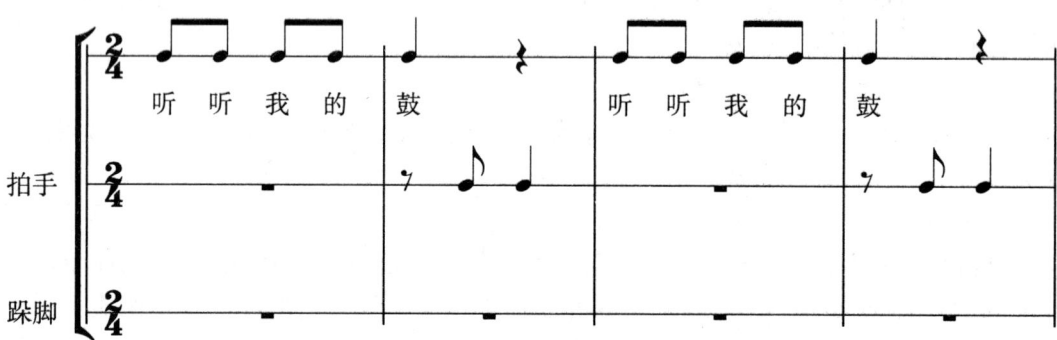

2. 教师示范念读谱例3-21的第5~8小节"|大鼓|0 0|小鼓|0 0|"，同时敲击大鼓和小鼓。请幼儿在第6、8小节根据教师念读的节奏和被敲击鼓的音色，用相应的跺脚或拍手动作做节奏回声。

谱例3-21

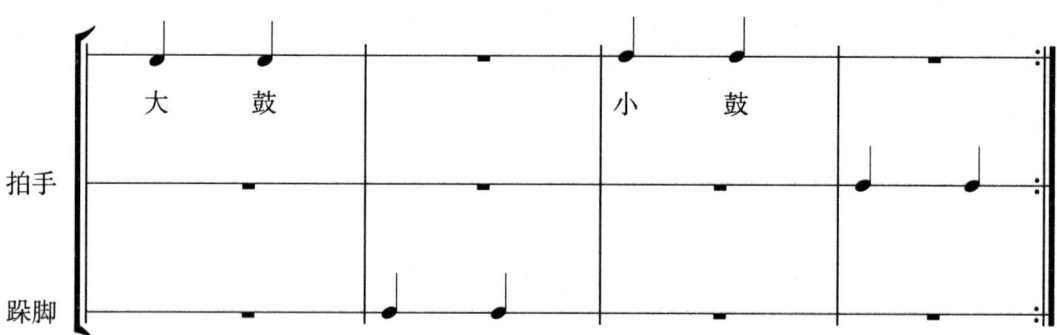

3. 根据谱例内容，运用拍手和跺脚的动作，教师引导幼儿进行完整的声势节奏回声训练。

（三）加强练习，深入体会

1. 请幼儿聆听教师演奏大鼓和小鼓，并用跺脚和拍手将对应音色的节奏模仿出来。例如谱例3-22和3-23。

谱例 3-22

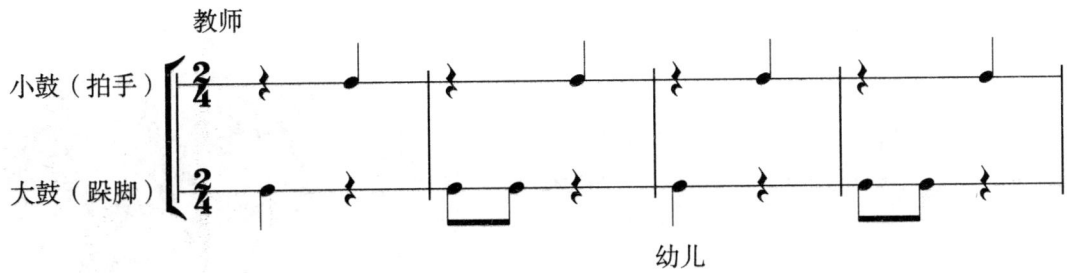

谱例 3-23

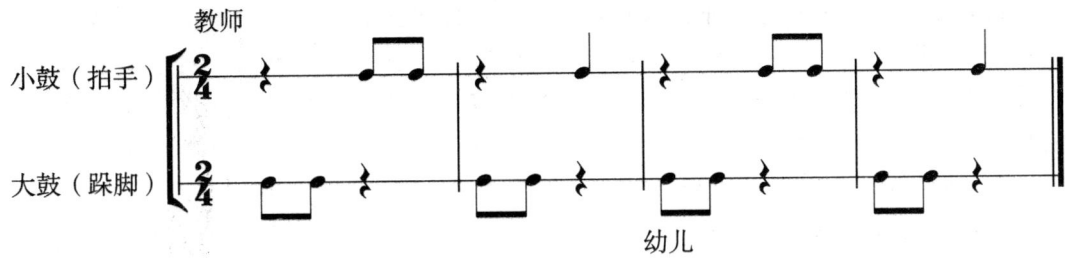

2. 请一名幼儿尝试进行演奏示范，其他幼儿进行节奏模仿。

教学提示

随着练习的深入，难度越来越大，对幼儿注意力、记忆力和反应能力等综合能力的要求也越来越高。教师可以根据幼儿的实际水平降低或提高难度，合理安排训练，避免难度过高或过低使幼儿失去学习的兴趣。

◎ 扫描章首二维码，阅读"指挥游戏——我的十六宫格""声势伴奏——《理发师》""节奏训练——会唱歌的车"等课例。

奥尔夫创造了一种理论和实践的体系，使儿童能够以最自然的方式进入音乐世界并从中获得完整、全面的音乐享受。他创造的这一体系，使儿童获得了许多交流、分享和共同创造的积极而又愉快的体验；在音乐教育领域内，比较系统地解决了近代教育共同关心的一些实际的教育问题，如有关儿童个性、社会性健康发展等，为音乐教育的未来发展开创了重要的新思路。

四、其他著名音乐教学法中的音乐活动

(一)铃木音乐教学法

1. 个人生平简介

铃木镇一

铃木镇一(1898—1998),日本小提琴演奏家,音乐教育家,音乐博士,音乐教育教授,"铃木小提琴教学法"的创始人。他出生于名古屋一个乐器制造商的家庭。他的父亲铃木政吉毕生致力于小提琴研制工作,是一位颇有名气的乐器制作家,曾创办过当时世界最大的小提琴厂,并获得21项小提琴方面的专利。1933年起,铃木镇一开始从事幼儿小提琴音乐教育事业,以开展具有划时代意义的"才能教育活动"而名扬世界。1944年后,他定居于长野县松本市,创办了松本音乐学院,从此开始进行才能教育活动。他倡导儿童早期音乐教育,创立"铃木教学法"。该教学法开始只应用在小提琴教学上,以成功地教授幼儿学习演奏小提琴而著称,后来推至其他乐器,其影响遍及欧、美、亚等许多国家。

从儿童开始,将音乐教育作为培养人的一种手段与方法,通过音乐教育,达到全面提高人的素质、培养"全面而自由发展的人"的目的,铃木镇一的"铃木教学法",以音乐启蒙儿童的做法,颇值得我们借鉴。

2. 铃木教学法的音乐教育思想

(1)铃木早期教育法

铃木镇一是日本著名的教育家,爱因斯坦的同窗好友,他坚信音乐可以开发幼儿智力。20世纪30年代初,他就从事幼儿早期教育事业,并且形成了举世闻名的"铃木教育法",铃木早期教育法有很丰富的内容,它主要有以下特点。

① 铃木认为,任何才能都不是天生的,而是后天培养和教育的结果。任何一个孩子,只要教育得法,都会有发展、成为一个有才能的人。

② 铃木的才能教育学校主要学音乐和背诵俳句(一种日本诗歌)。铃木认为,掌握某个领域最高能力的人,在其他领域也可以达到同样的高度,孩子在音乐方面达到了很高的水平,也会在其他领域显示出很高的能力水平。所以,铃木一再申明,他对孩子进行的才能教育,目的不是要把孩子培养成音乐家,而是成为一个有卓越能力的人、心灵美好的人、会走上幸福的人生道路的人。他坚信,通过小提琴的训练可以有效地提高孩子的直觉能力或灵感,这种能力或灵感可以转移到其他方面。

③ 铃木认为,一个孩子的才能如何,主要取决于0岁开始的教育如何。过去铃木认为孩子从4~5岁开始学小提琴是最适当的,但是后来他不断降低学琴的年龄,让孩子从3岁甚至从2岁就开始学琴。他认为,开始学习时间越早越好,再早些也可以。

④ 铃木非常讲究教育的方式方法。他认为重要的是循循善诱,创造条件激发幼儿的学习热情,耐心等待幼儿涌现出自发的跃跃欲试的强烈愿望。

⑤ 要求严格。铃木认为孩子处于什么样的环境，受什么样的教育，会决定他发展什么样的能力。铃木要求学校要为学生创造最优化的教育环境，由最优秀的教师来教，学习最优秀的名曲，从而培养出最优秀的人才。

⑥ 在铃木的学校里，3~5岁的孩子都在一起学习，不论年龄、年级、学龄，全组织在一个班里训练。后来的较小的孩子，可时时见到和听到哥哥姐姐们的学习情况，这样就能很快进步，更好地磨炼出才能。经过这样的训练，他们的能力就会比相同年龄的孩子强得多。

（2）铃木的才能教育思想

铃木才能教育思想是其教育理念中十分著名的一个组成部分，这个教育理念主要表现在以下几个方面。

一是尽量早的时期。即一定要在最早的时候开始孩子的音乐教育，最好从出生的那一天起就让他多听优美的、高雅的音乐。

二是尽量好的环境。人类是环境之子，环境对于人的成长发展，起着绝对重要的作用。任何一个孩子，如果生长在良好的环境中，通过正确的教育方法，经过不断的努力，受到良好的教育，都可以成才。

三是尽量多的反复。在铃木的小提琴教学中，要求学生经常反复练习旧曲子，借此不仅增强已有的技术，同时产生新的能力，这和教育理论中的练习理论不谋而合。

四是尽量优秀的教师。铃木教学法对教师的要求很严格。要求教师首先对孩子有极大的爱心、高度的耐心，以及一颗童心。同时必须具备十分丰富的知识，能不断地充实、完善、提高自己。此外，母亲应该成为孩子最好的家庭教师，她在孩子学琴过程中的地位，比教师更重要。

五是正确的指导方法。"要掌握适当的时机，自然地引导孩子学习，使孩子在学习中保持快乐的心情，在'喜欢'和'会做'的前提下培养孩子的能力。"铃木先生认为，我们如果能抛弃现在僵化的教育方法，采用一种充满爱、充满人情、充满生命力的方法，所有的孩子都能成为有用的人，成为社会的栋梁之材。

3. 铃木教学法活动中的音乐活动

（1）铃木教学活动方法与手段

铃木镇一发现所有正常儿童在童年的早期就能明白而流利地学会说自己的母语，这种学习母语的成就让人深感震撼并值得人们注意，他想如果儿童有能力掌握像语言难度这么大的技能，那么其他的知识和技能也可以用学习母语时采用的方法来成功地掌握与完成。在他的教学中会采用以下的教学方法与手段。

第一，接触。教授音乐前要先创造学习音乐的环境，这是铃木教学法的一个必要前提手段。要想发展儿童的音乐能力，就要使他生活在音乐的环境之中，加强音乐听觉训练，并接触大量的、精心选择的优秀演奏家的优秀作品，反复聆听，以加深他们对作品的领会，提高其鉴赏及演奏水平。

第二，模仿。铃木教学法要求儿童按照听到的旋律、看到的拉琴动作表演。铃木先生在教学时，尽量让孩子模仿，教学法强调让孩子先听音乐，在每学一首乐曲之前，必先重复听其录音，在起床、吃饭、闲聊、玩耍、入睡前等各种休息或半休息的状态下聆听音乐。当孩子拿起乐器要学这首乐曲时，基本上是学着怎样把脑海中的乐曲完美地演奏出来；同时，因为学生脑海中的乐曲是由名家演奏的，在音准、音色上受到良好的影响，所以当他们在演奏该乐曲时，一定会设法达到他能力范围的最好演奏效果。

第三，鼓励。在教学中我们对待学生，要以爱心去灌溉他们的心田，以热情去迎接他们的失败，在努力培养他们各方面能力的过程中，鼓励和赏识是十分有效、必不可少的。父母、教师对孩子要循循善诱。铃木认为，要不断诱导孩子，激励孩子的学习欲望。"首先，要学会讲'真好'这句话。若孩子想做什么，母亲立刻说'不好'，一味地用责备和打击逼迫他们去'听话'，这是最不好的教育方法。"铃木认为，在威逼和恐惧中长大的孩子只能变成怯弱和虚伪的人。

第四，重复。根据母语训练的方法，铃木总结出，使孩子在鼓励之中进行不断重复的练习是绝对必要的手段。当然，被重复的必须是精华。通过这种强化训练，孩子才会最终达到艺术上、技术上的精益求精。究竟应该怎样进行重复训练呢？铃木自己解释说练习步骤是反复聆听—练习曲子—留为作业，回家后合着世界音乐大师的唱片继续练习，直到完全合拍为止。

第五，增加。"增加"是勤奋的另一种解释形式，在"增加"的过程中，学生的勤奋自然就会体现出来，勤奋的练习是成功的必由之路。铃木教学法借鉴了母语训练中词语积累的方法，在学习新曲的同时，不忘练习原来已经基本掌握的旧曲目。这些旧曲目经过几千次、几万次的重复，演奏水平不断提高，数目也不断增多。大量的练习，大量的复习，就会熟能生巧。孩子天才般的琴技，就这样被培养出来了。

第六，改进与完善。如同母语训练中仔细纠正孩子发错的音一样，铃木教学法中的强化训练着重培养孩子养成良好的习惯。在教学过程中，当学生出现错误时，他都会让学生停止错误的演奏，教授学生如何正确表演，并以多次"增加""重复"正确的方法改变学生不好的习惯，改正后，还要再练习几次正确的，不能一带而过。接下来的一周练习中，每天都要用正确的方法演奏练习发生错误的地方，直到练习达到预期效果。

第七，探索与思考。从智能发展来看，孩子学习思考的方法比学习得到的成果更重要，思考的过程远比思考的结果更重要。在教学过程中，家长和教师不要急于告诉学生答案，要尽量给他们留下思考和讨论的空间，培养他们独立思考、独立学习、独立完成的能力；当学生发现问题时，教师或家长最好的反应方式是和他们一起去探索，去寻求答案，让学生在学习的过程中树立自信心。孩子亲身经历过，对于教学成果的记忆要远比别人告诉和从书本上得来的印象更深。

（2）铃木教学活动模式

其一，个别教学。这是培养学生音乐能力的最主要的教学方式，铃木在教学中对学生演奏小提琴的要求十分严格，并在上课伊始就对学生做出了以下规定：从开始的鞠躬，到站姿、拿琴、持弓，直到弓法等都会通过个别课有针对性地进行具体指导，以保证学习的准确、有效。

其二，定期上集体课。集体教学是铃木用来进行情感激励的重要途径之一。铃木认为，在集体学习环境中，儿童之间可以获得更接近于自身水平的技术榜样和态度榜样。当初学的儿童会拉一些简单的乐曲时，就让他与其他小朋友一起合奏，让高级程度的学生与低级程度的学生合在一起"玩"小提琴。这样可以提高儿童的学习兴趣，加快进度，是颇为有效的教学方式。采取合作而非竞争的学习方式，学习时间较久的或年长的学生，去帮助学习时间较短或年纪较小的学生，在学习中学生和学生、父母和学生、教师和学生之间永远保持正向积极的鼓励态度。

其三，定期组织音乐会。铃木主张保留弹得很优美的曲目，学生将一套保留曲目练好后，就可以正式开演奏会了，因为它有不少作用，例如将乐曲弹得流畅悠扬，可使学生本身感觉愉快，从而不断增加他学习的兴趣。同时，如果他技巧娴熟，将表达完美的乐曲公开表演，对听众及学生父母来说也是一件快乐的事。但演奏会的成功并不表示学生可以终止对这些曲目的学习。他们还要继续复习，提高演奏水平。家长也可以将学生弹奏得最好的乐曲录下来，作为一份珍贵的资料保存，以鞭策学生争取更大的进步。

其四，家长的参与。任何一个孩子的成长都无法脱离父母而单独进行，家庭教育是孩子全部教育的重要组成部分。具体说来，家长可以通过下列形式参与孩子的教育过程：

（1）学会小提琴演奏的基本技巧，帮助孩子掌握小提琴基本技巧，或让其独立完成一些乐曲或作品片段。

（2）出席每堂课，并旁听其他孩子的课。家长在家就是小提琴辅导老师。

（3）参加孩子在家的每天练习，并以极大的爱护、耐心鼓励和帮助孩子掌握课程中的要点。

（4）为学生每天播放正在学习的音乐作品的录音以及即将学习的音乐作品的录音，大量的聆听对于孩子音乐才能的培养很有益处。

（5）阅读一系列关于铃木教学法的书籍，了解和把握孩子音乐学习的整体过程。

在学生学习的过程中家长要循序渐进，"教"和"拔"要有机结合，不能以"拔"带"教"，这样会严重阻碍学生的进步，更会给学生心理带来非常严重的不良影响。

（二）卡巴列夫斯基新音乐教学法

1. 个人生平简介

卡巴列夫斯基（Kabalevsky，1904—1987），苏联著名作曲家、音乐教育家、音乐活动家。1904年12月30日生于圣彼得堡。早年就学于莫斯科音乐学院，1929年、1930年分别师从米亚斯科夫斯基和戈利坚威泽尔学习作曲和钢琴，并于1932年在该院任教，1939年起任该院教授。1952年任苏联作曲家协会书记。1962年领导少年儿童音乐美育委员会工作。

除了音乐创作活动外，卡巴列夫斯基对本国及世界音乐教育活动的推广与提高几乎倾尽了毕生心血，提出了许多值得深入研究的音乐教育理论和音乐实践活动标准，并依据音乐教育

卡巴列夫斯基

的实践撰写了多部理论专著和大量文章，如《怎样给孩子们讲音乐》《三条鲸鱼和其他》以及几十篇关于音乐教育思想的论文集。特别是在其主持下制定的《苏联普通学校音乐教育大纲》，最终被确定为具有指导性意义的普通学校音乐教学文件，并上升为国家标准。上述文献成果标志着卡巴列夫斯基音乐教育思想体系的形成。

卡巴列夫斯基本人十分推崇苏霍姆林斯基的教育思想。苏霍姆林斯基非常重视教育的审美作用，他认为美育是个性全面和谐发展的有力手段，强调音乐教育在于培养儿童接受、理解、感受、体验旋律的美的能力。在音乐教育的方法上，苏霍姆林斯基重视在教学中使用情感的语言，他认为这种语言可以成为独特的情感刺激因素，正是这种更接近音乐的语言，才能影响人的心灵和意识。简言之，苏霍姆林斯基的音乐审美教育思想和教育目的可归结为一句话：音乐教育并不是音乐家的教育，而首先是培养人的教育。苏霍姆林斯基的美学思想给卡巴列夫斯基改革学校音乐教育的工作以巨大的帮助和支持，坚定了他在音乐教育改革方面的观点，促使他进行改革和探索。

2.《苏联普通学校音乐教育大纲》

由卡巴列夫斯基主持制定的《苏联普通学校音乐教育大纲》，是其音乐教育思想的体现。大纲的制定原则和编写思想以苏霍姆林斯基的美育思想为基础和指导。他认为，道德内容是音乐的灵魂。教师们要时时牢记，中小学音乐教育的意义远远超出了艺术范围，它是造就学生精神境界的非常必要的、有力的手段。

（1）《苏联普通学校音乐教育大纲》的目的与内容

《苏联普通学校音乐教育大纲》的目的，不是使学生掌握某些音乐技能和技巧，而是从培养学生对音乐的兴趣和热情开始，引导学生形成对音乐的审美价值的正确观念，提高学生真正的音乐修养。

《苏联普通学校音乐教育大纲》由一系列的课题构成，并根据不同年龄阶段循序渐进。

一年级主要课题："三根支柱——歌曲、舞蹈、进行曲""音乐的内容是什么""音乐的语言是什么"。

二年级主要课题："歌曲、舞蹈、进行曲发展为歌曲性、舞蹈性、进行曲性""音调""音乐的发展""音乐的形成"。

三年级主要课题："我国民族的音乐""国内各民族的音乐和世界各国音乐之间没有不可逾越的界限"。

四年级主要课题："音乐与文学、美术之间的内在联系"。

五年级主要课题："音乐的改造力量""音乐的力量何在"。

六年级主要课题："音乐的形象""音乐的戏剧性"。

七年级主要课题："音乐与当代生活"。

（2）《苏联普通学校音乐教育大纲》的特点

卡巴列夫斯基的音乐教学大纲是以歌唱、舞蹈、进行曲为基本骨架，将音乐感受、音乐理解、音乐表达和音乐知识、音乐技能、音乐常识的学习贯彻始终，由浅入深、由点到面地形成系统。

大纲中，卡巴列夫斯基为了向孩子们讲述音乐的秘密，还特地利用一些简单易懂的名词。例如，他把用来划分音乐的歌唱、舞蹈、进行曲三部分比作支持大地的三只鲸鱼（古希腊神话中传说地球由三条鲸鱼支撑着），并写成《三只鲸鱼与音乐的话》这本书。总之，卡巴列夫斯基的音乐教学大纲体现了苏霍姆林斯基的美育思想，它告诉我们："要是孩子们喜爱音乐，首先就要让他们接近音乐，不要一开始就做一些会让他们远离音乐的练习，任何一种课程都勿使用强制的方法。"

3. 卡巴列夫斯基教学活动的原则

卡巴列夫斯基教学活动遵循以下教学原则。

（1）使孩子对音乐发生兴趣

卡巴列夫斯基认为，怎样使孩子们对音乐产生兴趣是音乐教学中教师首先要解决的一个问题。半个多世纪以来，苏联中小学在美育和音乐教育理论与实践方面积累了很多经验，教师作为新型的教育工作者，必须认识到音乐教育在学校里的审美作用，必须把学生引入更广阔的音乐世界，教会学生热爱音乐，懂得音乐的各种形式及风格，通过音乐课进行思想品德教育。

（2）通过音乐课在孩子们心中唤起对音乐美的感知

音乐教育不只是教会儿童一种艺术技能，而是系统地发展他们的感受能力和创造能力，使孩子们热爱世界上一切真、善、美的东西，并且能动手美化这个世界。通过艺术帮助孩子们获得良好的感知和深刻的思维能力。

教学大纲的精髓在于研究教师应当教给孩子们什么和怎样教。通过音乐课在孩子们心中唤起对音乐美的感知，音乐教育应该发展学生的思维，拓宽他们的视野，使他们感受到音乐、文学、造型艺术及人类文明史之间的相互联系。当然，主要是让他们感受音乐与生活的联系。

（3）用音乐吸引孩子

"用音乐吸引孩子"是学校音乐教育的根本问题。音乐教师要自己热爱音乐，必须避免一开始就教孩子们某些乐理规则或重复地做某种练习，而应该在愉快的气氛中渐渐地使学生们感受音乐：不同的音高、音值、力度、速度；不同的旋律及它们不同的表现力；各种不同的节拍、律动；伴奏及其作用；音乐的结构、色彩等。

《大纲》中"三只鲸鱼"里讲了歌曲、舞曲、进行曲的作用及相互关系，用这些材料发展学生的记忆、听觉及节奏感觉，千万不要再给他们设置一些与生动的音乐无关的技术性练习。

（4）运用游戏歌曲

为了保持学习的连续性，在《大纲》中保留了一些游戏歌曲，教师可以根据教室的大小及条件进行不同的变化教学，有时候可用点头、踩脚等动作来帮助唱歌。但是，所有这些必须遵循音乐的性质。

（5）课堂上分组教学

课堂上分组教学是个好办法。其一，教师可以随时纠正学生音准及节奏上的问题；其二，为将来唱多声部合唱打下基础；最后，这是进行游戏性歌曲练习的一个重要阶段。

（6）进行四手联弹

四手联弹是卡巴列夫斯基推崇的教学模式之一。四手联弹时，作品不必大，以包含主和弦、下属和弦及属和弦的小曲为主，有的孩子以前没有弹过钢琴，他可以弹两个音与教师合奏一首曲子，在这种音乐实践中使他逐渐热爱音乐。如果教室里有乐器，就应组织小型合奏（加上一些适当的动作）。选好乐器，确定节奏，随着音乐的情绪进行演奏。

教师的伴奏是很重要的，应尽可能地使其具有艺术性。

（7）期末总结

学期末要进行总结，集中检查他们对音乐知识的理解程度。

第二节　中国当代音乐教育活动发展现状与策略

一、中国当代音乐教育活动的发展

（一）新中国成立后音乐教育活动的全面复苏

新中国的成立为中国音乐教育事业的发展提供了相对稳定的客观环境。这时中国的经济、政治、文化等领域开始全面复苏，教育领域也开始逐步改革。旧的教育体制经历改革，新的教育体制逐步建立。党的第十七次全国代表大会上，明确提出以深入贯彻落实科学发展观、全面建设小康社会为基本方略和目标要求，会议指出要优先发展教育、建设人力资源强国。这为教育的发展和教育体制的改革提供了新的目标和动力。在这一教育体制的重塑过程中，音乐教育被定位在全面开发素质教育的较高的位置上。自此，中国当代音乐教育活动正式步入正轨。新中国成立初期，中国的音乐教育活动受到相当程度的重视，为提高全民的文化素养，对中小学生德智体全面发展发挥了重要作用。教育部规定，将音乐课程设定为中小学九年义务教育中的必修课程。这一时期的中国音乐教育活动配合整体教育体制的改革以及当时社会、政治、经济等多方面的发展，丰富了人民群众的课余文化生活，呈现出生机和活力。但在全国范围内，音乐教育的发展水平还很不平衡，与世界发达国家相比，我国音乐教育的总体水平还有待于提高。

（二）音乐教育师资力量的需求和扩大

经历了教育体制的改革，中国当代音乐教育活动不断深入发展。音乐教育事业的稳步发展带动了对音乐教育师资力量的需求，音乐教育类人才的需求日趋扩大。因此，国家对师范音乐教育给予了高度重视。1952年全国15所高等师范院校设立了音乐系科。1950年，中央音乐学院成立，其前身是燕京大学音乐系、华北大学文艺学院音乐系、南京国立音乐院、北平艺术专科学校音乐系、东北鲁迅文艺学院音乐系和香港、上海的中华音乐院等。1958年天津音乐学院成立。至1966年底，在全国范围内陆续成立了多所高等音乐专科学校。随着音乐教育事业的全面展开和师资力量的扩大,以及国家一系列政策的提出和落实,音乐教育事业得到了社会上广泛的认可和支持。

(三)"文化大革命"中音乐教育活动的滞后和单一

1966年,"文化大革命"开始,这场革命历时十年,导致了我国的文化、教育、艺术等事业发展的严重滞后。我国的音乐教育事业也因此受到了严重的影响。在这十年中,我国音乐教育活动的发展理念和发展方向发生了一定的偏颇,长期处于混乱当中。"文革"时期对于音乐、文化作品的审查非常严苛,许多优秀的音乐作品被埋没和批判。这时的音乐成了政治的附庸,甚至是武器。音乐作品的创作走向模式化,音乐作品体裁单一。据记载,这一时期全国只有八个样板戏。在这种境况下,中国的音乐教育活动失去了其存在的真正价值和地位,而实际的音乐教学活动也基本被取消了。

(四)改革开放后音乐教育的苏醒

1978年伴随着十一届三中全会的顺利召开,我国终于迈着历史的步伐迎来了改革开放。改革开放是我国进入社会主义建设阶段施行的对内改革、对外开放的政策。改革开放政策的施行推动了中国社会主义现代化建设的步伐。在这一政策的实施过程中,中国的政治、经济、文化、教育、艺术等领域逐渐复苏。中国音乐教育事业的发展也从低谷中苏醒,获得重生。音乐教育活动又重新得到国家和社会的重视和认可。在中小学教育中,音乐教学活动的地位日益提高。这一时期,教育部提出,我国的九年义务教育应该"贯彻德育、智育、体育、美育全面发展的方针",以培养德智体美劳全面发展的学生为己任。这一时期的中国音乐教育活动蓬勃发展,在提高国民整体素质、培养学生审美能力和对学生进行德育等方面都取得了一定的成效。

二、我国当代音乐教育活动的现状

(一)音乐教育活动的普及和类别分化

随着改革开放的不断深入,我国音乐教育事业也得到了进一步的发展。音乐教育的管理体制逐步完善、音乐教育的法规建设得到进一步加强。近年来,音乐已经成为人们生活中不可分割的一部分。不同年龄层的人都在生活中对音乐有着不同的追求;不同职业岗位的人也都对音乐有着不同的需求。我国已经基本进入了一个全民学音乐、全民普及音乐的时代。音乐教育作为人们生活中一个重要的组成部分发挥着重要的作用。中国音乐教育发展至今,类别已经产生了许多分化。第一,中国音乐教育以培养中国新一代职业音乐家为己任,对音乐类专业人才进行专业的音乐教育活动。这种专业的教育活动多在高等本科院校内进行。我国的音乐类高校每年将为国家输送200多万人的音乐专业本科毕业生。第二,中国音乐教育以培养新一代音乐教育师资力量为己任。我国音乐类高等师范院校每年将为社会输送250多万的音乐教育类人才,扩充了我国中小学音乐教育的师资力量。当前我国有近45所普通高等学校音乐学(师范类)本科专业课程教学试点学校。第三,中国音乐教育重视基础教育,以培养和提高大中小学学生音乐素养为己任，肩负着 3 亿多大中小学校学生的音乐素养教育任务。另外，在我国音乐教育的庞大队伍中，有一部分社会音乐教育队伍，他们以培养未来音乐家或具有较高音乐专业技能的人才为己任，肩负着 3000 万未成年人的课余音乐教育工作。

（二）我国小学音乐教育发展概况

1. 我国小学音乐教育的发展简述

20 世纪 80 年代末，我国音乐教育学、音乐心理学、音乐美学逐渐进入人们的视野，这个时期音乐教育的发展为今后进行音乐教育理论的研究打下了深厚的基础。国家在改革开放之后愈加重视音乐教育的发展，先后安排人员出国进修学习，为国家带来更优质的音乐教学法与音乐教育理论，开阔了视野。音乐教育理论蓬勃发展，培养了一批具有高专业能力的专业人士，逐渐成为音乐教育学构建的组织基础。

如今，国家发展素质教育，九年义务教育中的音乐教育也逐渐被重视，儿童得到德、智、体、美、劳的全面发展。从 80 年代的小学音乐教育到如今 21 世纪，国家颁布新课程标准，迎来了音乐教育事业的新高潮。新课标将音乐教学内容分为四个方面，分别是学唱歌曲、乐谱识别、乐器演奏和音乐欣赏，并且针对教师怎样去教学生，学生如何学习音乐内容进行了新的阐述。随着教育理念、教学水平、教师素质的不断提高，课堂教学形式也发生了以下变化：

（1）学生们逐渐由在课堂教学中保持沉默、只用耳朵听，到以学生为主、师生互动、亲身参与到音乐活动中；

（2）由教师放伴奏带进行歌曲学唱，到老师亲自伴奏与范唱，引领学生来歌唱；

（3）由传统的填鸭式教学形式，到通过表演与课外拓展等音乐活动的形式去学习和巩固课堂知识；

（4）在课堂教学中，本着以学生为主的教学发展方针，加强课堂上学生与学生、学生与老师之间的沟通，培养学生的沟通能力。

2. 小学音乐课堂常见的授课方法

我国目前提倡音、体、美全面发展，虽然部分地区的"应试教育"本质并没有发生大的改变，小学仍然将招生率和分数视为一切，但如今国家、学校、家庭开始越来越关注学生的音乐教育，人们的思想也已经发生大的转变，随之而来的是音乐课程受到重视，音乐教师获得尊重，音乐教育事业得到较大的发展。许多地方大量招聘音乐教师，以增强学校音乐师资力量，在短短的时间内，音乐教育事业得到了长足的发展。在普通小学音乐教学中，教师们会尝试用现代的教学理念进行音乐教学，用不同于传统的教学模式尝试进行音乐课堂教学，课堂教学中会有以下几个方面的表现：

（1）通过节奏训练提高学生的音乐素养

在小学音乐教学活动中，十分注重节奏训练，节奏常被作为小学音乐课堂教学的重难点。在节奏训练中许多教师尝试着改变传统的节奏训练方式，发挥学生们的主体地位；利用孩子们的天性，将音乐教学与音乐活动相结合，让学生们通过音乐活动达到节奏训练的教学目的，提升学生的音乐素养。

例如：教学歌曲《小鸡的一家》（谱例3-24）时，通过将学生分为三个大组，每组分别扮演大公鸡、老母鸡、花小鸡进行课堂节奏表演。

谱例3-24

小鸡的一家

1=D 2/4

王　森　词
邓融和　曲

活泼地

| 1 1 ⌒1 3 | 5 5 5 | 6. 5 3 5 | 2 2 2 | 3 3 5 | 1 2 3 |

1.大公鸡　喔喔喔，　伸长脖子在唱歌，　喔喔喔　唱什么？
2.老母鸡　咯咯咯，　跳出草窝在唱歌，　咯咯咯　唱什么？
3.花小鸡　叽叽叽，　跑东跑西在唱歌，　叽叽叽　唱什么？

| 1. 2.　　　　　　　　　　　　　　| 3.
| 1. 2 3 5 | 2 0 3 0 | 1 0 ‖ 2 2 2 3 | 1 0 ‖

它在唱：　天　亮　喽！　　　　　虫子找到喽。
它在唱：　生　蛋　喽！
它在唱：

大切分：　2/4 X X　　X | X X　　X |
（母鸡下蛋）　咯　咯　　咯　咯咯　　咯

小附点：　2/4 X. X X X | X. X X X |
（知了唱歌）　知　了 知了　知　了 知了

大附点后置：　2/4 X X. | X X. |
（汽车喇叭）　嘀　嘀　　嘀　嘀

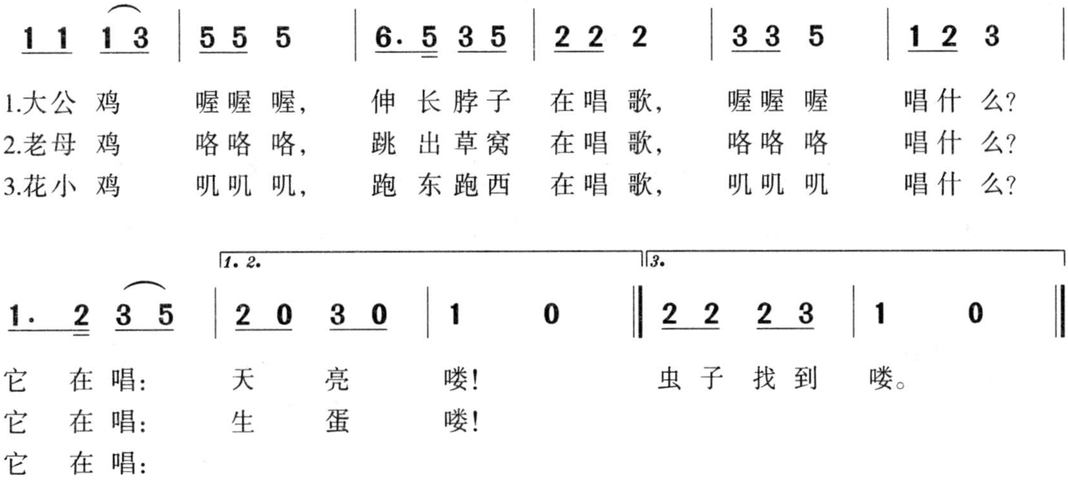

在教学过程中，教师设立了四个教学模块，分别是健身、语言、音乐、表演。第一个模块健身，让学生通过身体动作感知歌曲的节拍；第二个模块语言，通过文字朗诵、讲故事掌握歌曲节奏；第三个模块音乐，通过跟唱歌曲旋律，学习歌曲节奏；第四个模块表演，让学生根据歌曲节奏设计动作、表现歌曲节奏。在动作编创活动中，激发学生的想象空间，达到培养节奏的目的。

在教学中发现，以这样有趣的音乐活动方法训练节奏，不仅提高了节奏训练的效果，也在一定程度上拉近了学生与教师之间的距离，使学生们更容易沉浸在音乐中，感受到音乐的乐趣，起到了寓教于乐的效果。

（2）使用钢琴伴奏或打击乐器辅助教学

教师在课堂教学时，不仅会使用钢琴为学生们的歌曲演唱进行乐曲伴奏，还会使用各式各样的乐器来尝试音乐教学，还尝试着让学生们去探索乐器的发声方法，指导学生结合相应的节奏，对学生进行节奏训练。在具体的训练过程中，还可以对学生进行合奏训练，这不仅提高了学生的节奏感，还培养了学生的合奏能力。

例如：教学歌曲《放牛歌》（谱例 3-25）时，教师可使用钢琴进行伴奏，让学生边演唱边使用三角铁、双响筒、木鱼等进行节奏伴奏。

谱例 3-25

放 牛 歌

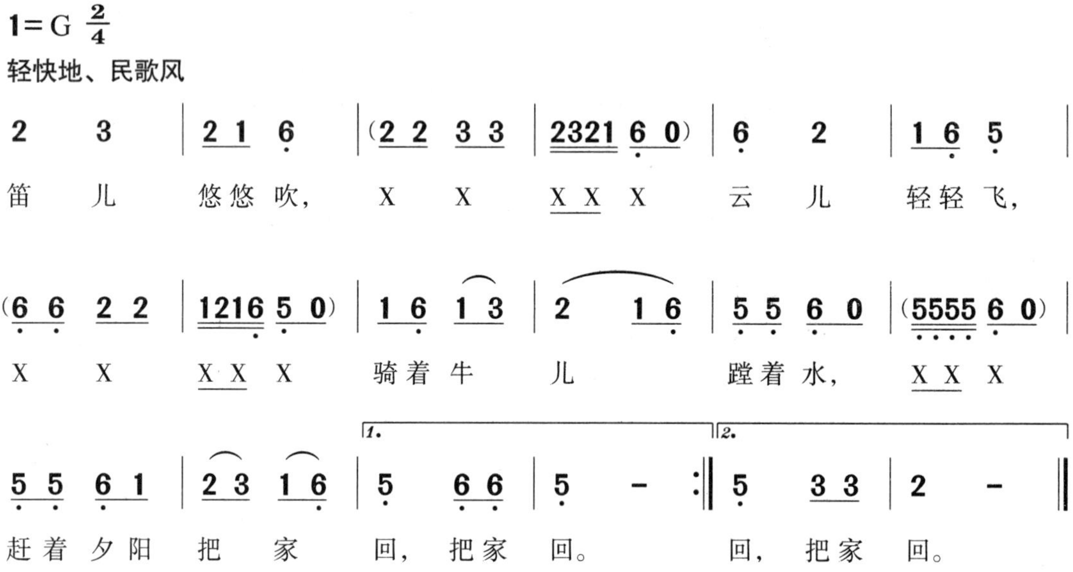

1=G 2/4

轻快地、民歌风

| 2 3 | 2 1 6 | (2 2 3 3 | 2321 6 0) | 6 2 | 1 6 5 |
| 笛 儿 | 悠悠 吹， | X X | X X X | 云 儿 | 轻轻 飞， |

| (6 6 2 2 | 1216 5 0) | 1 6 1 3 | 2 1 6 | 5 5 6 0 | (5555 6 0) |
| X X | X X X | 骑着 牛 | 儿 | 蹚着 水， | X X X |

| 5 5 6 1 | 2 3 1 6 | 5 6 6 5 — :‖ 5 3 3 2 — ‖
| 赶着 夕阳 把 家 | 回，把家 回。 | 回，把家 回。 |

当歌曲中出现间奏时，可采用其中某一乐器与教师进行钢琴合奏。这种教师用钢琴与不同打击乐进行的合奏练习，不仅训练了学生的节奏，也为合奏打下了基础。在上课过程中，教师可充分利用教学器材，甚至可利用身边能发声的物品为歌曲进行节奏伴奏，这种练习形式可以让学生进行自主的节奏训练，锻炼了学生对音乐节奏的掌握，也激发出学生学习音乐的热情。

（3）利用语言朗诵与动作编创相结合来学习音乐

教师在上课时通过语言朗诵、动作编创、节奏训练相结合的方式进行教学，利用语音、动作、节奏之间的内在联系学习音乐，也是许多音乐教师在教学中尝试使用的教学方法。教学中教师首先通过歌词表达的意思编创出与歌词更相近的肢体语言，随后根据相应的音乐节奏再创编或改进动作。

如一年级歌曲《小雨沙沙》这节课中，教师让学生们为图配象声词与肢体动作，让学生们通过语言朗诵来学习歌曲节奏。

谱例 3-26

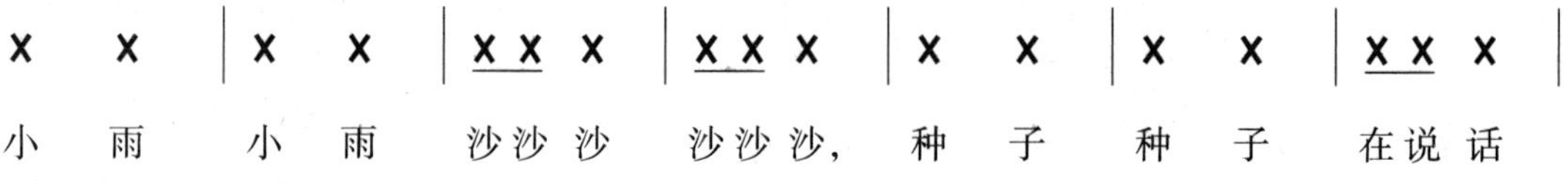

| X X | X X | X X X | X X X | X X | X X | X X X |
| 小 雨 | 小 雨 | 沙沙沙 | 沙沙沙， | 种 子 | 种 子 | 在说话 |

| ××× | ××× | ××× | × − | ××× | ××× | × − |

在 说 话。　　哎呀呀，　雨水 真　　甜，　　　　哎哟哟，　我要 发　芽。
　　　　　　　哎呀呀，　我要 出　　土，　　　　哎哟哟，　我要 长　大。

教学中，教师可根据《小雨沙沙》的歌词让学生们进行即兴创作与表演，让学生们通过歌曲的节拍来想象动作，根据歌词模仿表演小雨和种子之间的故事，小雨的声音不断变大，种子也逐渐成长，通过节奏、速度、力度等的变化完成一场即兴表演。这样的做法既可以让孩子们感受到音乐的乐趣，还培养了他们的想象力与创造力。

（4）歌唱教学的"可视化"

声音的高低原本只能靠抽象的感觉去感受，不能在视觉上呈现出来，歌唱教学中教师们根据学生认识事物的特点，尝试将声音"可视化"，例如借助柯尔文七种不同的音高手势表现声音的高低，这种方法有利于让学生在脑海中逐渐形成音高概念，也有助于学生进行曲谱的学习，为二声部合唱打下基础。

我国音乐教育活动发展至今，在形式上趋于繁荣、在体系上趋于庞大。但我国音乐教育仍然存在一定的问题，例如：

第一，高等院校在音乐教育过程中，过分倾向于注重专业技术的学习，而忽略了音乐理论和音乐文化的学习。音乐理论和音乐文化是音乐专业技术发展的根基，音乐理论和文化的学习对音乐专业技能的提高具有重要的意义。理论与文化的根基不够扎实，会导致音乐教育工作者在文化素养和音乐技能上的水平参差不齐，情况严重的会造成音乐教育者的流失。

第二，高等师范音乐学校在课程设置方面存在一定的问题，学用脱节。

第三，在中小学音乐课程教材内容设置上，没有完全依据学生们特定年龄段的心理特点选择教学内容；在教学教法上，有部分音乐教师安于现状，不能积极地研究和改变教学方法，导致中小学音乐教学中存在学生们对音乐课的课前期待与课后失落的情绪对比。

此外，在社会音乐教育的问题上一方面要提高从业教师素质及技能，另一方面，对参加培训的学生要加强引导、监督和指导，尽量帮助学生们在学习音乐的过程中少走弯路或者半途而废。

三、我国当代音乐教育活动的发展策略

针对我国当代音乐教育所存在的现实情况，我国当代音乐教育活动在发展策略上有以下做法。

（一）在音乐教育活动过程中注重实践与理论的结合

脱离了音乐理论的音乐实践将是空洞的，难以走得更加长远。只有既注重音乐技能练习，又有坚实的理论做指导，才能帮助学生快速突破学习中的瓶颈，使其专业技能得到更好的提高。

（二）树立正确的音乐教育理念

这一理念包含两个方面：一方面，音乐教育是一种文化形式，具有传输性，在这一过程中，教育所采取的传输的方式和方法，是要让教育所传输的内容得到更好的传递，并被有效地吸收和消化，因此音乐教育要研究现有的音乐教学方法，并针对教育方法的不足之处进行改革，在教学中激发学生的兴趣，并针对不同个体的需求及时调整教学方法。另一方面，我国当代音乐教育应该注重教育的实效性，针对不同的社会需求进行不同的音乐教育定位，对不同的人群进行不同形式、不同内容的音乐培训，形成音乐教育的多元化。

（三）立足本土文化，继承优秀传统

音乐教育是我国传统文化教育的重要组成部分，本土文化是我国音乐教育生根发芽的土壤，是我国音乐教育得以长久发展的根基。要发展我国的音乐教育活动，首先要坚持立足本土文化，在本土文化的基础上理解和构建自己的教育体系。其次，应该在发展本国的音乐教育事业的同时，学习和借鉴西方音乐教育中的先进理念和教学方法，让西方优秀的教育方法和先进的理念为我们所用。在我国文化的指导下，借鉴西方优秀的教学方法，采用中西结合的方式，发展我国当前的音乐教育。

我国音乐教育经过长期的发展，取得了许多丰硕的成果，在中国教育事业发展的大潮中贡献了自己的力量。在世界教育呈现多元化的大背景下，我们的音乐教育，应该在立足本土文化的基础上，融合西方的音乐文化和教育理念，将中国的音乐教育事业推向世界，让世界认识和了解中国的音乐教育。

思考与练习

1. 达尔克罗兹体态律动学的主要特征是什么？
2. 请阐述达尔克罗兹体态律动学的教学要点。
3. 运用达尔克罗兹体态律动学的教学内容与方法，结合活动课例，设计一堂有关对速度或者力度理解的课。
4. 从柯达伊教学法的指导思想来看，哪些是他独到的见解且又值得我们学习的地方？这些见解是怎么体现在他的教学体系中的？
5. 运用柯达伊教学法的手段，结合活动课例，设计一堂与音乐读写相关的小学低段音乐课。
6. 查阅有关奥尔夫音乐教育理论的学术文章，加深对奥尔夫音乐教育体系基本特质的理解。
7. 查阅有关奥尔夫打击乐器的教学视频，加深对奥尔夫器乐教学特点的理解。
8. 为什么说音乐教育首先是人的教育？
9. 从《苏联普通学校教育大纲》一至七年级的主要课题中分析新音乐教学大纲的特点。
10. 铃木教学法的教育观是什么？

第四章　小学音乐活动教学概述

扫码获取
相关资源

21世纪是一个充满未知的世纪，是一个创造的世纪，是一个人才、智慧竞争的世纪，培养具有创新精神和实践能力的人才，发展学生的创新能力已成为教育的基本任务，它不仅是个体进一步发展的基础，同时也是现代社会发展的需要。近年来，世界各国都非常重视学生创新力的培养，把创新性思维、能力的培养看作强国立本的核心教育。如何利用音乐教育的创造性特点，在音乐课堂教学中培养学生的创新能力，是每位音乐教师应该思考与行动的方向。

第一节　小学音乐活动的界定与实施

一、小学音乐活动的界定

游戏与活动是一种基于物质需求满足之上的，在一种特定时间、空间范围内遵循某种特定规则的，追求精神需求满足的社会行为方式，是儿童、少年体验、实践和掌握生活和学习的基本形式和主要途径之一，是为大多数人喜欢的形式之一。

小学音乐活动课程就是在音乐教学中，将音乐与游戏、音乐与活动相互结合，以音乐为媒介，以游戏、活动为手段，将它们与音乐合二为一，让学生在音乐活动中感受与学习音乐，同时又把通过音乐得到的感受创造性地表现出来的一种全新的音乐教学形式。这种形式运用中外许多先进的教育思想，采用声势、动作、语言、戏剧、打击乐为活动手段，引导学生运用元素性材料，以参与活动的方式参与到音乐学习之中，遵循探索—模仿—即兴—创作—表现的学习过程，唤醒每个学生潜在的想象力和创造力，通过音乐活动的方式提高学生的音乐能力，培养学生的探索力、合作力、表现力和创造力等，使得学生的全面素质得到提高。

如前文所述，当今世界最著名、影响最广泛的几大音乐教育体系，均提出原本性的音乐教育理念，即原本性音乐不只是音乐本身，它是以节奏为纽带，把声势、动作、语言、演奏、表演等紧密联系在一起的综合体，它是一种由人们自己参与、创造的音乐。小学音乐活动采用原本性音乐教育的原理，在音乐活动的学习与感受过程中，学生不再只是作为听众，而是作为合作者、创造者、表演者参与到音乐中去。原本性的音乐是接近自然的、源于生活的、能为每个人学会和体验的，它非常适合于少年儿童。原本性音乐形式简洁，不用什么大型的音乐形式和曲式结构，常常采用小型的序列形式、固定音型和小型的回旋曲形式。

原本性音乐教育的原理可以归纳为：创造性（即兴性）、综合性、参与性、自然性、民族性、大众性。其中即兴创造是音乐游戏教育最核心、最吸引人的构成部分，也是培养学生创造性最为有效的手段。

二、小学音乐活动的分类

原本性音乐教育理论是小学音乐活动教学的原理，小学音乐活动课程根据音乐活动的形式与手段将音乐活动分为动作类、声音类及其他音乐活动。

小学音乐活动具体划分为：

（1）动作类音乐活动，根据动作的种类分为声势动作及身体动作两个部分；

（2）声音类音乐活动，根据音乐活动的元素性材料，分为人声类（语言类和嗓音）及物声类；

（3）其他类音乐活动，此部分对教育戏剧及打击乐类的音乐活动进行了介绍。

三、小学音乐活动的实施策略

著名的儿童教育学家陈鹤琴认为，爱游戏是儿童的心理特点，是他们的本质体现，甚至认为游戏是儿童的生命。小学音乐活动课程就是把音乐的内容融入活动中去，并运用恰当的教学手段进行教学引导，对学生运用音乐活动手段进行教学，达到培养探索能力、表现能力、创新能力的目的。

小学音乐活动课程是涵括歌唱、动作、语言、表演、演奏、声势、律动等为一体的音乐教学课程，课堂教学中学生以音乐元素为媒介进行唱、跳、演、奏等音乐活动，在音乐活动中不断体会、理解、学习音乐。在此过程中，教师通过引导学生进行探索、模仿、即兴、创作、表现等音乐活动，有意识地培养学生的创新能力和实践能力；更重要的是学生在这样的课程学习中，学习如何将音乐活动与未来所担任的学科教学相融合，学习与思考如何在本学科的教学中利用音乐游戏这种教学手段，提高教学效果，同时如何达到培养未来小学生的实践能力与创新能力的目的。

小学音乐活动的实施策略主要表现在以下几个方面：

（一）探索性教学

探索是指研究未知事物的精神，或指对事物进行搜查的行为，或指多方寻求答案的过程。探索的过程，其实也是学生发现的过程，是好奇思维的过程，是形成问题、寻求答案的过程，是探索结果的过程。在这个过程中，让学生自己来看、来听、来尝试，在探求一种声音、寻找一种活动方法的过程中开发学生的创新思维。

探索是小学音乐活动课程的重要步骤和手段。在音乐活动教学中，教师让学生以音乐活动的方式对乐器、物品、动作、嗓音等进行探索，并用不同于以往的方式进行表达与表现。

在音乐活动课程教学中,"探索"反映在每一个不同的教学环节,让学生"动"起来,让他们在传统乐器上进行探索、探索它们不同以往的声音、探索有哪些不同往常的发声方法;还让学生尝试自己运用生活中的常用物品如洗衣板、晾衣架、饼干桶、饭盆、水桶、水杯等制作乐器,并进行即兴与表演,学生在这样的探索中,表现形式往往极具创新性。在音乐活动教学中,还让学生探索自己的身体,探索身体的各部位可能发出的声音,用这个"人体乐器"进行音乐即兴与表演;探索身体动作如何表现音乐,表达情感。

音乐活动的探索过程不仅能激发学生对音乐的好奇心,也能充分调动学生参与音乐学习的积极性,它是培养学生创造性能力的开始,深受学生喜欢,是培养创新能力的有效手段。

(二)联想性教学

想象力在幼儿时期就已经存在,丰富的想象力可以激活大脑思维,使其处于高度的兴奋状态,产生灵感,而灵感是创造力表现的前提。少年儿童的想象力是无穷的,当音乐训练与原始的幻想紧密结合时,学生的创造性教育也就真正开始了,小学音乐活动的特色就在于此。

小学音乐活动中采用了大量的联想、模仿的教学形式来培养学生的想象力,在音乐活动课堂上,教师要扮演好主导的角色,引导学生们逐渐学会使用元素性材料进行模仿,模仿各种形态、各种声音、各种节奏。例如,在音乐游戏"下雨了"课程中,教师引导学生用嗓音进行模仿,模仿的过程,就是学生联想的过程,联想声音表现的人物形象、故事场景等。

这样的音乐活动能够有效地调动学生的耳、眼、口、鼻等感官认知系统,运用音乐活动培养学生的想象力、记忆力、观察力等,深入挖掘学生的内在潜能,培养学生的创造力。

(三)即兴性教学

即兴是创造性的具体体现,也是培养学生创造力的重要手段。每一次即兴活动,都鼓励了学生的创新精神和思辨意识,学生由此得到的经验在他们未来人生扮演的角色中将发挥巨大作用。即兴创造的根本目的就是让学生自己全身心地去表现自己、表现音乐,在经过长期、反复的训练后,学生运用即兴创造的能力就像运用母语一样流畅、自然,这样的创造体验对他(她)的一生将产生极其深刻的意义。

小学音乐活动教育的基本精神就是一种即兴、创造、自由、综合的教育精神,它是一种经过诱导、尝试即兴创造的教育方法,培养创造力是小学音乐活动课程的原则和目的。在即兴创作教学中,让儿童自由创作的关键是"放手",是给予他们自由,让他们充分发挥,不拘一格的表现是教学的原则。

即兴始终贯穿在小学音乐活动课程中,例如,在声音类课程练习中,学生通过探索鼓的不同音响效果、演奏方法,联想出相应的动作与场景,再即兴进行场景、故事的创编与表演;在音乐活动《梅花》中(扫描章首二维码参看音乐在线课程《梅花》），学生根据对梅花的观察和已有认识，即兴用吟诵、歌唱、动作表现梅树的花、枝、干、根等。

小学音乐活动课程让学生在学习中没有音乐技能技巧上的困难，这让学生在音乐学习中能自由、放松地抒发自己的情感，表达自己的欢愉，陶醉在幻想、创作与表现之中，学生在极大放松身心的同时，其创造性也得以发展。

（四）创造性教学

小学音乐活动课程是一种综合性的音乐教学，课程里包含了语言文字、音乐美术、表演设计等多方面的表现手段。

语言是小学音乐活动课程培养学生创造性的重要手段，小学音乐活动用语言来激发与培养学生的创造力。语言是人与人交流的工具，人类运用语言交流思想、表达情感，音乐则是人类通用的语言，同样具有心灵沟通的功能，音乐与语言有着密切的关系。在小学音乐活动课程中将语言、动作、声势、节奏等相互结合，让学生口、手、脚、身全方位地动起来，在"身动"的过程中激发"脑动"，让学生通过语音来感受与表达音乐，运用语言来体会与学习"节奏"，在音乐活动中增强大脑的灵活性。

例如：在音乐活动《小白兔》中（扫描章首二维码，参看在线课程《小白兔》），教师让学生将语言（儿歌）、动作（声势）、节奏（击拍）进行不同的方式变换与组合，用不断变化的动作与节拍的组合刺激他们的大脑，锻炼他们的协调性，激发他们学习音乐的兴趣。学生在这样的练习中，通过熟悉的语言所包含的音乐元素，学习音乐，感受动作，体会节奏。

在小学音乐活动的戏剧教学中，创造性表现得更为突出，从教育戏剧材料选择、故事情节的设定、戏剧表演到道具、歌舞、音乐等各个环节，都是创造性的具体体现。在小学音乐活动学习中，学生通过自己的参与体会到音乐活动的要领与特点，这些体会与感悟都是学生在游戏的过程，通过观察、感悟、思考得来的，也正是通过观察、思考培养与锻炼了学生的大脑，培养了学生的创造力。

小学音乐活动就是这样，利用语言等各种综合性的要素，将音乐教学与音乐活动相互结合，用音乐活动使学生的形象思维能力、逻辑思维能力、探索力、创造力、表现力、合作力等得到提升，全面提升学生的综合素质。

第二节　小学音乐教育理论

一、小学音乐心理学

一个人从出生到成年，从天真、幼稚到基本成熟，需要一个较为漫长、连续发展的过程，这个过程大约要经历十八年，可大致分为以下几个阶段：乳儿期（零岁至一岁）；婴儿期（一岁至三岁）；幼儿期（三岁至六七岁）；童年期（六七岁至十一二岁，相当于小学学习阶段）；少年期（十一二岁至十四五岁，相当于初中学习阶段）；青年初期（十四五岁至十七八岁，相当于高中学习阶段）。下面介绍童年期即小学阶段学生的生理与心理发育特点。

（一）小学生生理发育特点

童年期，从六七岁至十一二岁，相当于小学阶段，是儿童长身体、长知识的重要时期。其生理发育的主要特点是身体内部发育基本成熟，身体变得较为结实。神经系统进一步发展完善，脑重量由六七岁时平均1 280克，到1岁时达到平均1 400克，接近成年人水平，此后脑功能迅速发展，到十三四岁时趋向成熟。小学阶段学习即将结束时，有些学生步入人生生长的第二高峰。

（二）小学生心理发育特点

第一，小学生认知活动由不随意性、不自觉性向随意性、自觉性发展，认识水平从以具体形象为主要形式向抽象概括过渡。童年期儿童的感知得到迅速发展。研究表明，儿童视觉敏锐度在7岁时增长速度最快。他们的听觉能力已有较高水平，能区别本民族语言中语音的细微差别。声音的听觉敏锐度在13岁前比成人略低。他们的注意力得到发展，小学生的无意注意仍起重要作用，随着学习自觉性提高，随意注意逐渐发展完善起来，但还不善于分配自己的注意力。他们的记忆力得到发展，小学生无意识记忆仍占主导地位，有意识记忆逐渐增强。低年级学生擅长具体形象记忆，高年级学生对抽象材料识记的能力比对具体形象材料识记增长更快。机械识记仍占主导地位，理解识记发挥着越来越重要的作用。

小学生的思维从具体形象思维向抽象思维过渡。但他们的抽象思维在很大程度上仍然是直接与感性经验相联系的，具有较大比例的具体形象性。

他们的想象力得到发展。小学低年级学生的想象具有模仿和简单再现的特点。随着年龄增长，在再造想象的基础上创造想象日益加强。小学高年级学生能自编故事，把事物描绘得非常生动形象。

第二，小学生情感意志不断得到发展。他们的情感内容不断扩大丰富，社会情感不断增加。道德感、理智感、美感等高级情感随年龄增加而发展起来。他们富于表情，并能初步控制自己的情感，使自己处于比较平静、持久稳定的愉快心境和朝气蓬勃的情绪之中。但是小学低年级有时情绪还极不稳定，情感带有短促和爆发性的特点，易于转换。

他们意志的主动性和独立性逐渐发展起来，按预定的目的克服困难完成任务的能力逐渐提高。但他们自控能力较弱，随意性较强，容易受外界干扰而分散注意力，小学中高年级的自控力有所提高。

第三，小学生个性不断得到发展。他们的自我意识逐渐发展起来。从低年级自我评价、独立性很差逐步学会独立地把自己的行为与别人的行为进行比较评价，自我评价的批判性有了发展。从小学二年级开始他们的自我评价具有明显的批判性，不仅能评价优点，也能评价缺点。

这时道德意识也在发展，从只注意行为效果逐渐发展到注意行为的动机。

（三）小学生音乐审美心理发展特征

审美发展是当今国内外心理学所关注的一个课题。美国发展心理学家 H. 加登纳曾于 1971 年出版了《艺术与人的发展》一书。该书运用人类学和发展心理学的观点和方法，分析和描述了艺术在人的发展中的作用。他所提出的从态式到符号（个体总的发展趋势），艺术活动中儿童的四种角色（艺术家、欣赏者、表演者和批评者）以及心智系统（即制作、知觉、感受三系统）等理论，对当代审美发展的理论与实践有一定影响。

为了探究儿童的音乐感知等能力的发展，我们引用舒特－戴森和加布里埃尔 1981 年关于各年龄段音乐发展的主要特征的研究成果，并归纳如表 4-1 所示。

表 4-1　音乐发展的主要特征

年龄（岁）	特征
0~1	对声音做出各种反应
1~2	自发地、本能地"创作"并唱歌
2~3	能把听到的歌曲片段模仿唱出
3~4	能感知旋律轮廓，如此时开始学习演奏某些乐器，可以培养绝对音高感
4~5	能辨识高音区，能重复简单的节奏
5~6	能理解分辨响亮之声与柔和之声，能从一些简单的旋律或节奏模仿中辨认出相同的部分
6~7	在歌唱的音高方面已较为准确，明白有调性的音乐比不成调的堆砌好听
7~8	有鉴赏协和与不协和音乐的能力
8~9	在歌唱及演奏乐器时，节奏感比过去好，对音乐节奏和旋律可以通过身体动作做出反应
9~10	节奏、旋律的记忆改善了，逐步具有韵律感，能感知两声部旋律
10~11	初步建立和声观念，对音乐的优美特征已有一定程度的感知和判断能力
11~17	欣赏、认识和情感反应能力均逐年提高

1922 年汉克（Haecker）和兹亨（Ziehen）关于发现音乐才能的年龄的一项研究成果，如表 4-2 所示。

表 4-2　发现音乐才能的年龄表

年龄	2~5 岁	6~10 岁	11~15 岁	16~20 岁	合计
男	131（人）	106（人）	38（人）	9（人）	284
	46.1%	37.3%	13.4%	3.2%	
女	74（人）	68（人）	13（人）	2（人）	157
	47.1%	43.3%	8.3%	1.3%	

另一调查也发现，最早表现出音乐能力的年龄比例如表 4-3：

表 4-3　最早表现音乐才能的年龄

性别＼年龄	3岁前	3～5岁	6～8岁	9～11岁	12～14岁	15～17岁	18岁及以上
男	22.4%	27.3%	19.5%	10.7%	2.4%	1.2%	1.2%
女	31.5%	21.8%	19.1%	6.5%	6.5%	1.0%	0.5%

音乐审美心理发展包括诸多内容，如音乐感知、音乐想象、音乐联想、音乐情感、音乐评价、音乐表现、音乐创造力、音乐个性特点等方面。集中体现在音乐审美态度和音乐审美能力两个方面。

1. 小学生音乐审美态度的特征

审美态度是指主体对客体的一种特殊反映形式。在叶朗主编的《现代美学体系》一书中，揭示了审美心理的某些带有普遍性的现象。书中认为：四至七岁的儿童一般都尚未形成审美态度，他们往往是以实用而不是审美的态度来对待客体，在审美与非审美之间不能做出正确的区分；七至九岁的儿童处在"写实阶段"的高峰，他们对任何艺术作品都以像或不像的刻板标准来评价；而到了九至十三岁，他们才能逐步学会以审美的态度对待音乐作品。

四至七岁的儿童对音乐作品往往是以好玩、新鲜、有趣为出发点，他们很难用审美标准对音乐作品的优劣做出选择，对音乐表演的好坏做出判断。几乎每个小孩都是音乐活动的参与者，他们爱唱、爱跳、爱敲打乐器，不顾别人的目光和掌声而尽兴地参加各种表演。他们参与音乐是为了自我满足，但他们的注意力与兴趣极易转移，往往不能持久。这一时期是儿童听觉最敏感的时期，他们对声音的辨别力发展非常迅速。

七至九岁的儿童对音乐的审美态度处在"写实阶段"。他们挑选喜欢与不喜欢作品的标准是像不像某类作品。如他们喜欢的歌曲多是以拟人化手法写动物、植物的，写人和事也是贴近自己生活的。他们喜爱的乐曲像《龟兔赛跑》也是由于其形象鲜明而使他们兴高采烈、手舞足蹈。至于对歌唱、律动、音乐游戏等的要求，也是以模仿教师或某一对象作为评价优劣的标准。低年级小学生在校内往往以教师对教材的选择为喜欢的标准，很少有异议。只要教师教得好，学生都会以积极的、高兴的态度对待所学的内容。

2. 小学生音乐审美能力特征

音乐审美能力包括音乐感觉和知觉、音乐记忆和音乐想象、音乐动作和音乐智慧、音乐表现等多种能力，它体现在音乐审美创造性认知能力或音乐敏感性等方面。小学中年级是儿童发展音乐感知能力的最佳时期，由于儿童身心迅速发展，同时运动觉、听觉显著增强，节奏表现、旋律表现更加丰富；他们的视觉发展逐渐优于听觉，有助于识谱能力的提高；他们的手指功能发达，促进学习乐器能力的提高；他们具有良好的机械记忆，有助于掌握一定数量的歌曲；他们的协调性提高，能有效地促进合唱、合奏等活动开展；他们的理解力增强，有助于学习读谱等有关知识；他们对和声开始表现出与成人相同的好恶。小学高年级，这些能力进一步增长，这一时期是音乐情感得到进一步熏陶和发展的时期，他们对音色变化、音色组合产生的音响效果、丰富的和声表现变化都很感兴趣，逐渐表现出对具有丰富表现力的乐曲的爱好。

小学阶段学生的音乐想象力也有其特征。音乐想象是一种建立在音乐知觉基础上的更深层次的心理活动。它是个体依据知觉把握材料，将自己丰富的经验渗入其中，在广阔的心理时空中进行的思想活动。对于学龄前和小学低年级的学生来说，他们对音乐的想象需要更多地借助歌曲的歌词、乐曲的标题、乐曲的故事情节。对于中年级学生来说，正如苏霍姆林斯基所指出的那样："音乐——想象——幻想——童话——创造，这便是儿童所走过的发展自己精神力量的道路，音乐的旋律在儿童心上唤起鲜明的想象。这种旋律是认知理智的创造力的一种不可比拟的手段。"对于小学高年级和中年级学生来说，由于思维的发展经验不断丰富，他们不仅善于联想，而且更喜欢想象，对于音乐作品，无论是欣赏还是演唱，都可以不依赖于歌词、标题所指，更多的是从对音乐要素的综合感知和情感体验上去想象。

音乐记忆力指以往感知过的音乐表象，在当前没有作用于感觉器官的情况下，在脑中再现出来的表象。音乐记忆力是个体对音乐表象的识记、保持、再认和再现的能力，通常泛指能记忆所听过的音乐的能力。这一能力会随着学生年龄的增长逐步增强。在良好的音乐教育下，小学生的音乐审美能力会有效提高。

（四）小学音乐教育的特点

小学是音乐才能及智力高速发展的时期，因此，在此时期给予适当的音乐教育，会使学生的音乐才能在幼儿的基础上得到高度发展。

小学生的音乐教育仍以发展音乐感知为主，在感知发展的基础上理解音乐的知识。在学习方式上，小学生则以单纯的游戏、活动为主，转入学习与活动相结合的学习形式，这就需要一个过渡阶段。因此，小学低年级的音乐教学要生动活泼，适当结合游戏、律动等活动培养学生的学习兴趣。由于小学生的思维正处于从具体向抽象的形式过渡的阶段，因此，教学中也应从具象概念着手逐渐向抽象概念发展。随着儿童注意力和记忆力的增强以及创造性想象能力的丰富，可以适当进行音乐欣赏教学，从而提高儿童的音乐敏感性。

节奏是小学音乐教学中十分重要的环节，在节奏学习方面，儿童在发展对速度一致性的理解过程中，可从简单的身体活动，如走、敲击等，发展到复杂的身体活动，如律动、指挥等。也就是说，在这一阶段的音乐学习中，身体动作的介入是十分必要的。演奏乐器，可从敲打简单的节奏乐器开始，如铃鼓、三角铁等，逐步发展到演奏简易乐器，如奥尔夫乐器以及民族乐器和吉他钢琴等。这样，儿童在身体活动与音乐音响的结合中，发展对速度、力度和节拍的进一步理解。

在旋律学习方面，当儿童的音高识别能力得到发展之后，便可在听和唱的过程中，继续发展旋律感，包括对大调和小调调式、调性的初步理解。音乐欣赏的曲目应以节奏和音色鲜明的短小乐曲为主，包括一些描写性的标题音乐。

由于歌唱音域的扩展以及旋律与和声感知能力的发展，小学生可进行歌唱训练，包括多声部合唱的训练。在歌唱训练中可继续发展旋律与和声感知能力。由于歌唱是发展节奏、旋律与和声感知能力的良好途径，因此，注重歌唱教学是小学音乐教育的一个主要方面。

随着节奏感、旋律感、和声感和音乐表象能力的发展，可以进行基础音乐知识和创作能力的教学。在教学中应以直觉的感性认识为主，逐渐发展理性的认识。小学时期的基础知识和读谱学习可为中学进一步学习打下基础。

二、影响小学生音乐发展的心理因素

个体成长与发展包括音乐心理发展，是遗传、环境和教育等因素相互作用的结果。在整个音乐教学过程中，教师只起引导作用，而学生才是音乐教学中的主体。通常的教学研究大多是研究教师如何教，而音乐教育的成功与否与个体的音乐心理发展是密切相关的。

影响小学生音乐发展的心理因素，主要包括环境、遗传、教育、音乐学习的态度、音乐学习的方法等几个方面。

（一）环境

人的心理活动是人脑在各种现实的作用下产生的，人的才能也是在客观环境的影响下发展的。客观现实包括自然和社会两个方面。家庭教育和社会生活无不对人的才能发展起着重要作用。一个人若生下来就与世隔绝，智力就会很低，如印度的狼孩现象。相反，如果处于良好的家庭教育环境下，智力就可能较高。良好的音乐环境，对于音乐才能的发展影响很大。一般的儿童，若是生活在音乐家庭里，社会音乐生活很丰富，又自幼受到音乐的熏陶，其音乐才能水平就可能较高。如果再加上良好的音乐教育，音乐才能应会向更高水平发展。日本的铃木教学法就认为，音乐才能教育借鉴祖国民族母语的学习方法，所有的孩子都可以学好音乐。

当我们每天毫不费力地用自己的母语聊天问候或争吵的时候，我们很难察觉到自己是以多么高超的能力在驾驭着一套非常复杂的语言符号系统。对外国人来说，汉语学习的难度非常大，而我们国人甚至三岁儿童都能熟练地掌握和运用。受此启发，日本的铃木镇一对儿童的学习能力有了全新的看法：连语言这样复杂的东西在良好的学习环境中都能学会，儿童还有什么东西学不会呢？于是他通过多年的理论和实践总结，创建了自己的"才能教育"思想方法和体系。他认为，虽然先天遗传因素对人的生理现象有一定影响，但人的智力是由后天环境影响而形成提高的，没有天生的"天才"。天赋再好也受后天环境制约，因此，只要后天具有良好的客观环境，加上正确的教育方法，每一个人都能有大的成就。他的教学法适用于多种形式的教育，如他在日本教授儿童学习演奏小提琴、大提琴和长笛等，在全世界影响较大。由此可见环境对音乐教育的影响很大。

良好的音乐环境包括良好的社会音乐环境、家庭音乐环境和音乐教育环境。

社会音乐环境具有灵活多样的特点。良好的社会音乐环境如各类音乐文化单位、音协、音乐院校开办的业余音乐学校、音乐训练班、音乐竞赛、音乐定级考试等。另外，还有社会上的宣传部门，如广播电台的音乐节目、音乐录音录像带的销售等；电视、电影中的音乐节目和音乐故事；社会上举办的各类合唱团、乐队和音乐会等活动；

各类演出单位举办的各种形式的音乐会、音乐演出，报刊上的音乐讲座等。这些丰富、全面的社会音乐环境对音乐学习者的影响之大是可想而知的。

家庭是进行早期音乐教育的最好课堂。如给胎儿听优美的旋律，或给婴幼儿欣赏悦耳的音乐，或安排学龄前儿童学习器乐等，良好的家庭音乐环境可以熏陶幼儿、培养音乐人才。它也是学校音乐教育的基础和重要补充。许多音乐大师就是在幼儿时期便接受了良好的家庭音乐教育，如巴赫、莫扎特、贝多芬、肖邦等。家长应明确对子女进行音乐教育是为了孩子的身心健康发展和思想品格的完善，至于是否可以培养孩子成为音乐家则要视具体情况而定。铃木教学法特别注重强调家长在儿童学习音乐时的参与。该教学法强调父母和孩子一起学习音乐，并以自己对学习活动的热情参与态度和认真努力的实际行动来充当激励儿童的榜样，以自己随时学到的知识和技能来充当儿童课外练习的指导，以父母的特殊身份和亲近关系来影响激励儿童，使他们不断从父母的肯定态度中看到自己的成功从而增强学习的信心。同时父母可以每天在家中播放正在学习的音乐录像和录音以及其他优秀的音乐录音或录像。可以肯定地说，良好的家庭音乐环境也是影响音乐学习的重要原因之一。

音乐教育环境主要是指学校音乐环境，如学校良好的课堂音乐教学和开展丰富的课外音乐活动，甚至包括音乐教室环境的布置、色彩、灯光等，这些因素也易对学生学习音乐的激情产生影响。

（二）遗传

遗传在音乐学习上究竟有多大的影响，这个问题至今也没有准确的答案。虽然没有任何确切的证据说明音乐才能像人的头发、皮肤的颜色、疾病，甚至五官和身高那样被遗传下来，但某些研究报告可以给我们很多启示。

遗传学常从解剖、家系调查和孪生子三个方面进行研究。

据解剖研究报告，人群中大脑左侧颞叶较大者占人口总数的 65%，右侧较大者占 11%，两侧相等者占 24%。右侧颞叶增大被认为是具有音乐能力的物质基础。值得注意的是，两侧颞叶的差异在出生时就存在。那些右侧颞叶较大者较大可能遗传音乐才能给下一代。此种情况说明音乐才能与遗传有一定关系。

在家系调查中，受遗传影响最大的是巴赫家族。在 1580 年—1845 年约六代人中，巴赫家族出现了约 60 位音乐家，其中 38 位成就显赫。当然，巴赫家族反过来也能作为环境影响因素的范例，因为以音乐家为职业是巴赫家族的传统。当然，有些家庭因为父母不从事音乐职业，所以他们孩子的音乐潜能有可能受多种因素影响而被埋没。调查也发现，假如父母都是有音乐感的人，或有一个是有音乐感的人，他们的子女通常也有音乐感。假如父母都没有音乐感，孩子中有音乐感的仍多于没有音乐感的。从家系调查的综合因素来看，子女的音乐感与父母的音乐才能有密切关系的占大多数。

又据孪生子研究发现，单卵孪生子之间的音乐才能水平比较接近，而双卵孪生子之间的音乐才能水平稍远一些。单卵孪生子遗传上一致，他们的音乐才能水平也较为一致；双卵孪生子遗传上不是很一致，他们的音乐才能水平也不是很一致。

当然，以上这些研究都不能准确地证明音乐才能主要是由遗传决定的，只能说明遗传因素在音乐学习中起一定的作用。

（三）教育

在教育中，能够影响音乐学习过程的因素有许多方面，包括教材的选择、教师素质、教学过程、教学方法的选择等因素。美国教育家认为以下七个方面将影响学生的音乐学习水平。第一，文化背景：包括民族的和社区的诸多因素。第二，当前学校背景：包括学校的文化、班级的价值取向、学校所在地。第三，学校特征或班级特征：包括学校的规模，学生的数量、年龄和性别，教师的数量、年龄和性别，物理环境（如开放式建筑等）。第四，学校组织或班级组织：包括权力关系、决策模式、交流方式、职员组织形式、教师之间和学生之间的关系、同伴的影响等。第五，教师的个人特征：包括与教学有关的教师特征，如人格结构、宗教信仰、人生态度、生活哲学等。第六，与学生有关的教师态度：包括教育目的，教师角色和学生角色的观念，教学态度，对学生的容纳和排斥等。第七，教师行为：包括教学实践、具体的教学态度、对学生行为的反应、教师策略的变化等。教育研究者应该试图从上述每一个变量的角度来研究影响学生音乐学习成就的诸多因素。

在众多影响音乐学习的因素中，教师的教学是重要因素。教师选用什么样的教材，教师本人素质如何，以及所选用的教学方法、所进行的教学过程等都对学生音乐学习产生较大影响。教师也应该与家长合作对孩子进行教育。音乐教育具体应注意以下几个方面。

1. 音乐教育应尽早进行

从婴儿出生的第一天起就应当让他聆听最美好的、最高尚的音乐，使儿童听音乐就像听母亲讲话一样，将音乐教育与婴儿、幼儿的语言学习同步进行。虽然婴儿期可以不进行系统的学习和训练，但音乐听觉的培养、美好音乐的熏陶，能为以后的音乐能力发展打下良好的基础。因此，越早对小孩进行音乐教育越好，甚至还在胎儿的时候就应当进行。

2. 高质量的教材

教材是学生获得审美教育的源泉。优秀的音乐教材能提供丰富的营养，相反，低质量的教材则会贻误学生成长的时机。因此，应当精心选择思想性和艺术性较强、适合学生年龄特点和接受能力并受到学生喜爱的教材。宜选用古今中外公认的优秀音乐作品，选材时应注意题材广泛，形式、体裁和风格应多种多样。

通过富于艺术感染力的优秀音乐作品和世界名曲的主题、片段来发展初学者的音乐技能，要让他们学习各国的民歌、童谣和各个时代的著名作品，不让他们接触格调不高的音乐，目的是提高儿童的音乐学习趣味。

3. 高水平的教师

音乐教师应当既是音乐专家又是教育专家。高水平的音乐教师既应该掌握音乐表演和音乐教育专业的多种理论知识，又应该面对学生进行音乐教学实践。一个音乐教师在教学双边活动中起引导作用，而学生才是音乐学习活动中的主体，教师必须了解学生的音乐心理，要分析学生为什么今天没上好课、学生想学什么、学到了什么等问题；必须具备对学生的极大爱心和耐心。教师应具备高尚的情操、良好的职业道德修养、渊博的知识、精湛的音乐专业技能、深厚的音乐理论知识和严格认真的作风以及较强的教学能力。

音乐教师的教学能力是影响学生音乐学习的重要因素。出色的教学具有形式新颖、活泼，教学方法引人入胜的特点。

4. 灵活的教学方法

教学方法是完成教学任务所使用的工作方法。它是为了达到教学目标、完成教学任务所采用的教学技术的总称。决定教学方法的基本要素是教学目的、教学对象和教学内容。三者之中，教学对象处于中心地位，也即学生的实际情况是三者中最重要的因素。

音乐教学方法主要可采用讲授法、谈话法、讨论法、直观演示法、欣赏法、参与法、练习法等。教学中应采用启发式教学，避免采用强制性的注入式教学方法。

国内外还有各种各样的教学方法，不计其数，但教学应该选用什么方法，教师应该视民族、家庭、个人等诸多外在的和内在的因素而综合考虑。良好的教学应使学生感到"这节课咋这么短""好期待上音乐课"等。这种期盼的心情和愿望，正是学生学好音乐的先决条件。

5. 用听觉引导音乐学习

正如每个人学习自己的母语是由"听"开始的一样，学习音乐也必须从倾听优秀的音乐音响开始，而不仅仅是从辨别音乐符号和学习概念开始。可以说哪一门学科的学习都是从模仿开始，通过多次重复练习，然后再创造而得。儿童具有极强的模仿能力，可通过对音乐音响和对教师的模仿，以及大量的练习，培养学生对音乐的敏感度和良好的音乐记忆。听的方式可以是听唱片、听录音、听CD、听电台或电视台的音乐节目、听看音乐录像带，还可以是到音乐厅听音乐会等。

听力训练除了听大师的演唱或演奏音响外，还应听同伴或别人的演唱或演奏。学习乐器的应听其他的乐器演奏，再听他人的演奏。学习演唱也应听乐器的演奏，除了听自己声部的演唱外，还要多听其他声部的演唱，多听能锻炼我们的音乐想象力。

6. 加强集体教学和对学习热情的激励

在音乐教学中，有些技巧学习常常采用个别教学，如乐器学习和声乐学习。这可能导致在乐队合奏或合唱以及演出、考试中出现合作上的问题或怯场等现象，如果每周一次或每两周一次进行集体教学，效果会好得多。

在集体教学中，学生之间可以获取更接近于自身水平的技术榜样和态度榜样。适当的竞争也会激励更强的上进心。在集体教学中，同学之间可以相互取长补短，获取更多的学习经验以及纠正不正确的音乐学习方法，也可增强他们当众表演的信心。对学习热情的激励也很重要。在儿童真正把学习音乐看作自己的需求之前，要不断激发他们的学习兴趣。在长时间的反复练习过程中不断保持这种兴趣是一件十分困难的事情，因此，应当适时地鼓励和赞扬。针对不同的儿童予以不同的指导、帮助，这都需要教师和家长花费不少精力去做。

在上课进行中或当学生弹完或唱完一曲后，教师首先应当赞扬，然后再纠正错误，多说鼓励的话语。对年纪小的学生最好让教师示范以及叫学生模仿，对年纪大的学生要多做口头解释。我们有些教师往往过分要求学生，动不动就采用训斥的口气，这容易影响学生的学习热情，取得相反的效果。

（四）音乐学习的态度

音乐教育的目标之一是培养学生对音乐的积极态度。

如果我们在音乐学习中只是学会了音乐认识方面的知识以及听赏技巧，而逃避音乐甚至讨厌音乐，那我们是无论如何也达不到高层次的音乐修养的。与读、写、算等其他学习内容不同的是，学生如果在课后逃避音乐，如表现为不爱听音乐会、不参加其他音乐活动，显然这样的学习很难达到效果。

态度是怎样形成的呢？对于这个问题有三种观点。一是通过联想和强化过程而得。一位获得小提琴独奏奖牌的学生比没有获得奖牌的学生对于音乐学习的态度会更积极，因为他对小提琴拥有因获奖而产生的积极态度。二是受群体的影响。如所在的群体对音乐的态度很积极，往往也容易使个体产生积极态度。三是人们在处理他们面临的事物时，总会寻求某种连续性和一致性。人们喜欢那些他们了解和懂得的东西，不喜欢他们不懂或不了解的东西。比如有些人不喜欢序列音乐，是因为它含有不可歌唱的旋律，不符合他们对音乐的原有理解。

当然，为了在竞争中得到第一名和为了保持第一名而产生的持久性压力，也不利于对音乐的积极态度的形成。

音乐学习态度受音乐学习的动机和音乐学习的兴趣的影响也很大。

1. 音乐学习的动机

要想在学习上取得成就，必须在心理活动方面处于积极状态，有了这种内在的条件，才能把个人的智力激发出来，从而进行有效的学习，这便是学习的动机问题。

民间有句俗话："我们可以将牛拖到水边，却不能强迫它喝水。"虽然我们不能强迫牛喝水，但我们却能诱导牛喝水。教师对学生的学习动机的诱导作用可想而知。音乐学习动机是制约学生学习积极性的重要心理因素，是学生学习积极性产生的源泉。强烈的音乐学习动机可以使学习者拥有积极的进取态度。

那么怎样才能激发强烈的音乐学习动机呢？

首先，应激活好奇动机。可利用音乐作品最吸引人的部分保持学生的好奇心，并由浅入深地进行探索。

其次，尽可能满足成就动机。在音乐学习的某个阶段前，让学生定出自己可能达到的目标，如果目标达到了就会产生满足感，从而产生更强的音乐学习动机。当然也要教育学生理智地面对失败。

再次，加强交往动机。利用与父母、同伴和教师的交流，学习他们良好的音乐学习经验，加强自己的音乐学习动机。

最后，提高声誉动机。在人生的最大满足中有许多都是源于自己在他人心目中享有的声誉地位。很多人想在竞争中超过别人，而更多的人都愿为得到赞许和肯定而努力。因此，应让学生经常参加各种演出和比赛，为可能获得的赞许和奖励而努力。

2. 音乐学习的兴趣

兴趣是人们认识某种事物或爱好某种活动的倾向。不同的人对音乐兴趣的广度、兴趣的中心和持久性、稳定性以及效能性都不一样。由于兴趣是未来事业发展的一种积极的准备，并且对于当前的学习具有推动作用，因此，自幼培养儿童对于音乐的兴趣是发展音乐才能的重要条件。兴趣的形成是与生活环境密切相关的。培养儿童的音乐兴趣应创造一个有利的音乐环境，使学生受到良好的家庭和学校音乐教育。

在音乐教学过程中，教材要有趣味性，教学方法要活泼灵活，尽量在教学中采取表扬和鼓励的方法；要通过有目的的教育，激发学生音乐学习的需要和兴趣，通过诱导的方法培养和激发学习兴趣；通过在学习中提出问题的方法来培养和激发学生的学习兴趣。

音乐学习兴趣受某些条件的影响也是发展变化的。由于这个发展过程比较长，而且影响这个发展过程的因素又十分复杂，所以它也常常变化反复。我们应随时注意学习兴趣的发展历程，及时采取有效措施，促使学生的音乐学习朝正确方向发展。

（五）音乐学习的方法

好的学习方法在音乐学习中往往起到事半功倍的效果。学生可以根据自己的智力水平、学科特点、学习环境，根据教师的教学方法等，选择适合自己的学习方法。当然，适合于各种情况的学习方法是不存在的。

音乐学习的方法多种多样，借鉴美国音乐心理学家西修尔总结的学习方法，再结合我们的实际情况，可以对以下方法加以选择运用。

（1）培养坚强的意志：学习音乐要有坚强的意志，不要以为不付出艰辛的劳动就可以学好音乐。学习中要不畏困难，勇于克服困难，同时要善于改正自己的缺点，提高学习成绩。如果看到自己的音乐学习取得了优异成绩，自然也会增强学习音乐的信心和毅力。

（2）信赖第一次印象：一首歌曲或乐曲，第一次接触时印象最为鲜明；一个动作或技巧，第一次体验最为敏锐。在音乐学习中要抓住第一次印象的特点加以思索体会，不要因为反复练习而失去了初次的印象。

（3）善于分析：在音乐学习过程中，遇到困难要通过分析思考加以解决，要在原有知识技能基础上认真地思索，找到问题的关键，这样困难就容易被克服。

（4）培养听觉意象：一首歌曲或乐器，无须演奏或演唱就能产生听觉意象，仿佛听到它的音响效果。音乐家生活在音乐世界中，这种音乐世界不只是听和唱（奏），更重要的是生活中无时不在回忆预期的音乐声响效果。发展听觉意象是音乐学习的基础。

（5）采用分习法：将曲子分成若干单元，按单元学习，然后加以归纳复习，汇成一个整体。单元的划分除了按教材自然结构之外，随着学习能力的增长，单元的长度也应相应延长。

（6）通过回忆实践：当你获得第一次印象之后，就可回忆出行动的意象，并以此来指导实践活动。

（7）适当休息：人的学习活动不能总是处于紧张状态，必须进行适当的休息。音乐学习产生的疲劳，不仅是体力的疲劳，更主要的是神经系统的疲劳。头昏脑涨的学习肯定不会取得良好的效果。保持大脑清醒，注意力集中，精神饱满，学习的效果才会显著。休息时间及间隔的长短，取决于身体状态以及学习内容的难易程度和单元的长短等因素。休息的方式也多种多样，比如看看别的科目，阅读其他内容的报刊或书籍，或进行体育运动等。

（8）善于实践：音乐学习跟许多其他学科的学习一样，就是反复实践。只有不断地实践才能掌握所学的知识和技能技巧。

（9）定期复习：任何知识或技能技巧的保持都需要复习，只有不断地复习才能使学习的内容得以巩固。通过复习还能发现许多过去没有发现的问题。一般来说，刚学的东西要及时复习。复习过多次或掌握已久的东西就可以间隔长一些时间再复习。

（10）把新的技巧变成习惯：随着自身的成熟，人们会获得更加自主的活动能力。人的音乐活动，尤其是演唱、演奏和指挥，要培养发展为接近自主的习惯动作之后，才称得上熟练地掌握。

（11）学习应根据自己的水平：音乐学习要集中力量学习那些经过努力就可以达到目标的学习内容，不要不切实际地学习那些较难达到要求的内容，同时也要避免反复学习已经掌握了的学习内容。

总之，影响音乐学习的因素还有很多，除了以上几方面因素外，一个人的情感经历、生活阅历、毅力、意志、自信心、专注力、性格、气质以及想象和联想能力等都会对音乐学习产生较大的影响，了解了哪些因素对我们的音乐学习会产生较大的影响，我们再利用好有利因素，避开有害因素，有针对性地进行学习，我们的音乐学习才可能取得较大的成功。

三、小学音乐教学手段与方法

音乐教学手段与方法是为了完成音乐教学任务，教师和学生在共同活动中采用的手段，是一种为了达到音乐教育目标而调整教师和学生相互联系的活动的方法。音乐教学过程的进行，音乐教学原则的贯彻，音乐教学目标的实现等等，归根到底都取决于音乐教学方法。

（一）讲授法

讲授法又称"口述教学法"。它是教师通过口头语言向学生传授知识的教学方法。讲授法是音乐教学中使用的基本方法之一。

音乐教学中的讲授法包括讲述法和讲解法两种。其优点是使音乐教师有较充分的主动性，易于传递音乐教材中的音乐知识及音乐常识（包括基本乐理、音乐的各种表现手段、作品分析处理、音乐家介绍、乐器介绍等），使学生在较短的时间内获得较多的系统连贯的知识。但它要求教师具备较强的语言表达能力与组织学生听讲的能力，在运用时要与其他教学方法如谈话法等配合，灵活变换讲授的具体方式。如果运用不当，学生的积极性、主动性可能受到压抑，甚至形成一讲到底的"满堂灌"，这将影响讲授法的效果。

在运用讲述法时，教师的语言要生动而形象。教师在叙述和描绘教学内容时，可穿插一些与讲述内容有关的趣闻，还可与演示法相配合，以增强讲述的效果。讲解法一般用于介绍作品背景、音乐人文知识、基本乐理的含义等。教师在讲解时，可穿插直观的挂图、音响及练习等，使讲解更明了透彻。这两种方法往往交叉运用，互相结合。

教师在运用讲授法时的基本要求如下：

（1）讲授的内容要注意艺术性与思想性相结合，科学性、系统性与趣味性相结合。在音乐教学中，思想性要寓于艺术性之中，坚持将思想教育渗透在音乐艺术教学之中。在教学时，要根据不同性质的教学内容和学生的实际水平，注意讲授内容的科学性、系统性、趣味性，做到条理清楚，主次分明，重点突出，事例生动。在讲授新知识时注意与旧知识的衔接，由浅入深，循序渐进。

（2）在运用讲授法时，要贯彻启发式教学思想，促进学生的思维活动，吸引他们的注意力，调动学生的学习积极性。如在讲授基本乐理切分音时，通过教师用连音线知识的提示与诱导，使学生思考切分音的形成，再经过教师点拨其重音位置的改变，这样切分音的概念就讲清了。再通过击拍，学生动脑、动口、动手，充分调动了学生的积极性，培养了学生的思维能力。

（3）语言要简练、准确、生动，易于让学生接受。讲授法主要通过语言来进行，所以教师的语言要特别讲究。语言表达要有艺术性，语调要抑扬顿挫；要注意讲话的节奏与速度，普通话要准确，声音要动听，可适当以身体动作和手势为辅，加强语言的表达效果。

（4）重视板书的运用。板书能增加讲授法的直观性，更好地帮助学生理解教学内容。板书要简明扼要，要有计划，并注意文字的规范与版面设计。将主要的内容如音乐术语、节奏型、程及和弦的结构、曲式等进行板书，以加深学生的印象，并起示范作用。在音乐教学中，忽视板书是不可取的。有条件的可应用投影仪及运用多媒体设计板书，速度快捷，效果更佳。

（二）演示法

演示法是教师展示实物、图片等教具进行示范性的演唱演奏，或采用现代化视听手段，指导学生获得感性知识的一种教学方法。演示法直观性强，能使学生获得具体、生动、真实的感性认识，对提高学生学习的兴趣，集中注意力，发展学生的观察力、想象力、思维力具有重要作用。演示法是音乐教学中使用的基本方法之一。

音乐教学中的演示法大致有：教师根据自己的能力对教材进行的范唱或范奏；配合教学内容出示相应的挂图及实物（乐器等）；运用录音、幻灯投影、录像、计算机等视听电化教具进行演示。

演示法常常与讲授法等配合使用。运用演示法时的基本要求如下：

（1）在演示前要按照教学任务与教材内容，设定明确的目的与要求，并做好充分的准备。熟练范唱、范奏的作品，能完整地、准确地表现作品的思想性与艺术性，真正起到示范的作用。这也是学生首次对作品进行直观欣赏。要对录音带、录像带、幻灯及多媒体、电源等做好检查以及必须事先考虑好图片、录音等教具何时使用等问题。

（2）用以演示的材料，要能够突出显示所学内容的主要特征。如音乐欣赏时，将录音带中的主旋律部分重新制作，在演示时能进行重点分析欣赏，使学生对主题能加深记忆。范唱、范奏时，除了一般完整示范外，对作品的重点难点部分可突出加以演示，便于学生理解、学习。

（3）在展示实物、图片、幻灯等过程中，教师可配以讲授、谈话，指导学生观察、思考，使学生边听、边看、边观察、边思考，使感性认识逐步上升为理性认识，发展学生的想象力、思维力。

（4）演示既要适时，也要适当。所谓适时，即不能过早出示，也不能过晚出示，用完后应立即整理收藏，以免分散学生的注意力。所谓适当，即演示时间不能过长，以免喧宾夺主，适得其反。要合理使用，才能获得良好的教学效果。

（三）练习法

练习法是加强实践与创造活动的教学方法，为形成一定技能、技巧，培养创造能力，要求学生在教师指导下反复多次完成某些动作或活动的教学方法。这是音乐教学中使用的基本方法之一。由于音乐教学中的很多教学内容必须通过大量实践才能获得音乐体验，因此练习法在教学中是广泛使用的一种教学方法。

在音乐教学中练习法大致有歌唱、奏乐技巧练习，听音、识谱练习，音乐创作练习，动作练习，各种音乐表现的练习，欣赏听觉的练习，综合性练习等。

在音乐教学中，运用练习法的基本要求如下：

（1）使学生明确练习的目的和要求。无论是歌唱，还是奏乐，都有它特定的目的和要求。只有学生知道为什么要做这一项练习，要达到怎样的要求后，才能对练习产生自觉性和积极性，从而提高练习的质量。

（2）掌握正确的练习方法。任何一项音乐练习都有一定的方法和程序。正确的方法可以减少不必要的盲目尝试，取得事半功倍的效果。开始时，教师要进行讲解和正确的示范，要求学生正确掌握其方法，并通过学生自己正确的练习或在教师指导下及时纠正不正确的地方，巩固正确的练习方法。如打击乐"三角铁"的演奏方法是，用手提着系在三角铁顶端的细绳，但手指不能触及金属部分，另一只手用一根金属棒击奏，这样才能发出明亮而纤柔的延长音响，具有穿透性。如果用手指直接提三角铁击奏，就不能达到应有的音响效果；还可在三角内迅速来回地击奏，产生震奏的效果。在使学生掌握正确练习方法的同时，要注意培养学生形成自我检查的能力，从而加深和改进自己的技能技巧。先求正确，后求熟练，这是掌握正确练习方法的原则。

（3）在练习时要注意系统性、经常性，循序渐进，逐步提高。根据教学内容和学生的可接受性，要由浅入深，由易到难，由单一到综合，由模仿到半独立再到独立性练习，最后发展到创造性练习。练习的速度开始时可适当慢一些，逐步掌握基本技能后，可逐渐加快速度，使学生的技能技巧扎扎实实地得到提高。

（4）练习的次数与时间分配要适当。音乐技能技巧的形成，需要足够的练习次数和练习时间，但要根据具体的教学内容与学生的年龄特征而定，并不是越多越好。一般地说，细水长流式的分散练习比集中练习效果好，这样可避免因过多的训练而造成大脑疲劳，从而产生抑制。如听音练习，中小学生每次练习只能是二三分钟的时间，时间长了，学生注意力难以集中。

（5）练习的形式要多样化。可以是个人的，也可以是小组的、集体的；可以是口头的，也可以是书面的、动作的。这一切都要根据教学的实际情况做灵活的处理，以调动学生学习的积极性，提高练习的兴趣和效果。

（6）要有反馈。学生每次练习后，教师都要进行检查，发现错误，及时纠正。要培养学生自我评价、自我校正的能力和习惯。

中小学音乐教学的练习手段，目前可归纳为听、动、唱、视、记、奏、创七个方面。这七个方面相互促进，相辅相成，共同为完成音乐教学的任务而服务。

听。音乐是靠听觉来感知的，音乐教学的一切活动都应建立在培养学生有敏锐的音乐听觉的基础上。

动，即动作，就是把感受到的音乐，用肢体语言表达出来。

唱。歌唱是符合中小学生心理与爱好的活动，最易普及，因此是音乐教学的重要手段。

视，即视唱或视奏。其中视唱的基础是听觉能力，只有听得准，才能唱得准、奏得准。

记。在培养学生听觉能力的同时，要增强学生的音乐记忆力。

奏。让学生演奏乐器。学生在音乐课中不仅要动口（唱），还要动手（奏），这样既能丰富教学的内容，又极大地提高学生学习音乐的兴趣。

创。创造活动。要求学生把感受到的音乐、理解了的音乐表达出来，发展其智力，发挥其想象力和联想力。

上述七个方面是你中有我，我中有你，互为一体，不能决然分开。把这七种练习手段都调动起来，中小学的音乐教学能更生动活泼。

（四）谈话法

谈话法又称"问答法""提问法"，是师生通过相互提问以引导学生运用已有的知识和经验，通过推理获得新知识，巩固旧知识，增进记忆的一种方法。谈话法是音乐教学中使用的基本方法之一。

谈话法在音乐教学中有两种方式：启发式谈话和问答式谈话。启发式谈话主要用于传授知识与创造性复习旧知识。问答式谈话主要用于巩固与检查知识。在实际教学中，两种方式往往是交织在一起的。谈话法容易集中学生的注意力，启发学生的求知欲，激发学生积极思考，提高课堂教学效果。在运用谈话法时，教师往往在教学中先提出问题，然后引导学生分析、讨论，最后得出问题的结论。例如，在讲解大调式时，教师给学生三至四个谱例视唱，教师在学生视唱后提问：这几个谱子的结束音是什么音？有什么感觉？如果换了其他音结束，又会怎么样？通过教师与学生共同讨论，得出结论。

运用谈话法教学的基本要求如下：

（1）谈话要有目的地围绕问题的中心和学生的思维发展的脉络进行，不要偏题，不能分散注意力或只顾学生的兴趣漫无边际地东拉西扯。要课前周密设计谈话内容，课上有计划地开展谈话活动，始终紧扣题目进行交谈，达到课程教学目标。

（2）善于有启发性地提问，引导学生积极思考并提出问题，参与教师的谈话。学生能提出问题，说明他已在自觉地动脑，教师要积极予以鼓励，并认真回答学生的提问。如果自己把握不大，完全可以向学生说明，在准备后，下节课再做回答，学生是能够理解的，切不可为了教师的面子而乱说一通，这是误人子弟的不负责任态度。

（3）注意因材施教。提出的问题应从学生的实际水平出发，难易适中，应是学生经过思考后能回答出来的。这样能激发学生学习的兴趣，促使学生积极思考，反之，将挫伤学生学习的积极性。教师的提问应面向全体学生。提问的对象不能是几个人，而要在全班展开。每次请不同的学生回答，既使学生得到锻炼，又能充分了解全班学生的情况。

（4）发扬民主平等。提问质疑，教师一定要给学生留有思考的空间余地，然后让学生自由回答交谈。鼓励学生发言，帮助其建立自信心，教师不要打断或轻易否定学生们的回答。交谈过程中要发扬民主平等的学风，让学生充分发表自己的独立见解。

（五）讨论法

讨论法，就是在教师指导下，为解决教学中的某一问题，相互启发，讨论辩论，各抒己见的教学方法。讨论法是音乐教学中经常采用的方法之一。

在音乐教学中，讨论法能更好地发挥学生的主动性和积极性，有利于培养学生的独立思考能力、口头表达能力和创造精神，能促进学生灵活地运用知识，提高分析问题、解决问题的能力。如对歌曲演唱的处理分析、音乐欣赏作品的理解、形体律动的动作分析、旋律创作的研究等等，都可以采用讨论法。

运用讨论法时的基本要求如下：

（1）讨论要有充分的准备。教师提出问题并做好一定的知识储备，以便不失时机地启发、引导，解答学生的有关问题。

（2）讨论的题目要具体、明确，学生要围绕问题中心讨论，教师要鼓励学生大胆发表意见，参与讨论。

（3）讨论后要有小结，教师对学生讨论中的各种意见，要进行辩证的分析，做出科学的结论和评价，允许学生保留自己的意见。

（4）讨论法常与讲授法、谈话法、演示法、练习法等结合运用。

（六）欣赏法

欣赏法是在教师指导下，体验音乐作品的艺术表现力，借以陶冶情感和培养审美感的教学方法。欣赏法是音乐教学中经常采用的方法之一。

根据人的心理发展过程，欣赏是由知觉欣赏进入情感体验，最后为理性欣赏。在音乐教学中运用欣赏法时，要按不同年龄，提出不同的要求。中小学音乐教育主要是以情感欣赏为主，逐步加入理性欣赏。欣赏法在音乐教学中，不仅在欣赏课时运用，在歌唱课及演奏的教学中也可运用，以提高学生对音乐作品的表现与理解。

在音乐教学中运用欣赏法的基本要求如下：

（1）激发学生的欣赏兴趣。在欣赏前（包括歌曲与器乐曲的演唱、演奏），教师可向学生讲述与作品有关的创作背景、故事，或联系学生的生活经验等，以唤起学生的欣赏（演唱、演奏）欲望。

（2）引起学生强烈的情感反应。欣赏活动是为了感受音乐作品的情感，而产生情感反应，是理性欣赏的前提。欣赏过程中能否激起学生的情感，关系到欣赏活动的效果。在音乐教学中，必须想方设法引导学生产生强烈的情感。

（3）指导学生的音乐实践活动。在学生产生强烈情感的基础上，指导学生进行演唱、演奏、创作等实践活动，通过实践活动，进一步陶冶他们的情操。

（4）培养学生的欣赏和鉴别能力，提高他们的审美情趣。这是欣赏教学活动的重要任务之一。

（5）欣赏法常与讲授法、谈话法、演示法、练习法、讨论法等结合运用。

（七）发现法

发现法又称"探索法"，是学生运用教师提供的教材或材料进行发现与探索，以掌握知识并发展创造性思维与发现能力的一种教学方式。发现法是近年来音乐教学中采用的方法之一。

在音乐教学中，教师为了引导学生探索音乐教学内容中的某一知识，往往采用发现法，以加强学生的记忆和解决问题的能力。例如，教师提供各种音响材料：刮风、雷击、飞机起飞等自然音响；混声合唱曲；打击乐音响；人的讲话声、水声；钢琴、木琴等乐器组合声等，让学生识别什么是音乐？什么是非音乐？再如，教师组织学生做"击鼓寻物"的游戏以探索力度的变化等等。运用发现法时，一般先创设问题的情境，提供必要的材料或指导学生收集材料，让学生去发现、去探索要解决的问题，再从实践和理论上检验、证明，这样经过发现得出结论。

运用发现法的基本要求如下：

（1）要给学生提供充分的有关材料，使学生利用这些材料能解决提出的问题。

（2）要学生运用发现法探索的问题，难易要适合学生的认识水平，能够引起学生探索的兴趣，经过独立思考和努力是能够解决的。

（3）帮助学生制定解决问题的方案，但不要包办代替。

（4）要给学生足够的时间去思索、探索。

（5）发现法常与其他教学方法结合运用。

（八）情境法

情境法是遵循反映论的原理，充分利用形象，创设具体生动的场景，激起学生的学习情绪的一种教学方法。情境法是近年来音乐教学中采用的方法之一。

情境法是融情、言、行为一体的教学法，这是与音乐教学的特征相吻合的。

在音乐教学中，学生对音乐的感受、理解往往需要借助情境，通过具体生动的形象引起学生的内心共鸣，从而用歌唱、奏乐、动作等把它表现出来。人们常说：以情带声，以声传情，就说明"情"在歌唱中的重要意义。当代美国著名小提琴演奏家、音乐教育家卡拉博·科恩·玛德林娜创立的音乐教学法，就是将抽象的音乐概念和复杂的音乐原理具体化、形象化、戏剧化、自我化。她建立了一个特殊的音乐教室——"科恩法音乐教室"，这种教室举目都是五线谱：地面上是"地谱"，墙上有"墙谱"，桌上有"桌谱"，还有"身体谱""手谱"等等。各种谱表上有剪纸音符、拍值尺、时值尺，还有各种音符帽。学生进入这教室，就到了"音乐世界"里，在里面玩各种"谱表形象"游戏。

情境法在音乐教学上的途径有创设图画再现情境、扮演体会情境、语言描绘情境、音乐渲染情境等。通过这些途径，把学生带入与教学内容有一定联系的情境之中，使他们产生一定的内心体验和情绪，从而加强学生对教材的理解，促使他们产生用音乐来表达的欲望，同时也受到一定的性情陶冶。情境法的核心是激起学生的情绪，情境法必须与其他教学方法结合起来运用，才能获得较好的效果。

以上简单介绍了八种常用的音乐教学方法，但必须指出，音乐教学方法是多种多样的，没有一种是万能的。除上述的八种外，还有分类音乐教法，如乐理教学法、唱歌教学法、器乐教学法等；音乐专题教学法，如唱游教学法、体形律动教学法；等等。总之，音乐教师应根据教学的具体任务、具体内容及学生的年龄特征、班级和学生个人特点，恰当选择教学方法和灵活运用各种教学方法；结合当地、本校和音乐教师自身的有利条件，扬长补短，积极创造条件进行音乐教学活动，提高音乐教学质量与教学效益。

四、小学阶段音乐教学原则

教学原则在教学理论中占有特别重要的地位。所谓教学原则，是根据一定的教学目的任务，遵循教学过程的规律而制定的对教学的基本要求，是指导教学工作的基本准则，是教学原理的引申和具体化，是教学经验的概括和抽象。

教学原则是在总结教学实践经验的基础上制定出来的。古今中外，由于受到教育家认识以及其经历的教学实践的影响，所提出的教学原则的名称、数目、内容也不尽相同。我国古代教育家孔子在《论语·述而》中提出"不愤不启，不悱不发"的原则，《礼记·学记》中论述了教学相长、学思相结合的原则等。17世纪捷克教育家夸美纽斯在《大教学论》中阐述了适应自然原则为基础的37条教学原则。19世纪德国教育家第斯多惠在《德国教师教育指南》中提出以文化适应性原则为主的33条教学原则。德国教育家赫尔巴特从伦理学和联想心理学出发提出了教学的教育性、目的性等原则。20世纪杜威以实用主义为指导提出"从做中学"的教学方法原则。苏联教育家凯洛夫着眼于知识系统学习，提出自觉性、积极性等教学原则。美国布鲁纳从结构主义心理学理论出发，提出动机、结构、程序、强化等原则。苏联赞科夫依据教育促进学生一般发展的理论，提出高理度、高强度进行教学等5条原则。目前，中小学常用的教学原则主要有科学性、思想性、启发性、直观性、巩固性、量力性、系统性、理论联系实际、因材施教、教师主导作用等。这些原则的提出对包括音乐教学在内的各学科的教学理论与实践，无疑具有普遍的指导意义。

音乐学科教学除了以上述一般性的基本教学原则作为指导外，还根据音乐学科的教学规律，制定适应音乐学科教学需要的特殊原则。制定音乐教学原则有一个历史的发展过程，是一个从对教学共同规律性到对本学科特殊规律性的认识过程，也是一个从迁移普遍原理指导教学实践到掌握音乐学科特殊规律指导实践的过程。

制定音乐教学基本原则的依据：① 音乐教学实践的经验。② 音乐教育教学目的。音乐教学原则总是为完成一定教学任务、实现一定教学目的服务的。音乐教学基本原则的制定受音乐教育教学目的的制约。③ 音乐自身教学规律。音乐教学原则是对音乐教学规律性的反映，应突出音乐教学的特点和规律。④ 现代教学理论基础。音乐教学过程是错综复杂的多因素多层次的过程。它包含许多成分，需要借助多种手段予以揭示，必须以现代教学理论为基础。

选择和阐述音乐教学基本原则，应注意避免原则之间分散孤立，要构建一个完整的相互有机联系的音乐教学原则体系。这个体系应当考虑相容性（理论与实际的一致性）、独立性（逻辑的简单性）和完备性（高度的统一性）。

下面主要介绍五个音乐教学基本原则，如图 4-1 所示：

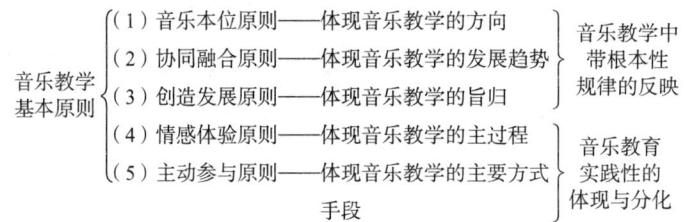

图 4-1　音乐教学基本原则

（一）音乐本位原则

音乐本位原则或称音乐性原则，是针对音乐教学中存在的种种非音乐性现象和问题而提出的。音乐本位原则，指在音乐教学过程中自始至终应将音乐置于音乐教育的本来（原来的、主要的、中心的）位置或其职能位置。正如席勒在《美育书简》中所说："有促进健康的教育，有促进认识的教育，有促进道德的教育，还有促进鉴赏力和美的教育。这最后一种教育的目的在于培养我们感性和精神力量的整体达到尽可能的和谐。"音乐教育正是最后这一种教育，它是以音乐本身的规律与特点来展开和实施的。因此，音乐本位原则，是音乐诸教学原则中的主导教学原则，是音乐教育体系的核心。

贯彻这一原则时应注意：

（1）明确教学目标。音乐教学的教学目标，是提供学生感受、表现、创造音乐的机会，使学生主动参与音乐实践活动，获得音乐审美体验，享受成功的愉悦，提高音乐感受、鉴赏、表现能力，奠定终身学习音乐、享受音乐的坚实基础，并从中学习最基本的音乐文化知识，而不是单纯传授音乐知识、技能和技巧。音乐教学目标是面向全体学生的，而不是为培养少数尖子学生的。

（2）明确和理解音乐主要教学过程应是情感—体验的过程，而不是认知—逻辑的过程。

（3）正确地选择教学内容。实际教学中应尽快解决音乐教学的非音乐化、非审美化的问题。如社会音乐教育中应把孩子从带有强制性的早期职业性教育的桎梏中尽快解放出来，还孩子可贵的童真和童趣，还孩子以自由享受音乐的权利。

（4）合理地选择教学方法和手段。多样化的教学方法和现代化的教育技术，是完成音乐教学任务的重要保证，也是音乐教学现代化的一个标志。但是使用现代化教育技术是一种教学的辅助手段，而不是目的。在音乐教学中，要突出音乐学科教学特点，突出音乐性，不要搞"花架子"，更不可喧宾夺主。

（二）协同融合原则

现代美育提倡融合式教学。作为实施美育的重要途径之一的音乐教育更应体现美学原则，以审美活动为中心，按照美的规律运转起来，以实现音乐教育的协同效应，达到一种整体效果。

这种融合式教学是多层次的。第一个层次是音乐教学领域诸如创作、唱歌、欣赏、器乐、音乐基础知识和识谱记谱教学等的融合。第二个层次是音乐艺术与舞蹈、美术、戏剧等其他姐妹艺术形式的融合。第三个层次是音乐学科与其他非艺术学科的融合。第四个层次是音乐课堂教学与课外音乐活动、校内音乐教育与社会音乐教育及家庭音乐教育的融合。20世纪80年代和90年代，世界范围内兴起的综合式教育或融合式教育的试验和设想，其目的是"把普通的教育转化成美的教育"。就音乐协同融合教学原则而言，即指各音乐技能与手段的相互融合，也指音乐学科与其他学科教学内容之间的相互融合。

贯彻这一原则时应注意：

（1）注意发挥音乐教育的协同效应。音乐是人类历史文化的重要组成部分，在音乐教学中要加强音乐与其他学科的联系。通过教学中有机的融合，把上述几个层次各个方面内容充分结合起来，以发挥各方面之间协调、同步、合作、互补的作用，逐渐促使学生形成符合社会多元化文化发展的态度与行为，为参与社会生活和工作做好准备。

（2）保持一种全局观念。在音乐教学中经过融合后，各科各部分内容之间的界限模糊，不再有明显的界限，但并没有抹杀各科各部分内容的个性和侧重点。教师在教学时，必须有一种全局观念，认识到自己所教的这一部分是同一个整体的不同部分，使它以一种恰当的比例与其他部分融合交叉，以达到一种整体的效果。

（3）融合式教学，以审美活动为中心，把教学转变成即兴的和具有审美趣味的活动，调动了学生的积极性，激发了学生的表现欲望。教师的角色相当于咨询者、指导者和顾问。这并不是降低对教师素质的要求，而是对教师的素质提出了更高的要求。融合式教学要求教师有驾驭全局，把美学原则贯彻到各部分教学活动中的能力；有通权达变的能力；要求教师成为多面手。

（三）创造发展原则

音乐实践包括创作、表演、欣赏三大环节。在音乐创作中，创作者主动寻求和创造符合自己审美意愿的音乐，是一种创造性的活动。从乐谱变为生动的音响，必须通过演唱、演奏者的表演活动。在音乐表演活动中融汇了表演者的心血和对音乐的再创造，即音乐的"二度创造"。因此，音乐表演也是充满创造性的艺术活动。音乐欣赏是欣赏者（主体）与被欣赏的音乐作品（客体）相互交融的过程。在这过程中，欣赏者不断将自身的情感和想象等投入音乐作品中，把音乐作品这个外在的审美客体变为欣赏者主体的审美感受。因此，音乐欣赏的审美体验活动也是一个积极的创造过程。

教育部制定的《全日制义务教育音乐课程标准（实验稿）》中指出："创造是艺术乃至整个社会历史发展的根本动力，是艺术教育功能和价值的重要体现。音乐创造因其强烈而清晰的个性特征而充满魅力。在音乐课中，生动活泼的音乐欣赏、表现和创造活动，能够激活学生的表现欲望和创造冲动，在主动参与中展现他们的个性和创造才能，使他们的想象力和创造思维得到充分发挥。"因此，创造性原则是音乐教学中必须贯彻的教学原则之一。在音乐教学中应遵循音乐学科的特点，在生动的音乐实践活动中增强学生的创造意识，开发学生的创造性潜质，并使其音乐审美能力得到提高。

贯彻这一原则时应注意：

（1）兴趣是创造性学习的基本动力。兴趣本身不属于音乐能力，但能对学生进行各项音乐实践活动产生积极的动力。学生只有发挥主体性，才能使其学习更有创造性成分，从而主动地获得发展。《全日制义务教育音乐课程标准（实验稿）》中指出："在教学过程中，应设定生动有趣的创造性活动内容、形式和情景，发展学生的想象力，增强学生的创造意识。"

因此，音乐教学的内容应丰富多彩，重视内容与学生的生活经验相结合，加强音乐课与社会生活的联系，使学生对教学内容感到亲切、真实、有吸引力。教学中应根据内容及不同年龄学生的心理特征设计灵活多样的教学模式、生动活泼的教学形式，恰当运用各种形象的教学媒体。应引导学生积极主动参与音乐实践活动，在有兴趣的音乐实践活动中体验创新的快乐，更好地发挥自己的潜能。

（2）民主是创造性学习的重要保证。教师是教学的组织者和指导者，是沟通学生与音乐的桥梁。平等、和谐的教学氛围能使学生的心情愉快、情绪轻松、思维敏捷、想象力丰富，在充满自信的状态下主动去探究、创造。因此，民主是创造性学习的重要保证。

教师应突出学生在教学中的主体地位，要理解、尊重、信任学生，努力建立民主、平等的师生交流互动关系。在和谐的双向交流中，使学生形成探求的心理取向，有利于激发学生创造性思维的火花。教师在启发学生创造性地进行艺术表现时，不要用"标准答案"束缚学生。同一个练习，可能有多种答案；同一首歌曲，可能有多种处理方法；同一首乐曲，可能有多种理解。教师对学生的评价不仅要有"科学性"，还应采用以"激励为主"的评价方法，以保护学生的学习积极性和创造精神。

（3）想象是创造性学习的重要基础。音乐实践的每一个环节都必须想象心理活动的参与。作曲是一种创造性的想象,表演是一种再造想象,欣赏是一种知觉想象。音乐的非语义性、不具象的艺术特点,可以让人在广阔的想象天地中感受、表现和创造音乐美。同时,《全日制义务教育音乐课程标准(实验稿)》强调:"创造是发挥学生想象力和思维潜能的音乐学习领域,是学生积累音乐创作经验和发掘创造思维能力的过程和手段,对于培养具有实践能力的创新人才具有十分重要的意义。"

培育学生的想象力促进其创造力的发展,首先,应注意拓宽学生的知识面,扩大音乐文化视野。音乐课堂教学内容应贴近学生生活,具体鲜明、生动的音乐能丰富学生的情感体验,促进想象力的发挥;恰当的媒体运用(电视、图片等),能帮助学生拓宽想象空间。其次,音乐的想象是自由的,但也不是脱离作品的胡思乱想,应引导学生准确感知、理解音乐。结合音乐作品的时代背景、创作思想、题材体裁、风格,按一定的思维定势展开想象。再次,应注意鼓励学生根据一定的内容,展开想象,进行即兴创造活动和运用音乐材料创作音乐。

(4)探究是创造性学习的重要手段。学生的创造性音乐实践活动,不仅是一个接受的过程,还应是一个敢于自我发现、不断探索的内化过程。学生是创造性学习过程中的探索者。《全日制义务教育音乐课程标准(实验稿)》强调教学过程和方法中的探究。①"通过提供开放式和趣味性的音乐情景,激发学生对音乐的好奇心和探究愿望。"教师应努力为学生提供表现的机会,对学生的探究愿望要充分给予满足,以培养和保护他们的探究精神。②"引导学生进行以即兴式自由发挥为主要特点的探究与创造活动。"教师应允许学生的"非正常"思维,鼓励他们的"异想天开""多向思维"与独创性。③"重视发展学生创造性思维的探究过程。"教师应注重在动态的过程中提升学生的探究和创新精神,促使其主动发现音乐美和创造美。

(四)情感体验原则

音乐是通过声音表达人们对客观事物的各种愿望和情感的。在音乐的进行过程中,人的思想认识、人世间的喜怒哀乐等得到充分的展示与表现。音乐通过其独特的"音乐语言"(旋律、节奏、节拍、力度、速度、和声……)能够表达语言所不能表达的情感。贝多芬曾说过:"语言的尽头是音乐出现的地方。"音乐是情感的极佳载体,借声传情是音乐艺术的特殊手段。音乐作为一种审美形式,其重要的特质就是情感审美。情感的抒发、情感的交流、情感的激发,始终蕴涵在音乐的审美活动中。

在音乐教学的审美实践活动中,学生的情感随着音乐的发展产生共鸣与起伏,并从中得到心理上的满足。心灵的陶冶正是在多次这样的情感体验中完成的。"动之以情"是其教育手段,也是音乐教育的目的之一。逻辑认识的积累发展了智力,情感体验的积淀则升华了精神。作为艺术审美的音乐教学,无疑要按照音乐善于抒发情感的特点来进行,实现情感体验是其必须体现的学科特征。

《全日制义务教育音乐课程标准(实验稿)》在课程目标中突出了情感态度与价值观,指出"通过音乐学习,使学生的情感世界受到感染和熏陶,在潜移默化中建立起对亲人、对他人、对人类、对一切美好事物的挚爱之情……"情感性原则是音乐教学必须贯彻的教学原则之一。

贯彻这一原则时应注意：

（1）情感体验进入教学目标。素质教育强调情感交流、人格影响。学校从单纯重视学生的逻辑生活，进而全面关心学生的情感生活，是教育史与教育现实中的共同发展趋势，也是审美教育的发展历程。美国教育家、心理学家卢姆和克拉斯沃尔在1981年已初步制定情感目标及其评价方法，艺术课程应率先进行实践与研究。教师不仅要重视对学生知识技能的传授，更要重视对学生情感体验的培养，把知识传授、技能训练、思想教育、情感体验四个方面同时列入教学目标；不仅要制定总体情感目标，而且要尽量把每一节音乐课的情感目标制定得明确、具体，以利在课堂教学中实施与完成。

（2）培养学生良好的情感品质。由于音乐是人类社会的一种意识形态，音乐作品的情感无疑会打上思想的烙印，从而具有一定的品质倾向。朝气蓬勃、雄壮有力、抒情优美、欢快活泼的音乐，对学生的情感培养会产生良好的、积极的作用。反之，颓废、萎靡、伤感的音乐，对学生的情感培养会起消极的作用。所以在教材的选择、音响媒介的使用上，教师要把好关，并做好学生音乐实践活动的引导工作。同时还要根据学生的年龄特征考虑教学内容，使学生的情感与音乐的发展产生良好共鸣。因此，对中小学学生不宜教唱爱情歌曲，更不应该把不健康的歌曲带进校园。对于一些优秀的爱情题材器乐作品（如小提琴协奏曲《梁山伯与祝英台》等）应从社会意义和艺术高度来指导学生欣赏。

（3）丰富学生的情感体验。情感体验是感知音乐的基础。要丰富学生的情感体验，教师应在教学中充分发掘音乐形象中的情感因素（欢快、喜庆、赞美、坚定、雄壮……），引导学生由浅入深、由单纯到复杂地体验音乐中的情感。可以先接触篇幅较短小、音乐形象较单一的音乐作品，再接触篇幅较大、音乐形象复杂有变化、情感丰富的音乐作品，使学生的情感体验在音乐的审美实践中逐步发展与丰富。

（4）提高学生的音乐情感表现力。抒发情感是音乐最基本的表现特征。如果说听觉感受是进入音乐大门的一把钥匙，那么情感的抒发便是音乐审美的中心了。

音乐艺术是表演艺术，要很好地表现音乐作品，仅有知识和技能是不够的。我们经常看到在演唱、演奏时，一些学生的基本技能过硬，可就是不能打动听众的心，这是因为缺乏音乐情感的表现力。所以，在音乐教学中要注重学生情感表现力的培养。

要提高学生的情感表现力，教师首先应有良好的情绪状态，只有教师先动了情，才能感染学生，使学生实实在在地体验情感，并通过音乐实践活动实现。所以在音乐教学中，应以学生为主体，帮助他们了解作者的创作意图、作品的时代背景和它所表达的内容，按照作者的创作意图分析理解作品，剖析作品的表现手段，掌握作品的风格和表演方法，在正确理解作品的基础上，对音乐作品进行再创造。教师应引导学生积极主动参与音乐实践活动，在情感体验中表现音乐。

（五）主动参与原则

音乐是音响的艺术，一切情感体验都必须在学生亲身参与感受的过程中获得。音乐学习与技艺相关，必须亲身参与。在音乐教学中，活动是知行协调过程，它是学生身心协调成长、发展各种能力、学习各种知识和技能的最重要、最自然、最有效的途径。音乐教学具体方法千姿百态，但总体来说，是以"活动"为中心的。因此，面向全体学生，调动他们学习的积极性，使他们主动参与一切音乐活动是音乐教学的基本原则之一。

首先，活动是完成音乐教育任务的重要环节。学生心灵的陶冶和审美观的确立，必须以审美体验为基础，以丰富的审美经验积累为前提。只有主动参与具体的实践活动，心灵的陶冶和审美观才能发生和确立。

其次，发展审美能力、掌握音乐技能和知识，也必须以主动参与活动为主要途径。

再次，音乐教学的主动参与活动原则，综合考虑了学生的心理和生理特点。好动是儿童、青少年的一个重要的年龄特征。全身心的活动是使他们各方面得到发展的基本教学方式。把具有"动"特征的音乐，施教于好动的儿童和青少年，使身体的动配合音乐的动，音乐的动又调节身体的动，使"动"更富有节奏感和旋律感，更能促进儿童和青少年身心全面发展。

贯彻这一教学原则时应注意：

（1）面向全体学生，注重教学的审美愉悦性。所有的学生都有接受音乐教育的权利，音乐教学应为每个学生主动参与和成长发展提供平等的机会。真正通过参与音乐学习活动，利用音乐艺术的魅力吸引、感染学生，把学习音乐的幸福和成功的愉悦带给每一位学生。

（2）提供更多丰富的参与音乐活动的方式。在音乐教学中，应强调结合学生已有的生活经验，从节奏入手，以语言、动作、舞蹈、表演、音乐游戏等方式训练学生的音乐节奏感，引导学生用自己身体的动作去解释、再现音乐。这些方法以极其自然巧妙的方式将学生引进音乐的殿堂，激发起学生学习音乐的浓厚兴趣，使他们对音乐着迷。我们要把"动"引到音乐课堂上来，要鼓励学生动起来，从集体到个人，从局部到全身，随音乐而动，从中体验音乐的美。

（3）要创造一个良好的音乐环境。像铃木先生倡导的那样，使孩子从生下来就处于良好的语言环境中，处于优美的乐声包围之中，才能发展音乐方面的非凡能力。要使学生置身于良好的音乐活动环境之中，接触音乐作品的第一手材料，亲身参与音乐实践活动。

（4）引导学生正确认识音乐基础理论知识、技能与音乐实践活动的辩证关系。音乐实践活动是学习音乐基础知识和掌握音乐技能、技巧的基础，而掌握了音乐基础知识和技能、技巧，又可以更好地进行音乐实践活动。

（5）创造多种多样的音乐实践活动形式，激发学生的学习兴趣，使学生自觉地把音乐知识技能和技巧运用于表演、比赛、创作等音乐实践活动，使学生的音乐才能得到发展。

第三节　小学音乐课程标准及实例解读

音乐教学大纲，又称课程标准，是根据《中华人民共和国义务教育法》《义务教育全日制小学、初级中学课程计划》等有关规定，参照国内历次颁布的中小学音乐教学大纲及国外中小学音乐课程标准或教学大纲，在广泛深入调查实验，听取吸收原大纲意见基础上制定的。

音乐课程标准以纲要的形式，具体规定了音乐学科的教学目的、教学内容、教学深广度、教学体系结构、教学一般进度和教学法的基本要求。它具有科学性、全面性的特点，对全国范围的音乐教学有权威性的指导作用。它既是音乐教材编写的依据，又是教师进行音乐教学的主要依据；它既是检查、评定学生学习成绩的标准，又是衡量教师教学质量的重要标准。

音乐课程标准从我国的国情出发，不仅适合城市学校的需要，也适用于广大农村学校的需要，具有一定的弹性。从整体看，它是指导性文件，但在具体教学内容的基本要求方面，为了保证音乐教育的实施，音乐课程标准规定了指令性的教学内容。因此我国音乐课程标准具有指导性和指令性相结合的特点。

一、小学音乐教学目标

（一）总目标

学生通过音乐课程学习和参与丰富多样的艺术实践活动，探究、发现、领略音乐的艺术魅力，培养学生对音乐的持久兴趣，涵养美感，和谐身心，陶冶情操，健全人格。学习并掌握必要的音乐基础知识和基本技能，拓展文化视野，发展音乐听觉与欣赏能力、表现能力和创造能力，形成基本的音乐素养。丰富情感体验，培养良好的审美情趣和积极乐观的生活态度，促进身心的健康发展。上述课程目标从下列三个维度进行表述。

1. **情感·态度·价值观**

（1）丰富情感体验，培养对生活的积极乐观态度。音乐学习可以丰富学生的情感体验，使其情感世界受到潜移默化的感染和熏陶，建立起对人类、对自然、对一切美好事物的关爱之情，进而养成对生活的积极乐观态度和对美好未来的向往与追求。

（2）培养音乐兴趣，树立终身学习的愿望。通过各种有效的途径和方式引导学生走进音乐，在亲身参与音乐活动的过程中喜爱音乐，掌握音乐的基本知识和基本技能，逐步养成欣赏音乐的良好习惯，为终身喜爱音乐奠定基础。

（3）提高音乐审美能力，陶冶高尚情操。通过训练学生对音乐作品情绪、格调、人文内涵的感受和理解，培养学生音乐的欣赏能力，养成健康向上的审美情趣，使其在真善美的艺术世界里受到高尚情操的陶冶。

（4）培养爱国主义情感，增强集体主义精神。通过音乐作品中所表现的对祖国山河、人民、历史、文化和社会发展的赞美和歌颂，培养学生的爱国主义情感；在音乐实践活动中，培养学生良好的行为习惯和宽容理解、互相尊重、共同合作的意识，增强集体主义精神。

（5）尊重艺术，理解世界文化的多样性。尊重艺术家的创造劳动，尊重艺术作品，养成良好的欣赏音乐艺术的习惯。通过系统地学习母语音乐文化和不同民族、不同国家、不同时代的作品，感知音乐中的民族风格和情感，了解不同民族的音乐传统，热爱中华民族音乐文化，学习世界其他民族的音乐，理解音乐文化的多样性。

2. 过程与方法

（1）体验。完整而充分地聆听音乐作品，在音乐体验与感受中，享受音乐审美过程的愉悦，体验与理解音乐的感性特征与精神内涵。

（2）模仿。通过亲身参与演唱、演奏、编创等艺术实践活动，并适当地运用观察、比较和练习等方法进行模仿，积累感性经验，为音乐表现和创造能力的进一步发展奠定基础。

（3）探究。培养学生对音乐的好奇心和探究愿望，重视自主学习的探究过程，使学生能够积极参与以即兴式自由发挥为主要特点的探究与创作活动。

（4）合作。在音乐艺术的集体表演形式和实践过程中，能够与他人充分交流、密切合作，不断增强集体意识和协调能力。

（5）综合。通过以音乐为主线的艺术实践，渗透和运用其他艺术表现形式和相关学科的知识，更好地理解音乐的意义及其在人类艺术活动中的特殊表现形式和独特的价值。

3. 知识与技能

（1）音乐基础知识。学习并掌握音乐基本要素（如力度、速度、音色、节奏、节拍、旋律、调式、和声等）、常见结构、体裁形式、风格流派和演唱、演奏、识谱、编创等基础知识。

（2）音乐基本技能。学习演唱、演奏、创作的初步技能，能够自信、自然、有表情地演唱歌曲和演奏课堂乐器，了解音乐创作的基本方法。在音乐听觉感知基础上识读乐谱，在音乐实践活动中运用乐谱。

（3）音乐历史与相关文化知识。了解中外音乐发展的简要历史和有代表性的音乐家，初步识别不同时代、不同民族的音乐。认识音乐与姊妹艺术的联系，感知不同艺术门类的主要表现手段和艺术形式特征。了解音乐与艺术之外其他学科的联系，扩展音乐文化视野。根据自己的生活经验和已学过的知识，认识音乐的社会功能，理解音乐与社会生活的关系。

（二）学段目标

义务教育阶段小学的6学年分为2个学段，各学段课程目标分别表述如下。

1. 1~2年级

充分注意这一学段学生以形象思维为主和好奇、好动、模仿力强的身心特点，善于利用儿童的自然嗓音和灵巧形体，采用歌、舞、图片、游戏等相结合的综合手段，进行直观教学。聆听音乐的材料要短小有趣，形象鲜明。

- 激发和培养对音乐的兴趣。
- 开发音乐的感知力,体验音乐的美感。
- 能自然地、有表情地演唱,参与其他音乐表现和即兴编创活动。
- 培养乐观的态度和友爱精神。

2. 3~6年级

随着生活范围和认知领域进一步扩展,学生的体验感受与探索创造的活动能力增强。注意引导学生对音乐的整体感受,丰富教学曲目的体裁、形式,增加合唱、乐器演奏及音乐创造活动的分量,以生动活泼的教学形式和艺术魅力吸引学生。本学段5~6年级部分学生进入变声期,应渗透变声期嗓音保护知识。

- 保持对音乐的兴趣。
- 培养音乐感受与欣赏的能力,初步养成良好的音乐欣赏习惯。
- 能自信地、有表情地演唱,乐于参与演奏及其他音乐表现、创造活动。
- 培养艺术想象力和创造力。
- 培养乐观的态度和友爱精神,增强集体意识,培养合作能力。

二、小学音乐教学内容

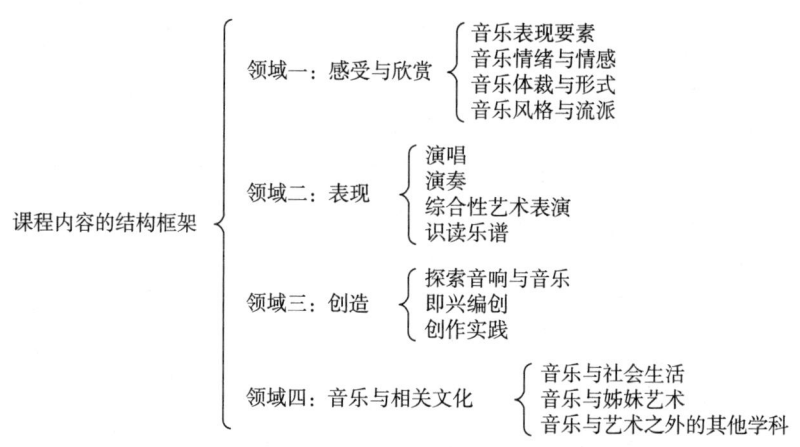

图 4-2 小学音乐课程内容的结构框架

（一）感受与欣赏

感受与欣赏是音乐学习的重要领域,是整个音乐学习活动的基础,是培养学生音乐审美能力的有效途径。良好的音乐感受能力与欣赏能力的形成,对于学生丰富情感、提高文化素养、增进身心健康具有重要意义。教学中应激发学生听赏音乐的兴趣,鼓励学生对所听音乐表达独立的感受和见解,养成聆听音乐的习惯,逐步积累欣赏音乐的经验。

1. 音乐表现要素

【1~2年级】

· 感受自然界和生活中的各种声音，能够用自己的声音或打击乐器模仿喜欢的音响。

· 能够听辨歌唱中的童声、女声和男声音色。

· 感受乐器的声音。能够听辨常见打击乐器的音色，并能用打击乐器奏出强弱、长短不同的声音。

· 能够感受并描述音乐中力度、速度的变化，并对二拍子、三拍子的音乐做出相应的体态反应。

【3~6年级】

· 能发现自然界和生活中的各种音响，能够用自己的声音或乐器模仿喜欢的音响。能哼唱熟悉的歌曲或乐曲。

· 能够听辨歌唱中不同类型的女声和男声音色，说出人声的分类。能够认识常见的中国民族乐器和西洋乐器，并能听辨其音色。

· 在感知音乐的节奏和旋律的过程中，能够初步辨别节拍的不同，体验二拍子、三拍子、四拍子的律动感。

· 能够听辨旋律的高低、快慢、强弱。能够感知音乐主题，区分音乐基本段落，并能够运用体态或线条、色彩做出相应的反应。

2. 音乐情绪与情感

【1~2年级】

· 体验不同情绪的音乐，能够自然流露出相应表情或做出体态反应。

· 体验并说出音乐情绪的相同与不同。

【3~6年级】

· 听辨不同情绪的音乐，能够做简要描述。

· 能够体验并简要描述音乐情绪的变化。

3. 音乐体裁与形式

【1~2年级】

· 聆听儿童歌曲，聆听音乐形象鲜明、结构较为简短的进行曲、舞曲及其他体裁的音乐段落。

· 能够通过模唱、打击乐器对所听音乐做出反应。能够随着进行曲、舞曲音乐走步、跳舞。

【3~6年级】

· 聆听少年儿童歌曲和颂歌、抒情歌曲、叙事歌曲、艺术歌曲、格调健康的流行歌曲等各种体裁和类别的歌曲，能够随着歌曲轻声哼唱或默唱。

· 聆听不同体裁和类别的小型器乐曲，能够随着乐声哼唱短小的音乐主题或主题片段，能够通过律动或打击乐对所听音乐做出反应。

· 能够初步分辨小型的音乐体裁与形式。聆听音乐主题并说出曲名。

4. 音乐风格与流派

【1~2年级】

- 聆听不同国家、地区、民族的儿歌、童谣及小型器乐曲或乐曲片段，初步感受其不同的风格。

【3~6年级】

- 聆听中国民族民间音乐，了解有代表性的地区和民族的民歌、民间歌舞、民间器乐曲和以京剧为代表的中国戏曲及曲艺音乐，体验其不同的风格。
- 聆听世界部分国家的民族民间音乐，感受不同的音乐风格。

（二）表现

表现是学习音乐的基础性内容，是培养学生音乐审美能力的重要途径。教学中应注意培养学生自信的演唱、演奏能力、综合性艺术表演能力，以及在发展音乐听觉基础上的读谱能力。通过音乐实践活动促进学生能够用音乐的形式表达个人的情感并与他人沟通、融洽感情。

1. 演唱

【1~2年级】

- 学唱儿歌、童谣及其他短小歌曲，参与演唱活动。
- 能够用正确的姿势、自然的声音，有表情地独唱或参与齐唱。
- 能够对指挥动作做出反应。
- 能够采用不同的力度、速度表现歌曲的情绪。
- 每学年能够背唱歌曲4~6首（其中中国民歌1~2首）。

【3~6年级】

- 乐于参与各种演唱活动。
- 能够用正确的演唱姿势和呼吸方法唱歌，培养良好的唱歌习惯。
- 能够用自然的声音、准确的节奏和音调，有表情地独唱或参与齐唱、轮唱、合唱，并能对指挥动作做出恰当的反应。
- 了解变声期嗓音保护的知识，初步懂得嗓音保护的方法。
- 能够对自己和他人的演唱做简单评价。
- 每学年应能背唱歌曲4~6首（其中中国民歌1~2首），学唱京剧或地方戏曲唱腔片段。

2. 演奏

【1~2年级】

- 学习常见的课堂打击乐器，参与演奏活动。
- 能够用打击乐器或其他声音材料合奏或为歌曲伴奏。

【3~6年级】

- 乐于参与各种演奏活动。
- 学习竖笛、口琴、口风琴或其他课堂乐器的演奏方法，参与歌曲、乐曲的表现。
- 培养良好的演奏习惯。能够对自己和他人的演奏做简单评价。

- 每学年能够演奏乐曲 1~2 首。

3. 综合性艺术表演

【1~2 年级】

- 能够参与综合性艺术表演活动。
- 能够配合歌曲、乐曲用身体做动作。
- 能够与他人合作，进行律动、集体舞、音乐游戏、儿童歌舞表演等活动。

【3~6 年级】

- 能够主动地参与综合性艺术表演活动。
- 在有情节的音乐表演活动中（如儿童歌舞剧）担当一个角色。
- 能够对自己和他人的表演做简单评价。

4. 识读乐谱

【1~2 年级】

- 认识简单的节奏符号，能够用声音、语言、身体动作表现简单的节奏。
- 能够用唱名模唱简单乐谱。

【3~6 年级】

- 结合所学歌曲认识音名、音符、休止符及一些常用的音乐记号。
- 能够跟随琴声视唱简单乐谱，具有初步的识谱能力。

（三）创造

创造是发挥学生想象力和思维潜能的音乐学习领域，是学生进行音乐创作实践和发掘创造性思维能力的过程和手段，对于培养创新人才具有十分重要的意义。音乐创造包括两类学习内容：一是以开发学生潜能为目的的即兴音乐编创活动；二是运用音乐材料进行音乐创作尝试与练习。

1. 探索音响与音乐

【1~2 年级】

- 能够运用人声、乐器声模仿自然界或生活中的声音。
- 能够用打击乐器或寻找发声材料探索声音的强弱、长短和音色。

【3~6 年级】

- 能够运用人声、乐器声及其他声音材料表现自然界或生活中的声音。
- 能够在教师指导下自制简易乐器。

2. 即兴编创

【1~2 年级】

- 能够将儿歌、诗词短句用不同的节奏、速度、力度等加以表现。
- 能够在唱歌或聆听音乐时即兴地做动作。
- 能够用课堂乐器或其他声音材料即兴配合音乐故事和音乐游戏。

【3~6 年级】

- 能够即兴编创同歌曲情绪一致的律动或舞蹈，并参与表演。

- 能够以各种声音材料及不同的音乐表现形式，即兴编创音乐故事、音乐游戏并参与表演。

3. 创作实践

【1～2年级】

- 能够运用线条、色块、图形，记录感受到的音乐。
- 能够运用人声、乐器或其他声音材料，在教师指导下编创1～2小节的节奏音型。

【3～6年级】

- 能够在教师指导下，尝试运用图谱或乐谱记录声音和音乐。
- 能够利用教师或教材提供的材料和方法，独立地或与他人合作编创2～4小节的节奏或旋律。

（四）音乐与相关文化

音乐与相关文化是音乐课人文学科属性的集中体现，是直接增进学生文化素养的学习领域，有助于扩大学生音乐文化视野，促进学生对音乐的体验与感受，提高学生音乐欣赏、表现、创造以及艺术审美的能力。这一教学内容虽然在某些方面有自己的相对独立性，但在更多的情况下，又蕴含在音乐欣赏、表现和创造活动之中。因此，这一领域教学目标的实现，应通过具体的音乐作品和生动的音乐实践活动来完成。

1. 音乐与社会生活

【1～2年级】

- 感受生活中的音乐，乐于与他人共同参与音乐活动。
- 能够通过广播、影视、网络、磁带、CD等传播媒体听赏音乐。
- 能够参加社区或乡村的音乐活动。

【3～6年级】

- 关注日常生活中的音乐。
- 喜欢从广播、影视、网络、磁带、CD等传播媒体中收集音乐材料，并经常听赏。
- 主动参加社区或乡村音乐活动，并能同他人进行音乐交流。

2. 音乐与姊妹艺术

【1～2年级】

- 能够用简单的形体动作配合音乐节奏。
- 能够用简明的表演动作表现音乐情绪。
- 能够用色彩或线条表现对音乐的不同感受。

【3～6年级】

- 观赏戏剧和舞蹈，初步认识音乐在其中的作用。
- 能够结合所熟悉的影视片，初步感受音乐在其中的作用。

3. 音乐与艺术之外的其他学科

【1～2年级】

- 列举声音与日常生活现象及自然现象的联系。

- 用不同节奏、节拍、情绪的音乐配合简单的韵律操动作。

【3～6年级】
- 选用合适的背景音乐，为儿歌、童话故事或诗朗诵配乐。
- 说出某些不同历史时期、不同地域和国家的代表性音乐作品。

三、小学音乐教学的方法

（一）体验性音乐教学方法

以音乐感受情感体验为主，通过引导学生感受、鉴赏音乐的美，激发学生对音乐学习的兴趣，培养学生音乐审美情趣和审美能力。具体方法包括：

1. **欣赏法**

欣赏法是以欣赏活动为主的教学方法，是指教师在教学中创设一定的情境，利用一定的教材内容及艺术形式，使学生通过体验客观事物的真善美，陶冶情操，培养其浓厚的学习兴趣，正确的学习态度，崇高的审美理想和鉴赏能力。

欣赏法的特点是通过教学中的欣赏活动，引起学生产生积极的情感反应。在音乐教学中组织欣赏活动的方法大致包括：① 引起学生欣赏的动机和兴趣；② 激发起学生强烈的情感反应；③ 组织与指导学生参与体验分析评价等实践活动，以使学生的审美情感、道德情感、理智情感进一步升华；④ 注意欣赏活动中学生个性、知识、能力等方面的差异。

以欣赏为主的教学方法在音乐教学中占有重要地位。欣赏中除了借助于音乐作品进行聆听、想象、模仿、分析、比较外，还应适当利用诗歌、舞蹈、戏剧、绘画等其他艺术形式或艺术作品进行辅助性欣赏，以进一步推动学生自觉愉快的学习，促使其形成对音乐学习的浓厚兴趣与求知欲望。

2. **演示法**

演示法是教师在课堂上通过实际音响、示范、直观教具等方法，让学生获得感性知识、深化学习内容的方法。音乐教学中的演示手段，大致有四种：一是实际音响的聆听、动作的观察，包括人声和乐器声的唱片、录音、录像、电影等。其特点是能突破时空界限，使静态的乐谱变成动态的音响、图像，使抽象的概念、理论具体化。二是教师的示范，包括范唱、范奏、律动以及演唱、演奏等技术动作的分解等。三是利用学生演唱、演奏后的录音录像的办法，及时反馈信息，使学生在教师指导下进行分析，以有效地提高水平。四是利用实物、模型、图表、图画等演示，使学生获得感性知识。如让学生自己制作各种乐器，然后再结合音响进行演示，这是一种学习了解乐器性能及乐队编制的好办法。这四种方法中尤以前三种更为常用。

实践证明，演示法可以激发学生兴趣，丰富感性认识，提高学习效率，体现音乐教学特点。

3. **参观法**

参观法是教师根据教学任务，组织学生通过对实际事物和现象的观察、研究而直接获得知识、感受、教育的方法。这种方法能打破课堂和书本的约束，使教学与生活紧密联系，扩大学生视野，从现实社会生活中接受教育。

音乐教学的参观可以包括：组织学生听音乐会、参观乐器博物馆、参观乐器制造工厂等。组织参观要目的明确、精心准备，并事先向学生讲明目的、要求，介绍有关内容和知识，参观中提醒学生要悉心聆听、观察，适当记录，搜集资料，事后要进行讨论，总结收获。

（二）实践性音乐教学方法

以音乐实践活动为主，通过在教师指导下学生亲身参与的各项音乐实践活动，形成与完善音乐技能技巧和发展音乐表现能力的方法。具体方法包括：

1. 练习法

练习法是学生在教师指导下，把知识运用于实践，将知识转化为技能、技巧的一种教学方法。由于音乐教学具有技艺性的特点，练习法在音乐教学中占有重要地位，特别是在识谱、歌唱与器乐等教学中尤为重要。

练习法的一般步骤是：由教师提出练习要点，进行必要的示范；由学生进行集体或个别练习，教师加以指导；师生共同对练习情况进行分析、小结，并提出改进方法及要求；反复练习以达到完美。

音乐教学中的练习法需注意的问题：① 练习目标要明确，练习重点要突出；② 练习步骤要清楚，避免盲目机械练习，只追求数量而不讲究实效；③ 要注意先入为主，在学生开始练习时必须有正确的观念、方法，尽量避免在错误成型之后，再行纠正；④ 练习方法要多样化，始终保持学生练习的新鲜感；⑤ 要使学生及时知道自己练习的结果，教学要及时反馈，教师要善于发现与鼓励学生的每一点进步与创造，发挥学生间相互启发帮助的作用，同时也要培养学生自我检查、自我评定、自我纠正的习惯。

2. 律动教学法

律动，是人体随着音乐做各种有规律的、协调的动作。律动教学法主张音乐教育从身心两方面同时入手去训练与学习，让学生从刚开始接触音乐起就不只是学习用听觉去感受音乐，而是同时学习用整个肌体和心灵去感受节奏的疏密、旋律起伏和情绪变化的规律。实践证明，通过以身体为乐器，发挥多感官通道的作用（如听、视、动觉感官），比仅通过一个感官通道（如听觉感官）学习音乐，其效果要好得多。当今，世界上著名的音乐教育体系，都把律动教学放在相当重要的地位。如达尔克罗兹的体态律动教学法、奥尔夫基本形体动作教学、声势教学等。律动教学法，在我国中小学、幼儿园音乐教育的实践中已有广泛应用。

律动教学法应注意：

第一，从教学目标考虑，律动教学法的重点放在对音乐要素的感知和表现上，动作姿态不必追求整齐划一。在鼓励对音乐准确有创造力的反应的同时，允许容纳较为粗糙的初始反应。

第二，在教学设计中，结合教学内容选用适当的律动教学方法，精心组织教学的实施，做到动静结合，疏密得当，活而不乱。

第三，音乐可用即兴演奏，发挥学生的创造性，把律动教学与创造教学结合起来，培养学生音乐创造力和表现力。

3. 创作教学法

普通教育音乐创作教学法，不同于一般音乐实践活动的音乐创作，而是以培养发展学生音乐创造性思维、创造精神和实践能力为目的的教学方法。包括：

即兴创作。如声音模仿、节奏问答、身体运动、曲调问答、回旋游戏、节奏即兴伴奏、固定音型伴奏、器乐曲调问答、即兴合奏、音乐造型等。

音乐创作。如节奏创作、旋律创作、乐曲创作等。

创作表演、音乐戏剧化表演。将学生熟悉的歌曲、音乐或喜爱剧目配上学生自己创作的歌曲、乐器演奏和动作进行表演，有音乐、有情节、有角色。

创作教学应注意：

第一，破除创作神秘感，发挥学生创造精神。

第二，将创作知识和技能融入其他各项教学之中。

第三，重创作过程，不必追求创作的社会效益、经济效益。任何学生的创作无论有无发表、获奖的可能，均应视为有价值的创作。

第四，从学生实际水平出发，注意量力而行，从点滴做起。

4. 游戏教学法

小学音乐教学大纲规定：唱游是小学低年级音乐教学内容之一。其内容包括：能随音乐的不同情绪、节奏、节拍的变化，有表情地进行律动、模仿动作和即兴动作；学做音乐游戏，学习或自编动作进行歌唱表演、集体舞等，注意音乐与动作的配合，乐感的培养。正如我国教育家陈鹤琴所说："小孩子是生来好动的，以游戏为生命的。要知多运动，多强健；多游戏，多快乐，多经验，多学识，多思想。"小孩子好玩、好动、好奇、好胜，游戏教学法，对他们来说是一种符合他们年龄特征的最恰当的形式。

游戏教学法应注意：

第一，游戏要与音乐紧密结合。

第二，注意发展学生的想象力、创造力。

第三，确定角色，并使学生进入角色。

第四，要尽可能让更多的学生参与。

（三）语言性音乐教学方法

以语言传递为主，通过教师和学生口头语言活动以及学生独立阅读书面语言为主的音乐教学方法。具体方法包括：

1. 讲授法

讲授法是教师通过简明、生动的口头语言进行教学的一种方法。苏联教育家苏霍姆林斯基认为："教师的语言是作用于受教育者心灵的不可替代的工具。教学的艺术包括的首先是打动人心的谈话的艺术。"从教师角度看，它是一种传授性的教法；从学生角度看，它是一种接受性的学法。

在实际教学过程中，讲授法又可分为讲述、讲解、讲读、讲演等不同形式。

其一，讲述。这是指教师对某个事件或某种事物以叙述或描绘的方式进行教学。如对音乐作品的作家生平、创作背景的介绍与描述。

其二，讲解。这是指教师以说明、解释、论证等方法进行有关概念、原理的教学。如讲解谱号、调号等记谱知识，阐明发声器官、乐器构造原理等。

其三，讲读。这是指教师或学生利用教材进行边讲、边读、边练的教学活动。如在学习分析了某种调式之后，再读一读教材中所归纳的有关概念，然后再进行实际调式的分析练习。

其四，讲演。这是指教师对教学内容进行系统分析、概括、总结的一种方法。如在高中音乐欣赏教学的每一个单元结束时，教师所进行的有理有据的、极富感染力的概括性总结即是。讲演在课堂教学中时间不宜过长，也可以尝试由学生来承担。如欣赏贝多芬《第五交响曲》后，由教师或学生来总结该作品的结构、风格、哲理等。

总之，讲授法是历史上使用最久的、有效而经济的教学方法之一。教师使用时要力求语言精练、概念明确、条理清晰、层次分明、重点突出、深浅适度、生动感人。切忌乱、散、艰深晦涩、平淡、空洞。教师使用此法必须考虑学生的听讲方式和接受能力。如果在中小学的教学中不恰当地使用此法，易形成毫无生气的"满堂灌"，从而削弱了音乐教学的独特魅力。

2. 谈话法

谈话法又称提问法、问答法，是指师生以口头语言问答的方式进行教学的一种方法。

谈话法有利于启发学生的思维活动，培养学生独立思考能力、语言表达能力，能唤起和保持学生的学习注意力和兴趣。同时，谈话法可以促进师生交流，便于及时反馈教学信息，调整改进教学。

谈话法一般可分为启发式谈话、问答式谈话和指导性谈话等方法。

其一，启发式谈话。主要用于学习新知识，启发学生运用已有知识和经验进行独立思考，一个个回答与解决问题，从而使学生获得和掌握新知识。

其二，问答式谈话。主要用于复习、巩固已学过的知识，以达到巩固和加深知识，使知识系统化的目的。

其三，指导性谈话。主要用于组织学生练习进行实践活动的前后。如学生在唱歌前，教师针对乐谱、声音、情绪等提出应注意的要点或在唱歌之后进行必要的总结。

使用谈话法应注意的问题如下：第一，要注意提问的目的性。不要提一些简单的、带有暗示性的封闭式问题，如"是""不是""喜欢""不喜欢"等。提问必须立意鲜明，语言简练，有利于开拓学生思路，提高学生分析问题和解决问题的能力。第二，要考虑问题的难易。提出的问题要注意做到由浅入深，由易到难，适合学生的程度。第三，要掌握提问的时机。即在学生"心求通而未得，几欲言而不能"时提问。第四，要注意问题之间的联系。问题要前后呼应，层层深入，丝丝入扣，才能最后"水到渠成"解决问题，使学生获得满足感、成就感。第五，要有充分准备。教师不仅要准备正确的答案，而且要估计学生可能给出的若干答案，要考虑如何评价、引导才能鼓励与增进学生的自信心，提高其能力。例如欣赏巴赫《G 弦上的咏叹调》，教师在欣赏前提出了"作品是由小提琴还是大提琴演奏的？"的问题，学生听后回答会有所不同，此时教师要更进一步引导直至问题得到圆满的解决，学生的学习印象深刻。

此外，使用谈话法还要注意提问的方式及对学生的要求。如要先面向全体学生提问，再指定个人回答；要给学生留思考时间；要培养学生独立回答问题的习惯（不偷看书，不依靠别人提示）；要求学生语言表达完整、清晰；要适时给予肯定、纠正与补充。

3. 讨论法

讨论法是在教师指导下，学生以全班或小组为单位，围绕教材的中心问题，各抒己见，通过讨论或辩论进行教学的一种方法。

讨论法的优点是每个学生都能参加活动，可以集思广益，相互启发，取长补短，加深对学习内容的理解；还可以激发学生的学习兴趣，培养学生钻研问题、独立思考的能力。如分析辨别调式时，组织学生分组讨论，找出辨别调式的一般规律，即属此法。

4. 读书指导法

读书指导法是教师指导学生通过阅读课本和课外读物获取知识的一种教学方法。

音乐教学的读书，首先是歌谱、乐谱，因为从小学三年级开始，学生逐渐从听唱向视唱过渡，逐渐要能独立视唱（奏）一般歌（乐）谱。当然这种读谱的学习要在教师帮助下，既不放任自流，也不是死记硬背，要使学生养成认真读谱的习惯。其次，学习有关知识、概念也应利用课本，以使学生形成准确印象。特别要指出的是音乐读物还应包括音响、音像资料等。

音乐教师应给学生介绍相应的课外读物、音响、音像资料、音乐辞书以及与教学有关的优质唱片、磁带、电影、电视、录像带等；还可以介绍学生学习与音乐有关的文学、历史、美术书籍、作品等，以扩展学生的视野。教师还要尽量发动学生将好的书籍、音响资料介绍给老师、同学，使课内课外学习有机结合起来，以培养和调动学生的自学积极性。

（四）探究性音乐教学方法

以探究、发现为主，通过创设情境激发学生学习动机，观察、分析、综合、比较、引导学生从多角度分析得出结论。

发现法是在教师引导下，学生通过观察、实验、思考、讨论、阅读资料等途径去独立探究，自行发现并掌握相应的知识技能的一种教学方法。

发现法是一种开放性的教学方法，其特点是以学生为主体，让学生自觉地、主动地去探索，找出事物的内在联系与规律，形成概念、结论。

发现法的教学步骤：一是向学生提出要研究或解决的问题；二是由学生提出假设或答案；三是对假设与答案的验证，不同观点的讨论、争辩；四是对结论修改、补充、总结。

四、小学音乐课标实例解读

案例 4-1 杨柳青

教学目标

1. 对比感受江苏民歌《杨柳青》和山西民歌《杨柳青》，了解各自的风格特点，激发学生对民族间音乐的情感。
2. 能够用欢快、活泼的声音演唱江苏民歌《杨柳青》。
3. 通过举扇子、摆扇子的旋律游戏，初步识读乐谱。

谱例 4-1

杨 柳 青

范　唱
江苏民歌

$1=C$ $\frac{2}{4}$

稍快

| 1 6 5 | 1 6 5 | 6 1 5 6 | 5 | 3 1 | 2 3 2 1 | 2 — |

1.早(啊)晨　　露　水　　实在　是　多　嘘　嗬嗬 依嗬　嗬，
2.青(啊)山　　绿　水　　实在　是　美　嘘　嗬嗬 依嗬　嗬，

| 2. 3 5 | 1 2 6 5 | 5 3 | 2. 3 5 | 3. 5 3 2 | 1 1 1 0 |

点　　点　露　水　润　麦　苗　啊；杨柳叶子　青啊嘘，
美　　丽的　家　乡　赛　天　堂　啊；

| 5 3 5 6 | 1 1 1 0 | 3. 5 6 1 | 1 1 1 0 | 6 1 6 5 | 6 1 6 5 |

七搭　七呢　崩啊嘘，　杨柳叶子　青啊嘘，　松又松嘘　崩又崩嘘

| 1 1 1 1 6 | 5 3 5 6 | 1 2 1 | 6 5 3 2 | 1 1 1 0 |

松松么青又　青呀那个　杨　柳　　叶　子　青啊嘘。

教学建议

导入：一方水土养一方人，一地人群唱一地曲

1. 对比欣赏江苏民歌《杨柳青》和山西民歌《杨柳青》。
2. 在歌曲的背景中，观赏江苏和山西两地的风土人情。

新授：

1. 学唱旋律。听音乐做律动，"X X　X 0"处敲击扇子，相互交流。观察谱例，发现歌曲四次出现"X X　X 0"的特点。

2. 学唱歌词。老师范唱,引导学生发现歌曲中一个极具地方方言特点的字"nia"。学说江苏方言,引入衬词的学习。学唱第三、四乐句衬词部分。去掉衬词读歌词,进一步体会歌词内容。完整演唱歌曲。

3. 特色演唱。指导学生用山西话唱"一铺滩滩""一片一片""好像""啊呀呀呆",感受山西民歌中"儿化音""下滑声调"的风格。

4. 综合表演。舞蹈表演江苏民歌《杨柳青》和山西民歌《杨柳青》,学跳山西民间舞——小花戏中的蝴蝶扇动作。

5. 拓展欣赏。聆听谭晶在"和谐之声"维也纳金色大厅个人演唱会上演唱的山西民歌《想亲亲》片段,提升学生对中国民歌的热爱之情。

结课:

在安徽民歌《凤阳花鼓》中结束音乐课。

（此案例根据山西省太原小学樊嵘教案改写）

提示

《杨柳青》课例的一个主要特点是引导学生充分感受和表现音乐的风格。本课通过对比,感受江苏民歌《杨柳青》和山西民歌《杨柳青》,了解了不同地域民歌的风格特点,激发学生对民族民间音乐的情感,在整个教学过程中用旋律、歌词、舞蹈体现了"风格"这一主题,渗透着浓厚的民间地域音乐风格。

新课标的基本理念之一是以音乐审美为核心,而音乐作品的风格是音乐美感的集中体现。因此,在音乐教学中,把握住音乐的风格特征,对于体现以音乐审美为核心的教学实践具有重要意义。

案例 4-2　小星星

教学目标

1. 聆听、演唱、表演几首有关小星星的歌曲、乐曲,体验不同的音乐情绪、风格,感受夜晚的美好,引发对大自然的遐想。

2. 初步了解在同一首乐曲中进行变奏,可以表现不同的音乐形象。

3. 在音乐活动中,能相互合作,并创编简单的声响、动作表现乐曲欢快的情绪和节奏特点。

教学建议

一、情境导课

教师播放多媒体画面——浩瀚的夜空,繁星点点,优美宁静,伴随着音乐《闪烁的小星》,教师用优美的语言导课:同学们,今天这节音乐课,让我们走进优美宁静的夜晚,一起来聆听、演唱小星星的歌。

二、聆听表现

1. 闪烁的小星

（1）聆听歌曲《闪烁的小星》

师：听，一颗颗小星星正在眨着眼睛向我们问好呢！就让我们随着音乐来轻轻地唱一唱这些闪烁的小星星吧。

（教师带领学生伴随着音乐《闪烁的小星》一起自编动作演唱《闪烁的小星》，启发学生动作和声音要轻柔、优美，体验并表现出夜晚宁静恬美的氛围。）

（2）聆听《小星星变奏曲》

播放《小星星变奏曲》，引导学生感受、听辨出音乐主题的变化，并能用动作表现出音乐的变化，体验不同的音乐情绪。

2. 我和星星打电话

师：多么可爱的小星星啊！听，有个小朋友，忍不住拿起话筒，对着星星打电话呢！

（1）聆听歌曲《我和星星打电话》

带领学生聆听、感受歌曲活泼欢快的情绪，引发联想。

教师出示两颗不同颜色的小星星，一颗为红色，另一颗为蓝色，请学生选择其中一颗表达自己对音乐情绪的感受。

（2）随着音乐跟唱歌曲

3. 星光恰恰恰

师：同学们，你们美好的心愿感动了一颗颗亮晶晶的小星星，让我们在这美好的星光下和可爱的小星星随着音乐尽情地跳起来，舞起来。

（1）播放"星光恰恰恰"，带领学生随音乐创编动作表现歌曲欢快的情绪。

要求：学生能将恰恰舞的基本节奏随音乐拍击出来。

（2）几人一组合作创编动作及不同声响，表现恰恰舞的节奏特点。

三、情境结课

播放乐曲《闪烁的小星》作为背景音乐，在轻柔的音乐声中，教师在情境中结课：同学们，今天这节音乐课，我们在美丽的星光下，和许多可爱的小星星聆听、演唱了许多小星星的歌曲，一起渡过了美好的学习时光。时间过得真快，不知不觉中，太阳公公已经升起来了，让我们跟可爱的小星星再见，背起小书包高高兴兴去上学吧！

学生在《太阳太阳你真勤劳》的音乐声中欢快地出教室。

（此案例根据青岛市市北区教研室张洪涛教案改写）

提示

这堂音乐课比较恰当地体现了综合性艺术表演在表现领域的教学状态。由于综合性艺术表演是辅助性的教学内容，因此处理好与聆听、演唱、演奏的关系就很重要。本课围绕"小星星"这个主题，在聆听、演唱的基础上，运用综合性艺术表演的方式来表现有关小星星的歌曲、乐曲，体验不同的音乐情绪、风格，感受夜晚的美好，引发对大自然的遐想，特别还编创了《星光恰恰恰》表演动作，进一步表现本课教学主题。应该说，在小学音乐课中，上例是体现综合性艺术表演教学过程的一个较好的设计。

思考与练习

1. 什么是小学音乐活动课程？
2. 小学音乐活动课程的实施策略主要有哪些？
3. 简述制定音乐教学基本原则的依据。
4. 举例说明两个音乐教学的基本原则。
5. 请问小学音乐教学的方法有哪些？
6. 扫描章首二维码查看《小球跳跳跳》微课视频后，说说教学中运用了哪些教学手段。
7. 请模仿课例，设计一个唱歌课教学计划。
8. 阐述小学音乐教学总目标，以及三个维度目标。

第五章　小学音乐活动教学设计

扫码获取
相关资源

每个人的音乐天赋是与生俱来的，而学习音乐的能力、在音乐方面是否有成就，要看后天所接受的学习、教育和其生长的环境以及接触音乐的程度。儿童的能力、知识都是通过感官活动的参与而获得的。教学中应该引入尽可能多的感官刺激，充分引导孩子们从大自然中学习，从人们所熟悉的环境活动中获得学习的素材，因为这些都是最容易掌握的东西。因此，音乐教学中应该充分挖掘与运用身边尽可能多的素材：教具；玩具；那些孩子们熟悉的、经常亲手去摆弄的东西；常使用的纱巾、小木棍、节奏棒等，这些都有利于学生把身体活动开，有利于他们感受与表现音乐，增加学习的兴趣。

教师应该掌握打开思维的技巧，掌握更多的授课技巧、鼓励学生的技巧，以多种方式调动孩子们的积极性，让他们融入做的过程中去，自己发现—了解—纠正—获取，在不断的发现、了解、获得、熟悉到再发展的过程中，学生也在不断地了解自己、发现自己、获得成长。

第一节　小学音乐活动教学的相关分析

一、小学音乐活动课程的意义

在音乐活动中，不论是幼儿还是成人，都能在情绪上有一个共通的体验——愉悦。儿童可以在极为放松的状态下完成各个音乐环节的挑战与创造，成人也可以在轻松与快乐的氛围里理解音乐本身的快乐以及感受音乐创造的魅力。这些美好的音乐体验或者说是感知音乐的体验，是每一个人面对这种尊重身心发展规律、尊重音乐的感知觉规律的教学活动时的正常反应。因为音乐对于人的成长和帮助是直达心灵的，在培养人方面具有无限可能性，如专注、认真、投入、潜力、协调、合作、注意、观察、想象、创造等，这些学习品质的培养都可以通过音乐的教育过程而实现，这是音乐活动课程的宗旨与目标。

当音乐的源点不再是单纯的技巧或者知识的时候，当音乐的教学不再是从教师的"教"出发的时候，当音乐的形式不再是拘泥于某种一成不变的教学形式的时候，另外一种基于人本主义的音乐教育过程就会出现。音乐活动课程的起点始于儿童内心天生的音乐能力，音乐活动的教学过程须符合儿童感知和接受水平，通常是通过模仿、观察、即兴等方法实现。

在整个音乐活动教学中，教和学是十分重要的两个方面，从教师的角度来讲，在整个音乐教学过程中，教师起到引导作用，学生是音乐教学中的主体，教的目的是使学生的音乐学习达到学习的目标。在音乐活动课程教学中，教师的教学思路、教学模式清晰地展现音乐活动课程的设计思想及发展逻辑，教师可以根据音乐活动课程的教学思想、模式初步进行清晰的课程设计或者教学。在教学中教师要充分尊重儿童心理与认知规律，在运用这些教育原理基础上体会音乐活动教学的乐趣。

二、音乐活动教学的模式

所谓"音乐活动教学"是指从事音乐学科工作的教师引起、维护或促进学生在音乐活动学习中的所有行为。而教学模式一般是指在一定教学思想或教学理论指导下建立起来的较为稳定的教学活动结构框架和活动程序。作为结构框架，突出了教学模式从宏观上把握教学活动整体及各要素之间内部的关系和功能；作为活动程序则突出了教学模式的有序性和可操作性。

小学音乐活动课程具有即兴创造性实践性的特点，教学模式充满欢快，让学生亲身参与到音乐活动中，充分地引导学生随着天性来创造音乐，利用亲身实践来感受音乐，运用想象和联想等方式将自己的情感和音乐相联系，通过体验从而真正地达到音乐与身心的深入沟通交流。而音乐活动的主要教学模式有以下几种：

（1）主题类：以物品、季节、故事、绘本为主题，并在主题内围绕多种音乐元素与形式开展活动，如《我们的夜晚》。

（2）音乐元素类：围绕某一音乐元素或者能力出发，以掌握此元素开展课程，如《声势的舞蹈》。

（3）道具、教具类：围绕某一道具与乐器，以道具拓展各类音乐元素与技能为目的展开活动，如《小球跳跳跳》。

（4）歌曲、乐器类：由一首音乐或者歌曲出发，以拓展各类音乐元素与技能为目的展开活动开活动，如《秋风词》。

（5）动机类：从简单的动机、谱例出发，借助嗓音、律动、演奏等形式进一步深化，从而展开活动，如《园之舞》。

（6）组合类：由多个独立课例（对应不同目标）组成，为完成各个活动的相应目标开展的一节课，如《梅花》。

本书所指的音乐活动教学策略，考虑实际的教学情况特指为有效的音乐活动教学策略。所谓"有效"主要指通过音乐学科教师一段时间的课堂教学之后，学生在音乐及相关方面的能力有明显的提高。

对于小学音乐活动课程来说，虽然课程的模式不拘一格、方式方法千变万化，总是在不断创新儿童对音乐感受的方式、深化感知程度，但回归到课程中它的发展也像其他课程一样具有固定的构建模。这样的构建模式可以让教师更高效地进行音乐活动课程的设计与实施,也可以让学生在这种有逻辑层次的音乐活动教学中获得音乐所带来的滋养。

三、小学音乐活动课程的特点

小学音乐活动课程在实践过程中有两个重要的概念,一是"感官性",二是"即兴性"。"感官性"是针对儿童整体感知的特点而言的,在儿童早期,会更多地调动自己的感官来感知新的事物,尤其是对于音乐,更是需要通过多种感官,从不同角度来体验其中快乐、获取其教育价值。因此,在小学音乐活动课程中,不仅仅只是通过歌唱来体验音乐,语言、字词、童谣、演奏、戏剧、绘画、表演、故事、声势、律动等都是我们感受、体验音乐的手段与方式。

"即兴"是小学音乐活动课程的核心精神,在音乐活动过程中,"即兴"是一种实时的创作活动,是儿童在音乐活动课程教学过程中充分体现出其创造力、体验期潜在的音乐能力的表现。音乐活动课程始终在教学过程中努力做到让儿童达到即兴的状态,从而获得精神层面的高级体验,得到能力和素质方面的提升。音乐上的即兴也是音乐上的创作,从素质提升方面来看是创造力的体现,课程中每一个设计都留给儿童创造性体验空间,每一种教育内容安排各种创造性的体验方式,每一个乐器的设计、使用、演奏都体现出创造性元素。

教学是一种创造性活动,每位音乐教师在实施音乐教学时,即使使用的是同一份教案,也会表现出不同的智慧与个性。音乐学科是一门以感性认识为主的学科,教师的特长与个性往往与教学策略的实施效果相关联。教学个性往往发展为教学风格,因此音乐教师在教学中不仅要遵循一般的教学规律,还要结合自身所长、学生具体情况等对实施策略进行调整和创新。

音乐活动教学的实施策略有以下特点:

(1)重视学生发展变化。教学从纯粹的音乐知识技能传授转向提高学生音乐素养,提高学生音乐能力,为学生"种"上音乐的种子,为其今后的发展做好准备。

(2)打破统一规格教学模式,以学生为本,注重学生的差异性教学,实现教学有层次性及针对性。

(3)教学中注重学生的"学",音乐活动教学注重学生的自主学习,有利于学生音乐潜能的开发,有利于学生多元发展。

(4)音乐活动教学更注重音乐活动的过程,这种课堂教学策略的实施,能培养学生探索、创造等的音乐学习习惯和方法,并会将这种学习方法自觉或不自觉地应用到课外音乐活动学习中,甚至迁移到多元的学习活动中。

本书将音乐活动分为以下几大类:动作类、声音类及其他。

第二节　动作类音乐活动教学设计

达尔克罗兹认为："人类的情感是音乐来源，而情感通常是由人的身体动作表现出来的，在人的身体中包括发展感受和分析音乐与情感的各种能力。因此，音乐学习的起点不是钢琴、长笛等乐器，而是人的体态活动。"

在关于音乐的起源上，有观点认为，人类通过身体将内心情绪转为音乐，这就是音乐的起源。人们对音乐的理解过程与其说是一种智力过程，不说是一种情感过程，人们可以通过身体各个部分的动作感受到情绪，例如可以通过肌肉紧张与放松的程度感受和表达自己的情绪，可以通过姿态（手势和各种身体动作），使内心情感表现于外部世界。这些动作有些是下意识的、自发的，更多的则是思想和意识支配的结果。人们也可以通过身体动作将内心情绪转化为音乐，要能很好地理解、感受音乐，首先要学习掌握"身体"这个乐器，把仔细聆听音乐和身体动作结合起来，就能够产生理解和表现音乐的巨大力量。

在音乐活动的教学中，音乐不是动作的伴奏，而动作是用来阐释、说明音乐的，这里的动作不是用音乐伴奏的舞蹈，更不是伴随着音乐的体育运动。本书所讲述的动作不注重身体姿态或外表形式，而是要将表现音乐所必需的要素"融化"于我们的身心，发展对音响节奏和身体节奏的通感，实现用我们的身体能直接反映情感。

在教学中，教师通过音乐与身体动作相结合的运动，唤起学生的音乐本能，培养他们的音乐感受力和敏捷的反应能力，进而获得体验和表现音乐的能力。这种教学手段，可以使学生在生命运动器官和思维之间形成一种自由转换的密切联系，达到身心和谐发展的目的。

结合动作的音乐教学内容是非常丰富的，包括声势、动作，以它们在时间、空间、能量上的变化与运动，再配合身体的造型活动、游戏、形态表演，乃至于即兴的民族民间集体舞蹈等，将这些内容交叉融合，就又可以形成新的内容与教法。

本章节分为声势动作类和动作表达类。

一、声势动作类

声势是指用身体做乐器，通过身体动作发出各种声响的一种手段。它是人类宣泄、表达、交流情感最原始和最直接的方式，产生于语言、音乐之前，且至今仍然被人们广泛地运用。在大型体育活动的比赛表演中，人们用拍手、跺脚表示他们的情感；音乐会结束后，人们有节奏地拍掌，以表示他们热烈的情绪，这些采用的都是声势这种方式。

声势活动对培养学生的节奏感、听辨能力、反应能力、记忆能力以及创造能力是一种非常好的方法，运用声势进行训练，无须借助抽象的概念、复杂的逻辑思维、高难的技能技巧，也无须任何教具、乐器，每个儿童都能没有任何负担地自然使用，因此会对此兴趣盎然。声势是人们入门基础训练最重要的训练方法之一，由于其低投入、高效益的特点，在基础教育中可以说是最为实用、高效的一种音乐教育手段。

（一）声势活动的学习方式

学习是一种潜能，是人在一生中需要不断发掘的能力。学习不仅仅意味着了解新的内容，获得新的知识，发现新的问题，熟悉新的领域以及尝试新的拓展，更意味着从自身和生活环境中开始做一些新的努力，不断地探索自己和所在的这个社会，最终实现新的理想。在不断地了解、获得、熟悉到再发现的过程中，我们也不断地了解自己，发现自己的能力。因此，学习本身应该是一种积极的状态，产生学习的兴趣是教学过程中学生必须要拥有的内在条件，学生在体验中积累经验兴趣，会使他们对事物产生好奇心，产生想要去了解和表现的冲动。要使学生拥有学习兴趣，教师的教学理念与教学技能十分关键，如在声势学习中除了包含音乐的节奏、音色等元素之外，同时还包含通过运动觉所呈现的视觉形式，这将产生极大的视觉冲击。

在学习中学生无论最终是否能够获得自己满意的答案，但是在这个过程中所积累的经验，往往比结果更为珍贵和富足。学习的意义并不仅仅是单纯的知识储存，更是复杂的感知体验，声势教学就是这样一个感知体验的过程。在声势教学中，即使学生在节奏准确程度和音色的丰满度方面未能达到最佳的效果，但他们在感觉、知觉全面开启的体验过程中也能感受到音乐的乐趣。学生作为学习个体，他的感知在声势教学中被调动起来，学生和学生之间的互动、学生和环境之间的互动编织成了一张网，这张网使得音乐技能不再是孤立的，它无处不在地渗透在每一个教学环节中。学生在教学环境中需要考虑很多，不仅仅是单纯的音乐本体元素，更需要考虑如何全面地利用自己的视觉、听觉、运动觉和触觉来进行音乐技能的学习，及如何从他人处得到启发、如何与他人合作等。

（二）声势活动的学习目标

声势（Sound Gesture），分为身体打击乐（body percussion）和嗓音打击乐（vocal percussion）。身体打击乐将自己的身体作为一件打击乐器，用拍击不同身体部位发出不同的声响组成节奏组合进行演奏；嗓音打击乐则是用人声模仿各种打击乐器或不同音响，发出不同的声音组成节奏组合进行演奏。

声势活动包含用声势的形式进行的各项音乐活动和在音乐教学中开展的以声势为训练手段的各项教学活动。本书所指声势活动主要指后者。声势活动是最为原始和直接的教学方法之一，它突出声势动作与音乐的结合，学习者可以在音乐节奏中，运用自主的身体动作，感受与表达音乐的内涵。声势教学法把动作、节奏、演奏、演唱、朗诵融为一体，将音乐教学集合多种方式。运用声势教学，儿童能够将单一的音乐形式更加的细节化、具象化。声势是各类节奏、动作学习的主要资源，同时它也可作为一种自发的音乐创作载体，是适合于所有年龄段学生的活动，这一点在当代音乐教学中运用非常广泛，而且已产生足够的影响力。

声势活动有以下学习目标：

1. 促进身心发展平衡

用声势动作培养及发展学生身心平衡。结合动作的音乐教学方法，在中国古代

"乐"的教育中就已经出现，例如西周的宫廷音乐教育，就通过"乐舞"的练习得到运用。在声势单元中，学习用基本的声势动作表现音乐，让学生能够根据音乐与他人合作进行声势动作的互动与游戏。这种结合动作的音乐教育，将学生作为一个整体，对其感性与理性、身（生理）与心（心理）进行综合的平衡教育，对培养学生身心的自控力、把握能力和发展富有动力的生命力等方面是其他任何教育课程都难以做到的，是全面提高学生素质的重要手段与方法之一。

2. 培养敏锐的听力、注意力、反应能力

在声势教学实践中，注重对听力、注意力、反应能力的培养。声势不是按规定的动作配以音乐进行的，而是人听到音乐后通过动作自觉反应出来的，这是声势教学方法尤为重要的特点。在声势教学中，首先需要培养"听"的洞察力，要求听得专注，用专注地听来培养学生的注意力；"听"后通过声势动作自觉反应出来，这就是反应力。这个"身体外化"的过程就是音乐的外化过程，听得准确与否、反应得准确与否显而易见。

3. 训练节奏感

以身体为乐器，通过声势动作挖掘人与生俱来的节奏感。让学生体验节奏、发掘其更加敏锐的节奏感是声势的重要目的之一。人的动作本身就富有节奏动力，从最简单的走、跑到日常劳动中的动作本身，一直蕴涵着丰富的节奏教学的素材。而对于儿童这个阶段来讲，通过声势动作来发展其对节奏的直接感受和体验是最佳年龄接收期，因为这个年龄段身体的协调、身心的敏锐反应及表现都适合运用声势动作进行节奏训练。声势训练需要学生能根据音乐进行节奏的模仿、创编与表演，这样的训练能找回他们原本潜藏的节奏本能，也是声势律动盛行不衰的原因之一。

（三）声势活动的基本形式与方法

1. 声势的基本形式

声势的基本形式有：拍手、跺脚、拍腿及捻指四种。

（1）拍手

拍手的基本动作是：肩膀与手臂放松，双手在胸前拍击，一手平放，另一手拍打。开始教学时可以让学生尝试用手的不同部位、不同力度进行音色和音量的探索：让学生先以右手指尖拍击左手掌根，注意音量、音色的特点，然后边拍边向前移动至掌心，此时，音响会有共鸣，音量也会较大，再向前音量又会变小，通过这种练习让学生了解拍手会因为部位的不同而产生音色、音量的变化。一般在练习中采用单手拇指外的四指击拍另一只手掌心，被拍击的手一般不动，音量大小也由拍击手控制，不要两手对拍，因为两手对拍会影响速度，同时也会造成双臂紧张。

拍手还包括拍击掌背、手背对手背、指尖对指尖等，这样多种方式探索拍手可以用来培养学生的观察能力及创造性思维，也可以提高学生的学习兴趣，教师可以在不同拍法产生的音色变化及特点的体验中摸索出新的教学方法（可扫章首二维码获取《从头到脚玩音乐》视频资源）。

拍手声一般明亮清脆，在声势合奏中，宜拍鲜明的、节奏较强、较复杂的节奏声部。

（2）跺脚

分站姿与坐姿两类。站姿跺脚，一般采用脚掌跺地，左右脚均可，并鼓励学生使用两脚，也可以是脚跟或前脚掌跺地，或用脚画弧线、圆圈等；坐姿跺脚，学生坐在凳子上，大腿一半放在凳子外悬空，凳子的高度以大腿与小腿成直角为宜，跺脚时，脚掌略提起。坐姿是从脚跟部起动作，可以单腿进行，也可以左右脚轮流做类似原地踏步的动作，注意做动作时不要过分用力跺脚跟，以免震动过大伤及其他部位。跺脚也有音量、音色的变化，在练习时要充分调动学生的参与度，过程中越细致越好。

跺脚的声音比较低沉，在合奏中宜担任节拍重音的声部。跺脚的节奏，不易过密和复杂。

（3）拍腿

站姿与坐姿均可以完成拍腿声势。拍腿时双手自然置于大腿两侧，双臂放松，单手或双手拍腿。该动作难度较小，也是四种声势动作中最容易完成的。拍腿可以拍打出更为丰富的节奏花样，该动作本身就可完成二声部练习，这就使它成为学习打击乐、音调乐和键盘乐前的最佳准备练习方法。这种方法除了有利于节奏感的培养外，对左右手的协调、放松均是很好的预备练习，在训练十六分音符节奏型时比别的声势动作更容易完成。

拍腿训练中需要注意的是，由于拍腿声响不够鲜明，合奏时不建议将其单独在重拍使用，因为该动作声势会使节拍重音不突出。

（4）捻指

捻指是将中指、拇指相捻发出的声响。许多人尤其是儿童很难做到，这时我们也可以用弹舌发声代替捻指发声。捻指可以用不同的姿势、以不同的高度完成，它在四种声势练习中极少单独训练，多结合其他声势进行练习。捻指音量最小，但是声音较高，有时可以发出尖锐明亮的响声，一般不宜用在重拍及复杂且较快的节奏中。

除了以上四种声势的基本形式外，还有其他更多的声势形式，可以通过从头、脸到全身各个部位的拍打，获得极丰富的节奏和音色变化。人体的各个部位都可以被运用，对儿童来说，从拍打肚皮、胸脯到拍打髋部两侧，夹臂、用双臂摩擦身体的各个部位，用脚的不同部位完成踢的动作或者踢在不同物体上，发出不同的声音、不同节奏和音色，会令他们乐此不疲，学习兴趣更浓，同时身体的技能也能得到更多的锻炼。在声势教学时，教师还可以从世界各地民族民间歌舞中找到他们的原型，然后经过选择再用到课堂上，从而产生意想不到的教学效果。这些声势动作不仅具有丰富的艺术表现力，深受孩子们喜欢，而且能起到传承民族文化的作用。

2. 四个声部的记谱方法

四个声部的记谱方法如下：

右手，右脚　　♩（符干朝上）

左手，左脚　　♩（符干朝下）

谱例 5-1

提示

拍手标记只记在一行谱上，符干都是朝上；捻指、跺脚标记也是记在一行谱上，符干朝上朝下分别表示左右手或脚；只有拍腿标记是记在双行谱上，分别表示左腿和右腿，符干朝上朝下分别表示左手和右手，因拍腿可以双手交叉，即左手拍右腿，右手拍左腿，故在看谱时需要格外仔细。

（四）声势活动的设计理念

1. **突出学科育人功能**

加强学科的育人功能是新课程标准的要求之一，音乐课程旨在让学生在传承我国优秀的民族文化和民族精神的基础上，拓展其艺术视野，培育多元文化意识，这些都明示着音乐课程的育人功能。声势课程的设计要实现"三个维度"的培养目标：首先，在声势活动中提高学生的音乐审美能力，培养学生健康向上的审美情操；其次，运用声势活动培养学生的合作交流和团队意识及包容态度；最后，教学中要结合与运用我国优秀的民族音乐的旋律及节奏，培养学生的爱国情感。

2. **培养学生的创新精神与能力**

创新是一个民族进步的灵魂，是国家兴旺发达的不竭动力，一个没有创新能力的民族难以屹立于世界先进民族之林。

与传统的音乐教学法相比，现代音乐教学中有几个新的因素尤为突出，其中培养学生创造精神与创造力被提高到了重要的位置。新的基础教育十分注重对创新精神和创新能力、实干精神和实践能力的培养，强调实施素质教育的主要阵地和主要渠道是课堂教学，课程实施是课程系统功能体现的关键。

声势教学特别注意未来社会对人才的需求，始终把创新精神、创新能力和实践能力的培养放到突出位置，无论是在课程素材的选择、活动内容的选定、课程实施的过程中都包含着这一要求。

声势教学本身就具有对学生创新思想、创新精神和实践能力培养的内在因素。脑科学的研究告诉我们，人的大脑结构是有一定分工的，其中左半脑主要支持逻辑思维，右半脑主要支持形象思维，学生的知识性学科学习主要用左半脑开展思维活动，因此学生的左半脑开发和利用比较多，但却只用了大脑的一半。同时，研究表明，人大脑的右半球掌管表象，是进行具象思维、直觉思维的中枢，从人的创新意识和能力来看，更重要的是形象思维的结果，这个是音乐艺术技能性学科的优势。声势教学通过设计动作的模仿、变化、创编，落实音乐学习的三维目标，有助于对全脑的开发与培养。

3. 培养学生自主学习的能力与精神

学生的能力与知识是通过感官参与的活动而获得的，教学活动应该引入尽可能多的感官刺激，创设具有情境色彩的、以形象为主的教学场景，激发学生情感，引导学生更主动地参与学习，培养他们自主学习的能力与意识是声势教学的设计理念之一。

德国一位学者有这样一个精辟的案例，将 1.5 克盐放在你面前，你无论如何都会觉得难以下咽，但是将这些盐放入一碗美味可口的汤中，你早就在享用这份美味了，你在享用这一美味时 1.5 克盐也被自然吸收了。情境之于知识，犹若汤与盐，盐须融入汤中，才能被吸收，知识需要融入情境才能显示出活力和美感。

情境体验教学强调将情境作为一种教学手段，它遵循反映论的原理：当学生在体验情境和表达感受时，其分管形象思维的大脑右半球与分管抽象思维的大脑左半球交替兴奋、抑制，从而开发大脑的潜在功能，而且，当学生置身于特定的教学情境中时，客观环境与主观能动性紧密结合、相互促进，可以有效地促进自身的发展。

声势情境教学有以下几个特点：

首先，情境体验教学强调从感受与体验情境出发，其最突出的功能，就是引导学生的情感，升华学生的生命体验，激发学生主动参与学习活动。

其次，情境教学以"情感"作为教学起点，在教学过程中，以学生体验、反省、感悟为组织教学的依据，并在激发学生情感的过程中引导学生更主动地亲身体验与创造。

最后，情境体验教学关注学生在课堂上的"幸福感"。马斯洛在《人的潜能与价值》一书中提出，由于"在体验世界中，一切客体都是生命化的，都充满着生命的意愿和情调"，声势情境体验教学就是让学生在课堂教学中体验到生命成长的幸福，注意用情境激发和引导学生学习兴趣，让学生感受课堂学习的乐趣，体验学习生活的丰富多彩，从而实现新课标所要求的情感、态度和价值观的目标。

（五）声势活动教学过程的设计

1. 教学设计相关分析

教学过程包括教学流程、教学方法、教学媒体、教学情境、作业练习等方面。这些方面都需要在备课活动中精心设计，这些设计必须根据新课程标准及声势课程的理念，将适应和促进学生的发展作为出发点和归宿。

当前中小学音乐学科的教学设计比较常用的主流模式有：陈述式、表格式和流程图式。

（1）陈述式

陈述式是最传统的模式，主要以教师的教学行为作为表述主线，将教学内容和要求借助一定的教学方法，设计成一份教案。陈述式教学过程主要包括几个环节。

复习旧课：提问学生或概括学生已经学过的内容；

引入新课：应用不同的方式，引发学生对本节课内容的学习兴趣；

新课讲授：分几个小单元，以相同或不同的方式开展新内容的教学，音乐一般是讲练结合的方式进行教学；

归纳小结：将本节课的教学内容和要求、重点知识与技能进行小结；

作业布置：明确学生课后完成的学习任务，但这不是每节课都必需的环节。

（2）表格式

表格式是按一定的学习主题任务，学生和教师之间互动性的教、学行为，以及明确需要达到的学习要求的一种模式。这种模式的每一个教学环节在横向联系和目的要求上，具有比较紧密的关系。如：

教学内容	教师行为	学生行为	教学说明
情境引入	教师选择中国国画的图片供学生欣赏，并引导学生根据国画内容进行动作创编与表演	学生在教师引导下，根据图片的内容用肢体语言或舞蹈动作进行表达	根据图片的内容用肢体语言或舞蹈动作进行情感表达

（3）流程图式

流程图式比较注重教学的系统性和整体性，是借助信息技术的信息流、方法流、资源流等概念，并将它们串联起来的一种设计思路，是用来表示课堂教学的完整过程的一种形式。这种形式在许多学科都有应用，图5-1即是典型的流程图式进行教学设计的样例。

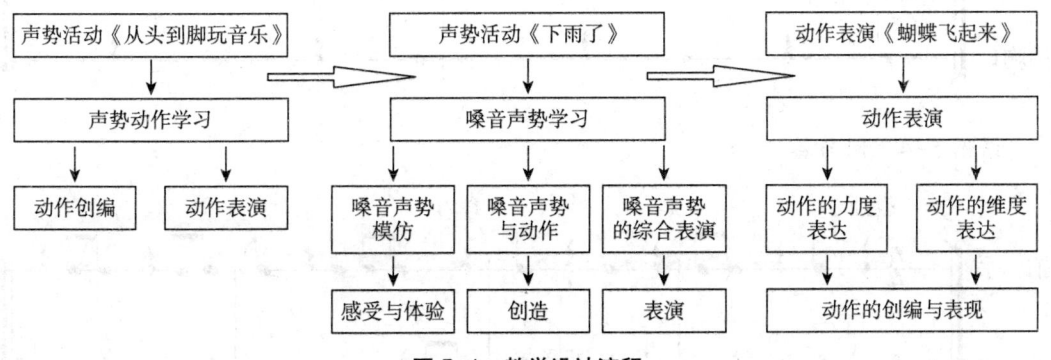

图5-1　教学设计流程

在声势及后面章节的教学设计过程中，可以根据课程的侧重点选择不同的模式。

2. 声势活动的教学设计

（1）声势活动的教学形式

在"多元"的声势教学中有以下几种基本的教学形式。

形式一　听觉形式

回声模仿：依靠听觉记忆所学习的内容，常用的教学方式为"模奏"，即"回声模仿"。回声模仿的形式很多，包括完全的模仿，以及保持原来的节奏型不变而改变音色的模仿。

谱例 5-2　回声模仿

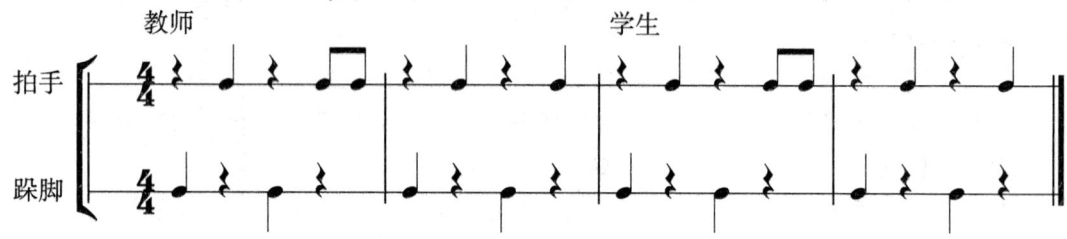

谱例 5-3　回声模仿——改变音色

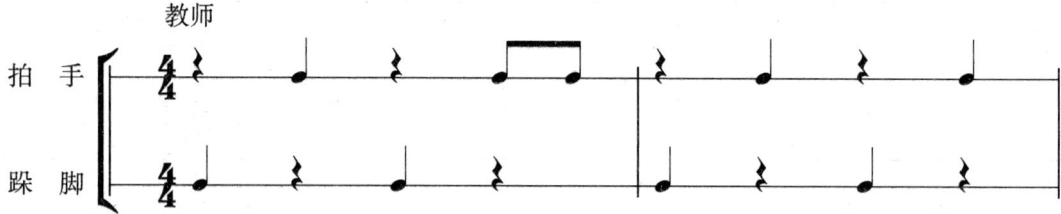

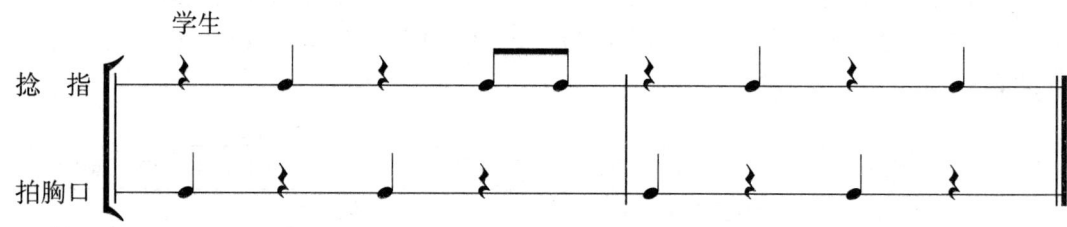

谱例 5-4　问与答

提示

问与答可以是节奏上的，也可以是音色与节奏相互结合的。过程中教师可以限定某些音色，学生则对这些音色进行节奏重组，奏出答句。

形式二　视觉形式

声势教学离不开视觉感官，学生通过观察可以了解身体打击乐中的动作运动规律等，从而更好地帮助自己记忆节奏。但必须要强调的是，声势作为音乐教学的一项内容，在教学中着重于音乐本体元素，即音色和节奏的准确，教师绝不能将动作的名称形成口令来替代节奏和音色。在视觉形式中，可以让学生通过身体动作来寻找身体各个部位的音色哪些较为接近，哪些更有特色或探索左右手应如何协调，才能更准确地完成节奏型的演奏等，例如《小球跳跳跳》（可扫章首二维码获取该课程资源）就是采用这种形式。

形式三　噪音形式

在视觉教学形式中需要特别强调，教师不能用念读动作作为口令来进声势教学，而提倡"噪音形式"的教学，即在身体打击乐教学时，用声音打击乐的形式将节奏表现出来，同时配合身体打击乐的动作音色，使学生主动发现不同的噪音音色可以对应哪些不同的身体动作，以此帮助记忆节奏。

谱例 5-5

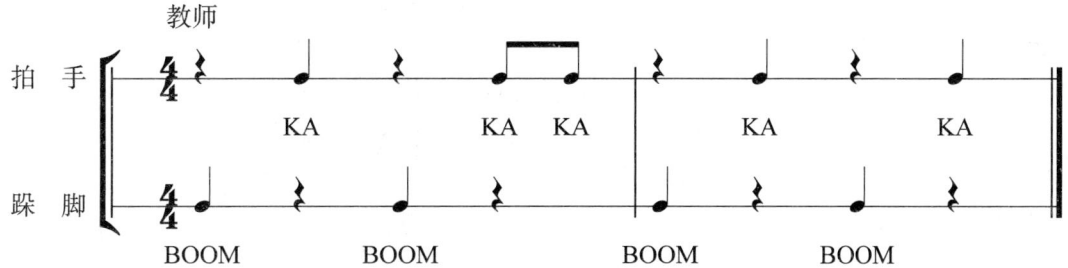

形式四　小组形式

当今的课堂教学越来越倡导小组形式的教学。学生在小组中能够相互帮助，同时可以学习如何领导与被领导。

形式五　创造形式

学生的学习是一个创造性的过程，非常的独立。声势教学中，学生学习内容可以由教师来组织，但是在课堂上，这些内容所呈现的程度，必须要以学生的现有体验为依据，学生对艺术创造的参与是独立的、主动的。在声势教学中，教师可以采用多种教学手段对学生进行训练，如可以让学生对一个节奏进行拍号、音色或节奏的某一处进行变化等。也可以根据教师身体打击的节奏型，改变任意一处或多处的节奏，如谱例 5-6。

谱例 5-6

（2）声势活动的教学内容

声势活动的教学内容丰富，包括了音乐及音响的探索、节奏的模仿与即兴创作、用声势固定音型进行多声部的学习与实践等活动，教学时可从这几个方面考虑进行教学设计。

内容一　音乐及音响探索

探索音响与探索音乐的声响含义在实际教学中是很难区分的，探索音响是属于探索自然界、日常生活中各种现象声音的教学活动，如聆听并用声势或借助各种物体进行常规的或非常规的声音模仿，如模仿风雨雷电、流水、松涛、鸟鸣声，以及模仿，如汽车的喇叭声、骏马的奔跑声等（可扫章首二维码获取《报纸回旋曲》视频资源）；探索音乐声响则是属于探索各种声音之音乐属性的教学活动，例如探索人声、乐声及非常规音源的音色、音强、音高、节奏、旋律、和声等音乐要素的教学活动。声势创新活动是指被当前的音乐情绪或意境所触动，临时发生兴趣，不依据乐谱进行的声势创编及展现活动。声势教学中，教师在进行基础声势动作教学后要引导学生聆听不同音源，探索用声势对这些音源的声音色彩、高低、强弱、速度等进行模仿，在活动中培养学生的感受力、创造力与表现力。

课例 5-1　下雨了*

教学目的

1. 学习用嗓音声势进行音响模仿、节奏表现。
2. 初步接触三段式。
3. 培养学生的模仿力及表现力。

教学建议

1. 引导学生用嗓音进行音响模仿。
2. 用嗓音表现场景。教师引导学生将生活中的场景用声音进行即兴表演，如走路声、雨声、风声、不同车辆行驶声、摩托车撞击声、婴儿声等；在即兴创编时还需注意声音之间的节奏、音色、快慢的互补。

场景 A：妞妞的活动（上学）

场景 B：上课了

---

* 可扫章首二维码获取该课程视频资源。

场景 A'：妞妞的活动（放学）
3. 表演嗓音声势剧《下雨了》。

提示

三段体主要由三个乐段所组成，特别的是：并非是三个完全不同的乐段，三段体我们大致上可以用简单的 ABA（或 AAB'）来表示：也就是说第一和第三段式其实是有点相似的，第二段可以是风格较为迥异的，由此来做对比。这样的设计有点类似前后呼应法，到第三乐段时进行回顾，让整首曲子听起来较有整体感。

嗓音打击乐是指用自己的人声，模仿各种打击乐器或发出不同的声音组成节奏组合演奏。简单地说，嗓音声势指人声发出声音，完成节奏或场景模仿的形式。

内容二　节奏的模仿与创编

节奏是能够把语言、动作、音乐融合在一起的最核心、最基本的要素。所有的生命都是有节奏的，这种节奏感对于个体来说不仅是通过耳朵听到、手的动作感受到的，它甚至会影响到血液循环、呼吸、内分泌以至到心脏等的全身反应。在这里我们找到了感情的生理基础，节奏感达到高度发挥时就变为感应性的，这种感应就是所谓的"感情移入"，在音乐诸要素中节奏可以说是最有效，同时也最直接作用于人的身（生理）心（心理）的第一要素，也是最富有生命力的要素。因此，节奏感的培养是对心理素质到肌肉自控能力的全面训练，而节奏感的精细化是人的自控能力往高层次发展的进一步提升的表现。

在声势教学中节奏训练并不是简单的操练或机械训练，机械的训练本身违反了节奏出自本能的原则，缺乏了敏锐的感知和主动的反映，充其量只能是训练"条件反射"的能力。声势的节奏训练应该是聆听之后再有感而发，是转移易转化，这种"发"（动作）既然是有感而发，就不能规定必须怎么动，其所"发"所"动"就必定是即兴的，具有个性特点的，而这也是创造性思想与能力训练、培养的开始，是人人都能接受的训练。

节奏感具有聚合音乐音响的作用，音乐心理学常识说明，在比较优良的分类聚合情况下，人们记住小组的数目差不多与零散的数目一样多。在音乐中，如有节奏的把握音乐（节拍、乐句、速度感）、能记忆的小组——也就是乐句，乐句几乎与无节奏感记忆单音数一样，所以对节奏记忆的训练是发展音乐记忆力的重要途径。

教学中教师可以通过节奏回音、节奏问答、节奏卡农、节奏接龙等形式来培养学生的记忆力、创造力与表现力。

内容三　用固定音型进行多声部的学习与训练

对于我国的音乐教育来说，多声部教学因受中国音乐文化的限制始终都是个难题。除了多声部合唱以外，学生只能从学校音乐课的欣赏中去接触。多声部的合唱训练难度是众所周知的，但它的教育功能是很强的，例如培养学生群体合作、处理人际关系的能力。对于多层次、多声部音乐的理解参与能力，特别是在进入多声部合唱之前的入门基础训练能否进行，是多声部音乐教育中的一个重要问题，其重要性绝不亚于多声部训练本身。利用固定音型为语言、歌唱伴奏，是课堂上最方便的多声部训练，也是音乐教学中对设备要求最少、应用最广泛、最有效的教学途径之一。

在多声部训练中，固定音型的使用十分重要，"固定音型"源于意大利，原文为"顽固"之意，所以在许多中文翻译中时常见到"顽固低音""顽固节奏""顽固伴奏"的说法，意指一个音乐动机或小型乐句（4—8小节）不断重复，贯穿于一整段音乐或者是全曲。"固定音型"最早出现于13世纪的经文歌旋律中，在15世纪后的复音音乐中因其多用于低音声部，所以被称为固定低音，例如在肖邦的《摇篮曲》就可见到。固定音型（节奏型）被用在学校音乐教育中的价值是出乎意料的。这种固定音型作为一种节奏基石，可以从学生熟悉的语言、身体动作、日常生活中的音响中很自然地获取，由于材料来源丰富，且又是学生熟悉的，因此掌握起来自然就更加容易，兴趣就更加浓厚。

运用固定音型训练时，教师可以让学生从头到尾使用像节奏基石这样小单位的节奏或音型，为熟悉的儿歌、诗词进行朗诵伴奏或参与器乐合奏。固定音型的使用减少了学习技巧的难度，使多声部教学变得简单、方便，教师可以以极小的成本获得较高层次的多声部的合唱、合奏的教学效果。在此基础上，还可以进行旋律或器乐色彩、表演方式的变化，由此产生音乐上更多色彩及动力的变化与感受，形成更多不同的风格，这样的方式让学生对音乐学习更加感兴趣。

在这样的多声部即兴创作活动中，由于无技术负担的固定音型（节奏型）的使用，可以让学生的说、唱、奏、动成为一种无意识或半无意识，从而让学生腾出精力做即兴创作的其他发展。这既培养了学生的即兴创作能力，又训练了他们一脑多用的能力和身体的协调能力，同时也使唱、动、奏于一身的综合训练成为可能。

基础教育阶段，音乐教育中的音乐创作不是为培养音乐家的音乐创作教学，而是以创造性的音乐活动为主题，通过音乐创作活动，给学生自我表现的机会，发展学生的想象力和创造力，发掘其创新潜能。

（六）声势活动学习评价的设计

课堂教学中的学习评价是指对学生在学习活动中各种数据发展的认定，可分为两个方面进行：一方面是结合课堂教学的过程，将学生音乐学习过程中的音乐素养按"从无到有""从小到大""从低到高""从零星到系统"等级别进行评价；另一方面是结合学生成长记录册中的栏目，对学生进行总结性评价。

按照现代评价理论，评价的功能是引导被评价者，按照目标要求衡量其努力的结果同目标之间的距离，或看到被评价者的成功，或明确还需要做哪些努力，总之，评价最终是为了激励其发展，而不是仅仅对被评价者进行判断或给一个分数。

声势的学习与训练是建立在节奏与动作元素基础上的，这些元素包括时间、空间、重量和流动，每个动作都是这些元素之间的互动与组合。每个元素在孤立的时候都存在于一个连续区间中，这个区间两端的点的动作的性质是：时间是慢的或快的持续，重量是身体对重量的强烈或温和的感觉，空间是直接或间接地聚焦，流动是具有自由和受限的身体紧张感。

按照教学评价的原则，声势教学的评价从以下几个方面进行。

第一，在声势学习中，要慢慢了解自己的整个身体，不断探索对身体的控制能力；在掌握基础声势动作的基础上，具有对声势动作进行探索的能力，并掌握一定数量的声势动作。

第二，通过节奏练习逐步建立稳定的拍率感，并用声势完成、表达、创编不同节奏，不断练习将声势动作内化，最终达到呼吸、动作、音乐（歌唱/念谣）之间的协调，形成节奏感。

（七）声势的音乐教学与应用

在声势的节奏训练中可以进行如下训练。

1. 开始与停止的反应练习

开始与停止的反应练习是声势练习的开始，教师可以用动作表示，如打开双手，手掌向上表示开始，双手捏拳或者双手背到后面表示停止，也可以用点头或眼神及身体其他动作示意学生开始或者停止。在平时的教学中教师们习惯用嘴发出口令："开始""预备—起"或"一二"之类，而这种以动作示意的"起、止"要求学生从一开始就建立一种良好的反应习惯，在这个练习中学生需要注意力集中，两眼注视教师的动作。

拍掌的动作：全身放松，身心平稳，调整呼吸，微微拉起手臂拍掌。学生与老师一起做，开始时连续拍掌不间隔，拍掌拍子稳定后开始有规律地隔二拍或三拍拍一下，由教师带领学生做，让学生开始适应"看指挥"。

教师带领大家一起拍的过程中，如果发现越拍越快，教师还可以采用休止符的动作（两手向外翻打拍子），把学生的拍率拉回来。在学生获得稳定的拍率后，可以慢慢加入音量、速度的变化练习等。教师也可以用钢琴或竖笛等即兴伴奏，用音乐的音量、速度变化带领学生。经过这样的准备练习，学生开始集中注意力，并产生音乐学习的好奇心，专注地领会教师的意图，对"开始""变化""结束"的指示能完全明白，并且立即执行，反应由此建立起来，如下例。

谱例 5-7

谱例 5-8

2. 节奏模仿

由教师或学生拍一个节奏型，其他学生模仿。由于两拍子太短，不容易找到节奏型的感觉，同时师生的互换太频繁，也会导致学生精神紧张，因此节奏模仿练习一般是从四拍子开始。

开始时学生容易接受的是由一拍（即五线谱四分音符）或"x"节奏（四分音符）组成的节奏型，一拍的休止符在实际的音乐演奏和赏听中是很自然的、能做到的，因此开始的节奏练习也可以加上一拍子的休止符，带有一拍子休止符的节奏型，不但可以克服节奏的呆板、丰富节奏感，也可以起到调节学生心理紧张的作用。半拍（八分音符）即"跑"的节奏，慢慢也可以加进来。由四分音符和八分音符组成的四拍至八拍的节奏型，在声势练习中是基础，训练的时间可适当长一些，并且需要反复练习。值得注意的是八分音符休止符，相对难度要大很多，不要同步加进来，如下例。

谱例 5-9　拍手

在节奏模仿教学中需要注意以下几个方面。

其一，在教学中，我们可以把将要学的歌曲、器乐曲，或要欣赏的作品中有代表性的，甚至有点难的节奏型，用节奏模仿的形式先练习，再学歌（乐）曲，这样学生会有一种似曾相识的感觉，减小学习难度，也可使整个教学有机地联系起来。

其二，节奏模仿可以反复地做，标准是学生对此是否掌握。节奏模仿的练习也需要适可而止，每次练习几分钟，如果感到学生兴趣减弱和精神不能集中，就不要再练了，否则教学效果会很差。

其三，节奏模仿有一定基础后，就可以采用多种方式进行，可以请学生来当老师，与大家进行节奏问答，也可以让每人当一次老师，即兴创作一个节奏型让大家模仿，创作时要求学生尽量创作新的节奏型；还可以采用教师给一个节奏，学生运用其他形式进行模仿，如教师用手拍节奏，学生用脚部动作模仿；学生也可以采用打击乐敲击节奏的形式进行模仿。

其四，随着练习的深入，在练习中可以适当增加二分音符、十六分音符、八分音符、附点音符等的节奏练习，如下例。

谱例 5-10　拍手与跺脚

3. 节奏游戏

利用声势进行节奏游戏是非常有趣而有效益的方法，大致可归纳为以下几种方法。

节奏游戏一：节奏接龙

节奏接龙可以采用节奏"接头"和节奏"接尾"两种形式。节奏"接尾"，即老师拍四拍，学生重复后两拍，再即兴拍两拍，教师继续拍下去，另一个学生进行接拍，并继续即兴拍两拍，可以轮流传下去。这种方法不仅训练了学生的反应能力、听辨能力、听觉记忆能力，也培养了即兴创作力。在练习中，教师需要根据学生的基础来给出程度相适应的节奏类型。从难易程度上说，节奏"接尾"要比节奏"接头"容易。

节奏"接头"，即教师拍四拍，要求学生重复头两拍，然后再继续即兴拍后两拍，教师则一直四拍一组拍下去，每组换一个人接头时，开头必须新的，由于头两拍后还有两拍，等于形成了干扰。在学生有一定基础之后，还可以采用教师临时说"接头"或"接尾"的方法。这样的练习增加了练习难度，对学生的反应能力、即兴能力都是很好的锻炼。

节奏游戏二：卡农

教师拍四拍，学生接着模仿头四拍，教师连续拍下去，四拍一个节奏型，学生边模仿教师的前四拍节奏型,边记听后面的节奏。这种方法必须每四拍一组,节奏要一组容易一组难,间隔进行。这个练习也可以请学生来当小老师带领大家做,如下例。

谱例 5-11

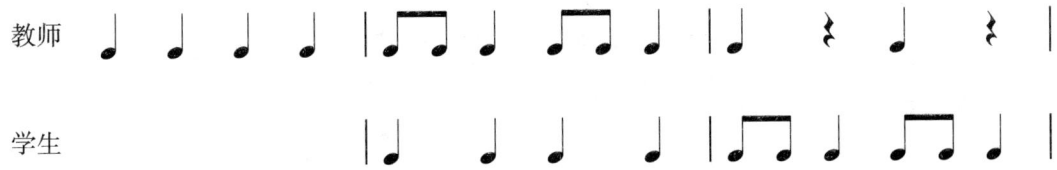

在训练中,可以根据学生的能力发展拍更复杂的节奏型或增加节奏型的长度,比如将节奏型加长,发展为四拍、八拍、十六拍等,还可以是完全即兴节奏创编,也可以有两个人一组互相轮流接龙。这种练习除训练创造力外也可以用来体验节奏乐句的结构。

节奏游戏三:节奏造句

节奏造句的形式可以有许多种,教师可以采用出示若干个声势节奏型,由学生分为几组,各选两到四个节奏型,小组一起商量怎么排列更好听,从而完成一个曲子,然后一起练习,最终各组表演。也可以在黑板上出示几条声势谱(4—8拍),分别编号,教师指哪一个就拍哪一个,在这样的练习中不断训练学生的反应能力。节奏造句也可以结合音乐来完成,当音乐发生变化时,节奏型也随即产生变化等。总之,当学生掌握一定节奏型后,对节奏型进行灵活应用,不仅可以培养学生的创造力,还能激发他们的学习兴趣。

在节奏训练中,培养学生稳定的拍率感最重要,这也是最基本的要求。一些学生由于不重视这方面的练习,甚至在学习音乐多年后,仍然拍子不稳,存在忽快忽慢,或节奏越来越快,或拖拍子的现象。这种练习虽然非常简单,但很有效果。

课例 5-2 节奏的游戏

教学建议

教师出示四张四分音符卡片

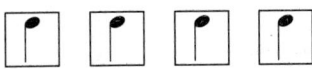

教师按4/4拍点着卡片,带领学生念"ta ta ta ta",并在第一拍拍手,连续反复,形成拍率感。

练习中有时抽掉第四张(成三拍子),有时加上,无论哪种节拍均在第一拍拍手。

边念边加其他声势,均为四分音符,用拍腿或踩脚等方式。

加入卡片二 ♫,念 ti ti,教师不时把卡片二盖在任意一拍上,采用各种组合法,保持拍率不变,形成一种固定的音型。这种不断有规律地重复及节奏变换就是节奏感,四张卡片在视觉上是四拍，给学生印象深刻。从这种卡片的定式与其中节奏的变化之中，不但训练了学生的节奏感（节拍、节奏型），也是读谱教学的入门。

之后教学中还可以逐步引入休止符等其他各种节奏的图片。

课例 5-3 节奏小火车

教学建议

教师出示16字宫格图，只需告诉学生，按什么顺序拍手即可开始训练。一格一拍（空格为休止），教师点格带领练习，还可以分成两个声部到四个声部，从两对角或四对角开始，同时，也可请学生上来当"指挥"带领大家练习。

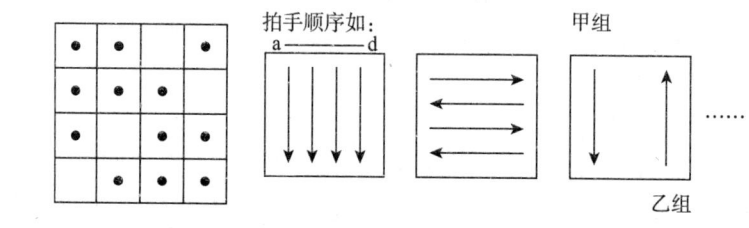

在此基础上还可以将格内小点变成一拍的各种节奏型，如

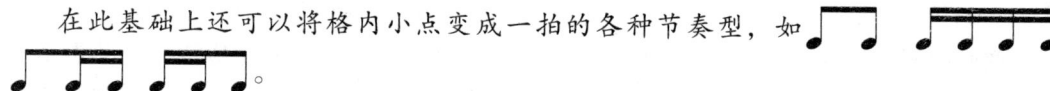

这种练习仍是对四拍子的节奏及拍率的训练，其对学生的反应能力，特别是思维方式的多向性，也是很好的训练。学生对各种可能性走向的探索也是锻炼其创造性思维的表现。

4. 节奏伴奏

利用声势的固定音型为语言、歌唱伴奏是音乐课堂教学上最方便的多声部训练的开始，也是教学中对设备要求最少、应用最广泛的教学手段之一。固定音型来自平日的语言、身体动作及日常生活，学生掌握起来非常容易。

下面主要介绍为朗诵与歌曲节奏伴奏运用的声势谱例和教法。

固定音型的伴奏谱例

谱例 5-12

a. 四拍子的固定音型

谱例 5-13
b. 三拍子的固定音型

以上的固定音型伴奏节奏仅是一些例子，教师可以根据具体的教材、教学实际创编一些例子。这些节奏型也可以从语言中获取，如两个字的 |✗ ✗|、三个字的 |✗ ✗ ✗|；也可以从动作或自然音响（环境）中取材，如公鸡叫声 |✗ ✗ ✗ －|、母鸡下蛋之后的声音 |✗ ✗ ✗ ✗ ✗ ✗ ✗| 等。总之，生活中有丰富的声响可作为固定音型的选择的源泉。选择的原则如下。

第一，注意节奏的互补性，尽量与所伴奏的朗诵词、歌曲的节奏要不同步，或大

部分不同步,比如,在《小白兔》的朗诵中如选择 | x. x x | x. x x | 这类节奏就不合适,达不到一脑多用和节奏互补的作用,反而会使音响显得呆板、单调或手忙脚乱。

第二,选择固定节奏型时,节奏变化不要太频繁、太复杂,可以根据学生水平,由简到繁,从采用一个节奏型从头到尾进行伴奏,到选择二个、三个节奏型进行伴奏。在选择节奏型时,可根据音乐曲式结构或音乐特点进行变换,这样的练习既练习了节奏型又对曲式结构获得了体验。在进行三或四个声部的声势固定节奏型练习时,可以转换成四个组分别做,或换成打击乐演奏的形式,这既丰富了教学形式,又调动了学生的兴趣。

以下是固定音型为声势伴奏的例子。

谱例 5-14

（八）声势活动教学课例

课例 5-4　节奏回旋曲

教学目的

初步接触回旋曲式的结构,培养学生即兴创造能力。

教学建议

准备练习

1. 为歌曲,如《娃哈哈》,编写一条声势伴奏谱,命名为 A 段。

谱例 5-15

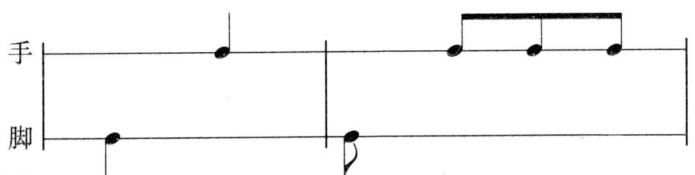

2. 全班分为两组，甲组和乙组，每组推选四个同学做声势即兴，一人 4 拍（一小节），共计 16 拍，要求每个人节奏不能重复，四个人连续表演不能中断。

3. 完成节奏回旋曲。

节奏回旋曲完成步骤：
- 全班边唱边拍打声势，为 A 段；
- 甲组四人即兴 16 拍，为 B 段；
- 全班一起边唱边做声势，重复 A 段一遍；
- 乙组四人即兴 16 拍，为 C 段；
- 全班再重复 A 段一遍结束。

回旋曲式图示

```
        A
    B       C      或者：A B A C A
        A
```

中间不同的 B 和 C 段，叫插部，重复了三遍的 A 叫主部，这种形式的曲子称为回旋曲。

课例 5-5　小球跳跳跳 *

教学目的

1. 声势探索，尝试用声势模仿与表现物体运动的节奏与形态。
2. 尝试卡农的表演形式。
3. 培养学生观察力、创造力及表现力。

教学建议

1. 教师分三次用不同的方式投球，四位学生一组，观察球的运动形状，感受小球的运动节奏，各自即兴完成八拍的声势创编，要求每个人动作不能重复。

2. 跟随音乐完成各自三种声势动作表演，四个人连续表演不能中断。

3. 尝试用卡农的形式完成各自的动作表演，训练学生稳定的节拍感及注意力。

---

* 可扫章首二维码获取该课例视频资源。

卡农的完成步骤：

第一位同学跟随音乐完成四拍动作后，后面同学依次进入，随着声势动作完成，依次结束动作。

提示

卡农 Canon——复调音乐的一种，原意为"规律"，是指一个声部的曲调自始至终追逐着另一声部，直到最后的一个小节、最后的一个和弦。卡农是一种音乐谱乐技法。不同高度的声部以一定间隔进入，造成一种此起彼伏、连绵不断的效果，轮唱也是一种卡农。

谱例 5-16

二、动作表达类

音乐的本质在于情感的反应,人类通过身体将内心情绪转译为音乐,这就是音乐的起源。对音乐的理解与其说是一种智力过程,不如说是一种情感过程,因此音乐教育首先要通过音乐与身体结合的节奏运动唤起人们的音乐本能,培养学生的音乐感受力和敏捷的反应力,进而获得体验和表现音乐的能力。同时通过节奏运动这种教育手段,可以使学生从小就在生理运动器官和思维之间形成一种自由转换的密切联系,达到身心的和谐发展。

许多音乐教育的研究者发现,动作是音乐自然的,甚至是自发的反应,这种反应在个体很小时就有了。动作是儿童音乐能力发展的关键,它能帮助孩子发展协调性,帮助孩子从音乐的牙牙学语过渡到理解音乐。对所有儿童的成长发展和教育来说,动作扮演了相当重要的角色。但由于人体的动作在日常生活中与各项活动不可分割,儿童的动作常被视为他们日常生活的一部分,甚至被视为理所当然,从而忽略了它在教育上的重要性。正是由于这种忽视,使它总是无法在儿童的发展阶段上获得应有的认可,直到发现儿童在某方面无法正常运作(出现异常),例如,抑郁、注意力不集中、多动等,才知道动作发展是教育上值得注意的现象。

本章节将提供一个关于动作教学理论的架构作为教学的参考或辅助,并简述一些动作教学的例子,提供一些在儿童教育中可作为支持、丰富和记录动作的方法。

(一)音乐与身体动作之间的关系

在日常生活中我们发现,有的学生会随着音乐做出脚打拍子、摇头和晃动身子的反应。这些反应是自然的、自发性的,有的学生在音乐渐强时会改变身体动作,或用身体动作对听到的音乐做出反应,还会明显地观察到他们在音乐结束的时候肌肉放松等,无疑这些都是学生沉浸于音乐中并感受着音乐的表现。

通过身体对音乐的自然反应的种种现象,我们意识到身体与音乐有着某种特定的关系,人们可以通过身体各个部分感受和表达情绪,例如可以通过肌肉紧张、放松的程度感受和表达自己的情绪,也可以通过姿态、手势和各种身体动作使内心情感外化。这些动作有些是下意识的、自发的,更多的则是思想和意识支配的结果。人们可以通过身体动作将内心情绪转化为音乐，而要进行音乐与动作的转换，首先要掌握的乐器就是人的身体，只有把仔细聆听音乐和身体反应结合起来，才能够产生理解和表现音乐的巨大力量。

同时，心理学家与教育学家通过研究将听觉、身体动作与大脑联系起来，在分析运动过程的基础上发现了大脑与运动的身体之间循环往复的信息传递过程，如下图5-2所示。

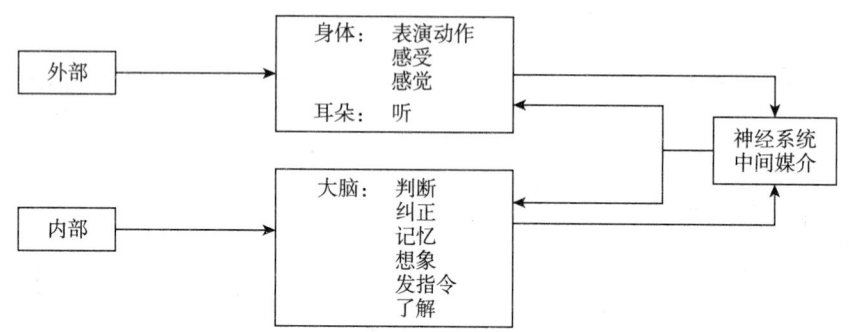

图 5-2　大脑与身体的信息传递过程

这项心理学研究表明，在理解、分析事物的大脑和进行操作活动的肌肉之间，存在着某种迅速往复传递的联系——一种反馈系统，即运动觉。但这种反馈系统通常是在下意识中起作用，我们称它为"不由自主的动作"。更重要的是，研究还发现，在不断变化的音乐环境中还可以激发和抑制运动觉，也就是说，可以在音乐—听觉—身体—情感—思维之间建立起一种迅速交流、转换的密切联系。

（二）用动作建立身体与音乐的协调

动作是建立在重量、时间、空间和流动这些元素基础上的，我们的每个动作都是这些元素的相互组合。每个元素在独立的时候都存在一个连续区间，动作可以表达音乐的风格、音乐的语气、乐曲的走向、力度、速度、节奏和呼吸等。在动作教学中，教师要将音乐的表现力浓缩到动作当中，运用动作元素来帮助儿童建立身体与音乐的协调。

我们发现幼儿能够通过各种方式来认识自己的身体及周围的世界，他们可以用整个身体进行连续的动作，在特定空间里使用弯曲的路径，体会和表现身体各个部位，尤其是髋部、后背和肩膀。

动作课教学中，教师应该用浓缩了音乐表现力的身体动作，为学生做音乐表现的示范。当孩子们看到教师用连续流动的动作，灵敏地表达歌曲或念谣的风格与特色时，他们能自然地吸收、模仿，最终将这些对风格和特色的表达结合到他们自己的音乐表演中去。

在学习和感受动作元素——时间、重量、空间、流动的动作时，能较好地掌握动作教学的音乐理论，了解为什么做这些动作、如何做这些动作，才能够明了在音乐活动课程中，如何把动作和歌唱、高音型、念谣、节奏型结合起来，在课程的不同阶段实施，从而达到动作教学的目的。

（三）动作表达类教学的设计理念

儿童对运动的要求和欲望，可以说是与饥饿同样的本能需要，音乐与身体动作的关系，不是脱离音响理论知识的规则的传授。首先应该是对音响和情感的体验，这种体验必须以音乐与身体运动结合的节奏运动为基础，因为音乐中最强有力的要素是与生命关系最密切的节奏运动，节奏完全依赖于运动，它最原始的形态存在于肌肉系统中，所有的时间微差——快板、行板、渐快和渐慢，所有的能量微差——强、弱、渐强、渐弱，都能用身体动作体现，敏锐的音乐感受依赖于敏感的身体感受。

人的身体运动包括对音响和情感反应的一切基本要素，大脑与活动着的身体之间存在着某种直接反应，任何乐思都可以通过身体表演出来。通过音乐与身体结合的节奏运动，可以培养学生对音乐节奏微差、音乐内在美的细腻感受和敏捷的反应能力，进而使学生在体验的基础上获得表现音乐情绪及情感的能力。

在音乐与身体结合的运动中，节奏是极为重要的学习与表现手段，它不仅属于音乐学习的范畴，实际上它使音乐具有一种人性化的力量，成为促进学生身心和谐发展的必要手段。

连续性和重复性是节奏的基本特征，时间和空间是节奏的两个基本要素，在某些艺术中或许时间、或许空间占主要地位，但在音乐和至高无上的艺术生命中，时间和空间是不可分离的，是同等重要的。动作教学就是要通过动作学习使学生获得身心的和谐发展，通过节奏的运动唤醒儿童的音乐本能。

1. 结合动作进行音乐教育

在音乐教育中，将动作、语言、音乐结合起来，通过动作进行音乐学习，是动作表达教学的重要原则之一。

在中国古代"乐"的艺术活动中，动作、舞蹈和语言就是相互结合、共同存在的，在西方古希腊时期的艺术中它们也是相依存在的，直到今天，它们仍然在许多民族的音乐、文化生活以及在儿童的生活中相互依存着。为了使儿童身心得到健康和谐的发展，在艺术教育中，必须保持和继续发展这种统一，这也是儿童音乐教育，乃至整体艺术教育的主要任务之一。这是由儿童身心发展的特点决定的。

小学时期，儿童对客观世界和自己身体的认识，主要还是通过感官直觉的体验、经验获得的。这个时期的儿童逻辑思维刚刚开始发育，这一时期也是他们发展感知、感性体验的最重要时期。这个时期的儿童筋骨最灵活，生性好动且精力充沛，因此也是锻炼身体协调能力的最佳时期，结合动作进行音乐教育，正是适合于儿童身心发展规律的教育方法。

2. 通过节奏运动使身心和谐发展

实际上，生命本身就是节奏。节奏是由连续不断的多重单位组合构成的一个不可分割的整体，同样，作为有多种官能的综合和许多矛盾共存的生命个体，也可以被看成是一种节奏，这种节奏应该是身体节奏和精神节奏的统一。通过训练，在身体运动和思想之间构成一种自由转换和密切联系的媒介，使神经系统和谐，能控制生命的直觉行为，达到身体运动的精神化。

人的智力、精神和身体是完整不可分割的,这三部分相互联系,统一在人的本性中,因此教育从本质上来说,就是帮助人的本性发展的艺术。一个具有思想和行为的人,他的自由应该是依赖于精神和身体节奏的结合,一个善于思考或富有理想的人,能在接受大脑指令瞬间将潜意识转换为行为。

智力不应该从人的身体各项能力中分离出来,在学校教育中应该同时对学生的大脑、身体、思想和感觉进行训练,这四个方面相互关联、缺一不可。但在当今学校教育中大多缺失了对感觉方面的训练。而通过动作教学可以将身体、音乐、情感融为一体,在教学过程中,不断促进听觉、动觉、思维、情感的协调,通过动作教学训练来加强学生控制集中注意力的能力,使身体习惯于自我控制,随时并迅速地执行大脑的指令,获得连接意识和潜意识及调整潜意识的能力。这些练习还可以创造出更多的习惯动作和新的反射,能够以尽可能少的努力获得尽可能多的效果,同时,还可以净化精神,加强意志力,调整人体感官。

在音乐结合身体的节奏运动中,通过音乐对人体的作用,使精神的潜意识得以解放,通过训练听觉和动觉的结合,达到心理和生理上的和谐,这不仅是为了解决感受和表现音乐的问题,而且关系到人的全面、均衡发展。但在与动作相结合的节奏运动中我们需要注意,节奏虽然在艺术中占有压倒一切的优势地位,但我们也不能把它错置于一般教育之上,它是心灵在指挥肢体,节奏训练只是培养心灵的一条通道。

3. 通过节奏运动唤醒儿童的音乐本能

举世闻名的法国教育家卢梭在他的著作《爱弥儿》中,通过他所虚构的儿童爱弥尔从出生到成人的过程,系统阐述了他的教育理论和儿童观。其中基本观点之一是教育要"遵循自然法则",对儿童进行教育,就应该根据儿童自身发展的程序,培养儿童本来就有的观察能力、思维能力和感受能力。瑞士著名教育学家裴斯泰洛齐的教育理论在很大程度上受卢梭教育思想的影响,他认为,人的本性力求生长、发展和表现,时机到来后,人的内心深处会萌发出天生的动力。他相信,每个儿童身上都蕴藏着这种力量的种子。因此,他强调教育的目的在于促进人的天赋力量和能力的发展。德国儿童教育家福禄贝尔也把人比喻为种植在花园中的种子,在一定的自然环境和社会环境的成长过程中,发展着自己的天性,充分发挥着自己的潜能,因此,教育儿童必须以儿童的兴趣与本能活动为基础,还必须采用适当的教育方法和工具。

著名的音乐教育家达尔克罗兹在1905年所写的《漫谈学校音乐教育改革》一文中指出:19世纪的音乐教育方法也不能使我们的儿童理解和接受当代艺术的发展,音乐教学应采用科学的理论和先进的方法。他认为:人无不具有天生的节奏本能,不过需要加以诱发和培养,进而为音乐教育所用。孤立的听觉训练不会使儿童热爱和理解音乐,只有从儿童本身所具有的节奏要素入手,以听音乐和身体运动为手段,才能唤醒儿童天性的音乐本能。同样,只教儿童用手指弹奏乐器是不够的,还必须激发他们进入产生音乐的激情中去,把乐曲的情感化为具体的动作、节奏和声音,也就是说,将音乐表现中的音响力度、速度、音色的对比、变化等要素与孩子们运动时的能量、空间、时间融合在一起,使他们具有联系和体验音乐情绪的能力。

结合音乐的动作教学,"整个方法是基于实践先于理论的原则,即在孩子们体验到所学习的事物之后再教他们规则",音乐学习首要的事情是教会儿童应用他所有的官能,其次才是获得见解并由此推理论的能力。在播种之前必须备好土壤,尤其是对于音乐学习,用身体表现与感受音乐的实践就等于把学习与感受音乐的工具交到儿童的手中,尽管现在他们还没有想到用它去做什么。当儿童还没有表现出爱好音乐的倾向,还不能感受到音响和节奏运动——整个身体对艺术情绪反应的震动时,不应该让他们正式演奏钢琴。

音乐动作课程最重要的作用是唤醒儿童的音乐意识,这不仅是学习音乐的需要。更是儿童本能的需要。在课堂教学中,教师要尽可能地发现和研究儿童身体活动以及他们周围世界的自然节奏,特别是游戏活动,应将这些自然节奏自然地引入教师的课堂设计和教学活动过程中,教学中应以儿童自己的体验为主,而不能把教师的经验,强加于学生。

通过节奏运动唤醒儿童音乐本能的观点,是一个涉及教育哲学的音乐教育方法论命题,它贯穿在整个音乐教育体系之中,这是以充分认识音乐和人的关系为前提的,相信儿童的音乐潜能,重视儿童的天性和兴趣,探索适合儿童的方法。

实践证明,鼓励孩子们除了应用耳朵外,还可以运用身体的其他部分感受音乐,这样他们对音乐的反应就会变得充满无尽的生命力,进步也会飞快,他们因此会成为教师快乐的合作者。这样的音乐教学方法,是教师通过音乐和孩子们的身体进行的应答,是在师生互动展开的过程中达到诱发、唤醒和扩大儿童音乐意识和本能的方法。

这种身体的运动不仅仅是由音乐伴奏,而且是受音乐启发,并且是由音乐激发而产生的,使得音乐和运动之间相互补充。音乐由身体的动作来表明,身体的动作则显得富有乐感,与音乐结合得非常协调。因此,这种教育方法的价值取决于教师、孩子及音乐三者间的相互作用,不仅可以根据观看孩子的身体和头脑对教师所给的主题做出的反应来鉴别这种教学方法的教育价值,还可以根据孩子和教师间产生的关系来进行教学评价。

(四)动作表达类教学的学习目标

人类的动作不仅对不同国家、不同民族而言是独特的,而且对个体来说也是独特的,了解且辨析这些动作独特的复杂性,第一步必须明确在动作表现中,肢体是行动的工具,是动作分类的核心,它具有以下元素:时间、重量、空间和流动,我们的每个动作都是这些元素的互相结合。学习者要逐步学会控制身体,逐个表现强调时间、重量、空间和流动的动作,然后才能结合这些元素通过律动或某些特定的动作表现音乐的风格。

1. 运动觉的训练与发展

教学中,教师如果能引导学生有意识地利用运动觉,就可以把学生更多的能力发挥出来。通过动作训练与发展学生的运动觉是动作教学的重要目标之一。

在音乐教学中,教师以不断变化的音乐或是具有特定节奏要素的即兴音乐,促进学生保持注意力,同时用身体动作做出有创造性的节奏准确的即兴反应,达到有意识的控制身体动作。

在这个过程中，耳朵与身体产生对音乐的感觉、感受，并激发情绪和想象；大脑要不断地记忆、判断，并及时发出矫正和动作起止的指令，身体不断地进行自发性的运动和有控制的运动。

通过这样有意识地控制运动觉的训练，学生就会察觉到声音和节奏最微小的差别；觉察到自己的节奏和别人的节奏，并有意识地发展新的反应，以取代原有的反应；能够使某一肢体表现一种节奏，同时以另一肢体表现不同的节奏。

2. 内心听觉的发展

内心听觉是体验和表现音乐最重要的音乐能力之一，它是指不依赖乐曲和人声想象出来音乐音响的能力。具有内心听觉的指挥家和表演家，看着乐谱能在头脑中再现音乐，并在表演中纠正和完善音响；听赏者可以迅速感知、记忆音乐音响，这就易于产生与音乐的共鸣。也就是说，内心听觉是音乐听觉训练的高层次目标，它是所有音乐要素长期综合训练的结果。这种训练首先从节奏运动开始，进而达到动觉和听觉的统一、生理和心理的完美结合。内心听觉的训练是通过打开作用于神经系统的新的运动体系，来打开大脑、耳朵和喉头之间所需要的通道，形成一个完整的组织结构。因此，发展内心听觉，首先需要集中注意力，调动记忆力。

动作教学的重要任务之一，就是使学生能将运动和声音的感觉"内化"，即记录运动和声音的感觉，补充和完善已有的感觉，使之保持在大脑中。这一过程中最重要的因素是注意力的集中和记忆能力的运用。

3. 即兴创造力的发展

音乐即兴活动是一种需要即时作出音乐判断（听觉分析、想象和表现）的创造性音乐行为，在即兴创作和表演过程中，不仅需要具有一定的乐感，还必须有流畅的音乐思维（音乐思维是由听觉神经对音乐音响而直接产生，并在情感和想象的作用下发展的），要对同时出现的音高、节奏、音色、力度等问题给予权衡和处理，其中最重要的是听觉判断的灵敏性和创造性活动。即兴音乐活动既是促进音乐思维发展的手段，也是验证音乐思维水平的手段之一。

从某种意义上来说，所有的音乐表演都需要一定的即兴创造力，无论是采用自由表现形式，还是按照详尽标明的乐谱进行表演的形式。学生的音乐表演不是对以往表演的刻板模仿，而应该是由学生自己的感受力、想象力和记忆力推动而成。即兴创造的练习，这种练习促使大脑指令和肌肉表现之间形成直接联系，以达到表现自己音乐感受的目的。通过即兴创造练习，演奏者在演奏别人创作的乐曲时，才能够发现那些乐谱之外的内容，才能听到和感觉到各种微差。

即兴创造能力是以身体节奏感和音响听觉感为基础的，即兴创造的学习应该以身体的动作感受与表达为前提，它是节奏运动和听觉训练的延续、发展和补充。只有经过即兴创造的学习，才能将节奏运动和听觉训练中所获得的能力迁移应用于音乐实践中，也只有通过即兴创造的训练，才能最终完成音乐—身体—情感—思维的沟通。

所有的创造力都需要依赖感官的记忆，儿童从动作、听觉、视觉的记忆储存中将它们进行重新组合，这就是创造力的发展。在教学中，教师要使音乐的所有要素有机结合，将听—动作—感受（情感体验）感觉—分析—读谱—写谱—即兴创作—表演，有机结合为以节奏为中心，以动作表达、声势动作、视唱练耳和即兴创作为手段的螺旋式上升过程。在这个过程中，即兴创造包含在每一次循环中。通过动作学习与训练培养学生的即兴创造力是动作教学主要的目标之一。

（五）动作表达类教学的课程设计

动作学习是建立在动作元素基础上的。时间、空间、重量及流动，它们是掌握动作的基础。我们每个动作元素都是相互结合的，每个元素单独存在时都存在一个连续区间。教师要先训练学生能够较好地控制身体，逐渐逐个表现强调时间、重量、空间和流动的动作，然后再结合这些元素，通过律动或某些特定的舞步来表现舞蹈的风格。

1. 动作表达类教学的原则

动作在音乐教学中不同于体操、舞蹈，体操主要是身体的力量与速度的体现，舞蹈主要是通过人体体态与动作进行表现，有自身特殊的符号体系（技巧），而音乐教学中的动作，主要是指音乐音响的体态外化，因此动作教学设计需要遵循三点原则。

第一，它不要求动作造型的技巧和动作的整齐划一。比如表现音的高与低，可以双手举过头表示高，也可以双臂平伸像小鸟翅膀一样、上下摆动双臂表示高与低；也可以用站立与蹲下表示高低，动作没有统一要求，只要通过动作表示感受到这种音响，就是最重要的，对音响感受得越细致就越好，而不在乎动作的技巧或动作本身是否规范与具有美感。

第二，在群体动作时，鼓励同学之间采用不同的动作，用不同的动作表现同一音响特征。这也是创造性思维教学的要求，对于孩子来说有些顽皮搞怪的动作也无妨。关键是音响特质是否表现出来了。

第三，按正确的心理顺序教学。正确的心理顺序始终是从大的、明显的、鲜明的动作，到小的、相对隐蔽的、含蓄的动作。假如从来没有大的、自由的动作表现经验，对音乐的表现就总是容易保留或多或少的教学的、理性的性质，而它对心灵的震动之力将永远感觉不到，当然更无从把握。

2. 动作元素的感受与表达练习

下面是一些根据这三点原则设计的教学课例。

课例 5-6　放松与紧张

教学目的

通过练习，感受身体的紧张与放松，培养对身体的控制与表现力。

教学建议

在学习音乐的过程中，我们需要放松自己的身体，这种放松与紧张的练习是音乐基础教育中的重要一项。在练习中，让学生表现持续的流动，可以设想一下用自己的身体来游泳，体会在水中放松、自由、柔软、流畅、连续、循环、平滑的感觉。

练习时，要逐步增加对身体各部分的了解，以及每一部分能够如何流动。可以尝试先静静地站着，只要身体的一个部位，比如手或者胳膊流动，要达到流动的目的，可以想象你的手里拿着一个物体，要让这个物体在你的周围和身后的空间中沿着弯弯曲曲的路平滑而连续地驶过，在流动的过程中不要想着握住它，而它不会掉下。

随着练习的深入，慢慢地我们可以增加流动的部位、流动的时间和流动的路程，比如头、脖子、肩膀、后背、髋部、膝盖、脚趾或者腿，这样就能增进身体的知觉，体验身体不同部位是如何进行放松和流动的；也可以站在一个穿衣镜前，这不仅能感受到连续流动的动作，还可以观察到连续流动的动作；当我们站在原地时，还要探索各种可能的流动动作，使用更多的空间，移动身体的不同部位。这也是自我认知和体验的开始，是一种身心、脑、体全面发展的教育方式。

课例 5-7　空间的探索练习

教学目的

（1）感受空间元素，并学习用空间元素表现音乐。
（2）培养学生的创造力与反应能力。

教学建议

1. 配合音乐进行行走练习，可以进行节奏变化的训练，也是空间训练的一种基本方式。运用空间行走线路、方向的变化是一种基本节奏匀速的练习，同时也是对空间方位、行走线路的探索，在空间行走的路线可以有多种不同的形式。

（1）以弯曲的空间路线行走，圆圈式（图5-3、图5-4）或长蛇式是最常见的。

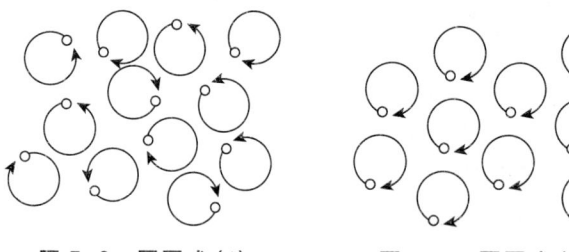

图 5-3　圆圈式 (1)　　　图 5-4　圆圈式 (2)

（2）走大"8"字，开始时围绕着标出的圆心，会容易很多（图5-5）。

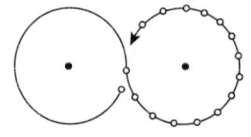

图 5-5　集体"8"字形

（3）走小"8"字，从各自的位置出发，方向可以自由选择（图5-6），也可以是固定的方向（图5-7）。

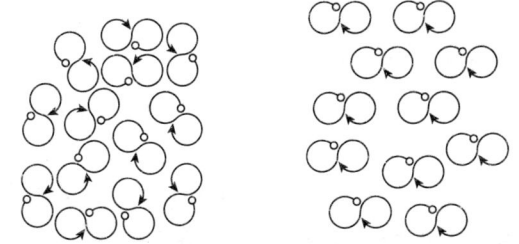

图 5-6　自由"8"字式　　图 5-7　固定"8"字式

（4）放置一些障碍物，形成新的行走路线（图 5-8）。

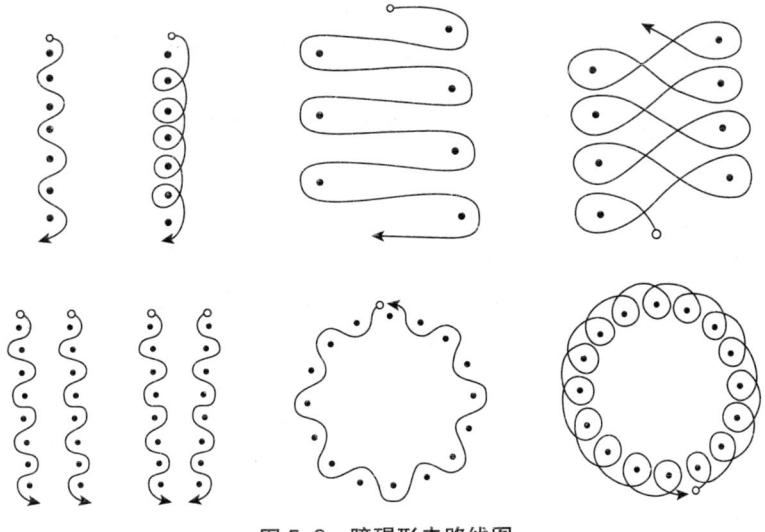

图 5-8　障碍形走路线图

（5）以直线（图 5-9）及曲线（图 5-10）的空间行走，有变化方向走、倒着走、侧着走、交叉走。

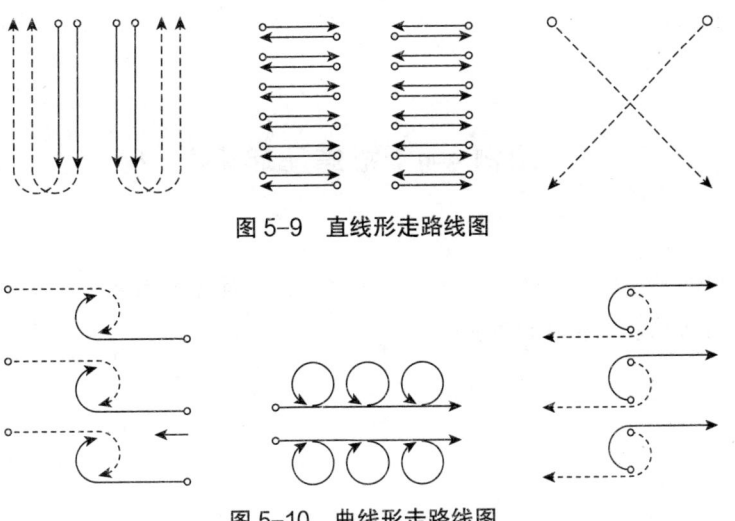

图 5-9　直线形走路线图

图 5-10　曲线形走路线图

（6）空间移动的其他形式

除了行走以外，人们还可以做其他的位移运动，如爬、滚（前滚、后滚、侧滚）、跳、跪走、躺着走等等，这些动作对孩子们都是天然的，如鱼得水，我们可以通过这些动作的训练找回人自身的平衡。

2. 用变换节奏或结合声势动作的办法进行行走练习，体会与表现音乐中的空间元素。

如蹲着走、弯着腰走表示低音，用踮脚尖或高举双手、手臂表示高音，用力踩脚和悄悄走表现音量的变化；对音质做出反应，可以用硬的动作或像柳条一样柔软的动作进行表现。

提示

在训练时，教师不必规定具体动作，只要学生以各种即兴动作对音响做出反应即可。

课例 5-8 我们的名字 *

教学目的

（1）感受动作的重量元素，并用这些元素进行动作的即兴创编与表演。

（2）通过音乐与身体结合的运动来唤起人们的音乐本能，培养学生的感受力、反应力及创造力。

教学建议

（1）教师用不同的力度进行同一名词的表现，让学生感受不同力度在动作表现时的差异，学生进行即兴模仿与表演。

（2）运用动作的力度元素，将动作与音乐相结合，进行即兴创编与表演。

提示

在教学中运用力度元素感受与表现音乐时，可以用动作表达对音乐的情绪感受，也可以表现音乐的各种元素，如：高、低、强、弱等。通过动作表示感受到的音响，这是最重要的。

课例 5-9 蝴蝶飞起来 *

教学目的

（1）学习用动作表现音乐的高、低、强、弱、停、连等不同元素。

（2）感受用动作表现音乐的多声部。

---

* 可扫章首二维码获取该课程视频资源。

教学建议

（1）引导学生用不同的动作分别表现音乐中音的高低、强弱、长短，甚至是音乐的色彩。

（2）动作元素可以单一完成，也可以是相互结合共同完成的，引导学生运用动作进行音乐的创编与表演。

（3）动作也可以表现不同的空间，前、中、后、上、下、左、右等都可以通过动作进行表现，运用两组不同的动作也可以表现音乐的不同声部。

提示

在多人进行的动作创编与表演中，除了注意用动作表现音乐的相关元素，也要注意不同表演者之间动作的空间变化，区别动作的动与静、分与合、停与连等元素。

3. 节奏能力发展的训练

根据人的手势的速度、身体姿态，谈话的音调和节奏，大致能识别其性格、精神和气质。也就是说，人的性格和气质与节奏感和身体运动之间有着必然的联系。

音乐学习首先是运动的练习，音乐实践需要听觉器官、发声器官和肌肉系统的合作，但没有人能在获得一种能力之前，可以在同一时间内练习几种能力。如同学生还不能控制一支铅笔时，教师不会教他去画他不熟悉的事物，同样，在儿童早期的音乐学习中，在同一时间内学习所有的音乐要素是不可能的。音乐是由音响和运动组成的，音响是形式，是第二位的，动作是基础，是第一位的。动作的灵魂即节奏，如果没有节奏，音乐艺术无法存在。

肌肉系统对节奏的意识是通过日常重复练习获得了肌肉感觉的记忆，进而引导清晰、准确的演示节奏。听觉对节奏的意识是通过日常的重复练习获得音响的记忆，并不断刺激和加强听辨机能，进而才能在表演中分析比较节奏音乐的感受。显然音乐的学习应该是动作练习在听觉分析之前，只有通过动作，先能获得肌肉感觉的记忆和音响记忆，然后才是听觉分析。因此，音乐学习首先应是动作练习，音乐基础训练的第一步是肌肉系统的练习。下面是用动作进行节奏感训练的练习。

（1）肌肉放松和呼吸练习训练

体验松弛，自然放松。可以让学生平躺在地板上，教师引导放松整个身体，然后收缩某一肢体或在收缩某一肢体的同时放松另一肢体，在练习过程中将注意力集中在呼吸上。

（2）节拍和重音的感受与表现练习

学生在稳定的拍子中行走，行走中用手臂挥拍或踏出每小节第一拍的重音。

当学生能稳定地表现出重音后，行走中教师可发出突然的指令，指令可以是语言的，例如"变""hoop"，也可以是动作的，如拍手、敲打乐器等，学生听到指令后需迅速做到胳膊的肌肉收缩，并不再强调拍子重音，变成无重音的动作行走。教师继续发出指令后，学生迅速恢复先前节奏重音的手势动作和行走。

进一步教学时，根据教师的指令，学生迅速将原来用胳膊强调重音的活动改变为用腿强调重音。在反复的练习中让学生能够迅速、自然的转换。

（3）拍律的记忆

根据教师发出的变换重音的指令，学生进行变换拍子的身体运动。

（4）通过肌肉感觉获得节奏概念

对肌肉紧张度的感觉，是随着动作持续时间发生变化，并随着动作空间幅度感而加强的，教学中可以通过调整动作的持续时间、改变动作幅度的方法，让学生意识到动作延续时间不同及动作幅度的大小，与所使用的力量及肌肉收缩之间存在着必然联系。学生练习根据动作持续时间的长短。使用适当的肌肉活动；根据动作的空间量控制肌肉收缩的强度和速度；并通过这些练习来感受节奏的变化。

（5）协调自发力和控制力的练习

学生练习具有"突然地"和"渐渐地"控制运动的能力。音乐节奏是由运动和抑制运动构成的，造成节奏误差往往是由于肌肉对大脑指令的反应过快或过慢，在动作的转换过程中不能及时控制；或控制急促而忽略了抑制运动的准备过程。

练习中学生要根据指令，及时、准确地改变运动方向和动作。

（6）意识集中的练习。发展节奏的想象力

当学生能够按照一定的节拍和节奏运动后，还需让他们闭上眼睛想象自己继续在按拍子和节奏运动，巩固运动在大脑中的印象，促使节奏记忆和想象力的发展。

（7）保持身体平衡和运动的连续性

自如的运动依赖于平衡的控制，长时值节奏的身体动作、连续动作，特别是变换动作，都要依赖姿态的稳定，才能确保运动的连续性。练习中，要能够在各种力度和速度中保持身体平衡，自如地连续进行，自如地控制动作的起止。

（8）迅速转换节奏的练习

缩短动作转换思考的过程，形成迅速反应的能力和身体各部分的协调配合。

（9）准确时值的练习

为各种时值设计相应的身体运动，例如：

四分音符——向前迈一步；

二分音符——迈一步后，膝盖弯曲一次；

附点二分音符——迈一步后，膝盖弯曲两次；

全音符——迈一步后，膝盖弯曲三次。

练习中保持时值的准确，逐渐在大脑中形成正确的时值概念。

（10）用身体动作再现音乐节奏

将音响节奏转化为形体节奏。敏捷、精准的表演依赖于集中注意力和迅速反应的能力。

（11）肢体的分离性配合练习

正像在钢琴上可以用一只手弹奏 f（强），另一只手弹奏 p（弱）一样，用身体表现生动的音乐节奏也需要各肢体不同活动的配合。例如，练习中，让学生收缩一只胳膊的肌肉，同时放松另一只胳膊的肌肉，进行分离性配合活动，或肢体在同一时间内做不同的时值划分等。

（12）运动中的中断或抑制练习

训练学生身体对音乐的休止或分句迅速做出相应活动的反应。

（13）成倍加快或放慢时值的练习

这也是发展音乐主题的一种预备性练习，这种练习就是使节奏型或节奏句式按倍数扩大或缩小时值的节奏运动。

（14）情感重音、力度微差、节奏的艺术性处理与弹性速度练习

这些练习着重于唤醒、发展学生的音乐感，包括控制神经兴奋过程，表现突强和突弱、渐强和渐弱，发展个性化的音乐表现力，能够根据需要，同时对速度和力度的微差变化迅速做出反应。这些练习可以进一步协调神经系统，使听觉和运动系统迅速连接，更细腻地体验和再现音乐的内在美感。

（15）即兴创造练习

在身体运动中，根据指令变换各种节拍，包括2、3、4、5、6拍子等。练习中根据教师的节奏要求，学生用体态律动进行节奏句式或节奏段的即兴表演，例如：弱起拍、节奏重音、带有休止拍的节奏、切分节奏等。

（16）体态律动的组合练习

将学生分成若干小组，各组表演不同的节奏句式，由学生自己讨论，构成节奏的回旋曲或其他曲式结构。

我们还可以用以下课例，运用动作建立节奏感的练习。

课例 5-10　体验速度与时值

教学目的

发展学生的注意力与模仿力。

教学建议

（1）教师让学生排成一列，在地上画一条粉笔线或摆放一根绳子，有助于学生排列整齐。

（2）请学生跟着模仿动作，教师的动作可能是走、跑或者其他的动作，有时也会停下来。

（3）选择一种适合学生走步的速度发出口令，例如：

$$\text{X} \quad \text{X} \quad \text{X X}$$
一　二　开始 走！

（4）教师边走边变化手、手臂、肘及头的姿势，并带领队伍走出各种图形，如直线、曲线、方形、三角形、螺旋形、圆圈等，教师要注意发现那些动作上有困难的学生，并用语言或姿势提醒他们注意，如"看我的手指、胳膊"等。

（5）教师时而停下来，时而通过暗示来提醒学生突然改变动作，从走步到跑步、单腿跳、双腿跳或马步、滑步等，学生努力地跟随模仿。

（6）教师还可以改变身体动作的高低位置，身体上提、抬高手臂、抬起脚后跟、用脚尖踮着走或者身体下降、两手臂下垂、膝盖弯曲、放平脚走。学生跟随做模仿动作。

提示

活动中，教师要随时观察和研究学生的反应速度和动作能力。开始时学生的反应可能会比较缓慢和笨拙，经过几次尝试，他们会逐渐的熟练和自由。

课例 5-11　小白兔*

教学目的

通过身体动作与语言的结合培养学生的节奏感。

教学建议

（1）拍手朗诵儿歌《小白兔》。

小白兔

小白兔，穿皮袄；

耳朵长，尾巴短。

三瓣嘴，胡子翘；

一动一动总在笑。

（2）行走中拍手朗诵儿歌。

节奏型：

$\frac{2}{4}$　X　X ｜ X　X ｜ X　X ｜ X　X ‖

（3）改变拍手或行走的节奏。

$\frac{2}{4}$

手　X　X ｜ X　X ｜ X　X ｜ X　X ‖

脚　X　X X ｜ X　X X ｜ X　X X ｜ X　X X ‖

手的节奏与脚的节奏可以交替进行，也可以根据学生情况改为其他节奏型。

（4）节奏的卡农练习。

---

* 可扫章首二维码获取该课程视频资源。

运用卡农的形式进行节奏与动作练习，并用动作感受复调。

课例 5-12　节奏的舞蹈 *

教学目的

训练学生用动作感受与表达节奏、情感，体会动作节奏与情感表达的关系。

教学建议

（1）动作的节奏有快与慢，力度有强与弱，教师引导学生用不同的动作表现力度。

（2）教师引导学生用动作表现音乐的速度。

（3）不同的动作也可以表现不同的情绪。教学中教师引导学生用快而有力的动作表现音乐的欢快与跳跃，用慢而缓的动作表现音乐的舒缓与流畅。

提示

每一个动作都是在不同能量与重量的作用下的时间微差反映，课程中教师引导学生感受并表达音乐情感。

在对儿童进行节奏训练的过程中，通过对儿童节奏能力发展的研究，揭示音乐学习的一个基本原理，即音乐感，特别是节奏能力的获得取决于生理器官和心理过程的相互作用以及发展水平。在音乐能力的培养过程中，应该注重儿童个性发展和精神气质的培养，使他们在音乐表现过程中，保持良好的心理状态。不同的民族，在节奏和音乐本能方面都是有差异的，但是对于任何一个民族而言，无论采用什么课程和教学法，对音乐教育的基本要求是相同的，即必须注重儿童个性的形成和气质的培养。因此我们在动作教学时，要根据不同国家儿童的气质特点进行相应的调整和变化，将动作教学的内容与本民族相结合，实现动作教学的本土化。

4. 曲式结构的学习

随着人们对动作教学的深入研究和实践，人们对动作教学在音乐教学中的重要性及价值的认识大大提高，动作教学涉及的音乐领域已经很广泛，诸如音高、音色、音量、音乐特征、音乐情绪、曲式、风格等，都可以纳入动作教学之中，或者说都可以通过动作学习使学生感知、感受，进而去理解。

音乐作为听觉艺术，在时间中流动，如何把握总体框架和它的来龙去脉，对其总体有更清晰、更深刻的了解，这就是曲式结构教学的目的。

曲式结构在入门教学中的主要内容是了解乐句（这是分辨曲式结构的基本方法）、乐段、一段体、两段体、三段体以及简洁的歌曲、回旋曲、变奏曲曲式等。通过动作来学习这些有关内容的目的仍然是感知音乐，培养更细致的音乐感。

下面主要介绍音乐结构教学的相关方式。

---

* 可扫章首二维码获取该课程视频资源。

（1）乐句

乐句是音乐结构的基本单元，是曲式感的基础，把握乐句，才能真正感受乐曲的组织，学习音乐结构也要从培养结构感开始。这就犹如人们在说话时，一般不会注意单个字是怎么连接的，而作为一个个句子时才能把这些字、词的意思听懂，听音乐也是如此。首先不会去注意它是八分音符、四分音符，是什么音名、怎么连接的，而只有从一个个乐句才能感受音乐，只有听到了乐句才开始体验、感受音乐的意味，才能有对音乐的理解。通过动作认识乐句，首先是分出句子，找到句子的开头与结束。然后再区分这首歌曲或乐曲有几句。开始教学时乐曲应该是比较简单，曲式结构比较规整，且分句清楚的。

课例 5-13　沙袋与气球

教学目的

（1）通过抛沙袋和托气球的活动，让学生比较体验动作与空间距离的关系。

（2）感知四分音符和二分音符的时值。

教学建议

（1）教师带领学生一起来玩抛沙袋，开始时不使用乐器，活动一会儿后，学生听着老师摇动铃鼓的节拍抛沙袋。

（2）教师带领学生玩托气球活动，同样，活动一会儿后，听着教师敲击三角铁的节奏托气球。

谱例 5-17

（3）教师交替演奏三角铁和铃鼓，学生根据音乐做出相应的托气球和抛沙袋的动作，这时已不再使用实物，只是通过动作来体验感受四分音符和二分音符的时值区别。

课例 5-14　猫和老鼠

教学目的

比较与感知四分音符和八分音符的时值以及高音 e 与 g 的区别。

教学建议

（1）教师与学生围坐成圈，教师演奏并演唱，学生跟随教师演唱。

谱例 5-18

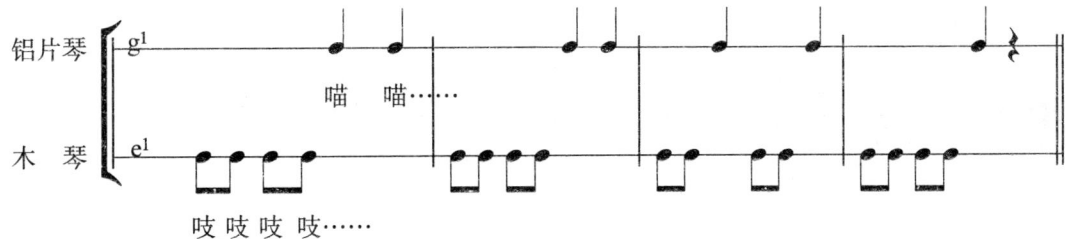

（2）学生分成两组，一组扮猫，一组扮老鼠；教师用铝片琴演奏四分音符时值，代表猫的声音，用木琴演奏八分音符时值代表老鼠的声音。

听到猫的声音，猫组的同学跟着音乐模仿猫的行走；听到老鼠的声音，老鼠组的学生跟随音乐模仿老鼠的动作跑步。

教师在乐器上演奏（谱例 5-19），两声部时分时合，动作也随着音乐的起止交替，乱而有序。

谱例 5-19

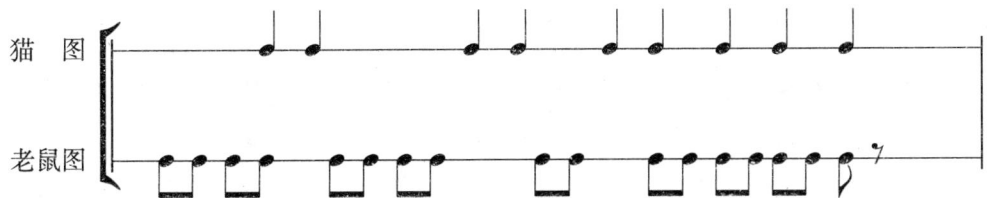

（3）教师呈示图谱（谱例 5-20），指挥学生分成两组，分别演唱猫的声部和老鼠的声部，老鼠唱"吱吱吱"，猫唱"喵"，感受不同时值和不同音高的对比。

谱例 5-20

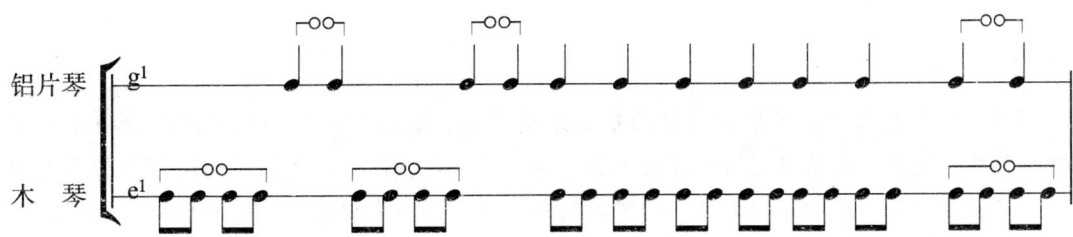

课例 5-15　红莓花儿开 *

教学目的

（1）通过动作感受与学习乐句。
（2）运用动作的元素表现音乐。

教学建议

《红莓花儿开》是一首苏联歌曲，由伊萨科夫斯基作词，杜那耶夫斯基谱曲，表达了少女对心上人的思念之情。这首歌也是苏联电影《幸福的生活》的插曲，电影和歌曲均获1951年斯大林文艺奖。

红莓花儿开

1=G　2/4

[苏]伊萨科夫斯基　词
[苏]杜那耶夫斯基　曲

中速　优美活泼地

```
6 6 5 3 | 6 2 | 1 1 7 6 7 | 6. 0 | 6 6 5 3 | 6 2 | 1 1 7 6 7 |
田野小河边　  红莓花儿开，  有一位少    年　真使我心
他对这桩事情　一点不知道，  有位年轻的姑娘　对他日夜
少女的思念　  天天在增长，  我是一位姑    娘　怎么对他

1. 0 | 3 3 4 3 | 2 1 7 | 6 5 1 2 | 3 - | 3 3 #2 ♮2 | 1 7 6 |
爱　　心中热烈爱　情使我　多痛苦，　　满怀的心腹话儿
想　　河边红莓花　儿已经　凋谢了，　　少女的思　念
讲　　没有勇气诉　说尽在　彷　徨，　　让我的心上人

3 3 3 | 6 0 0 :‖ 6 6 #5 ♮5 | 4 3 2 | 3 3 3 3 | 6 0 0 ‖
没法讲出来！　　让我的心上人　自己去猜想！
一点没减少！
自己去猜想！
```

（1）乐句是构成一首乐曲特性的基本结构单位，歌曲的发展一般遵循起承转合的规律，也就是说乐句与乐句之间存在着承连、对比等关系，所以在动作设计时可用相同或相近的动作表现相同或相近的乐句，用不同的动作来区别与表现乐句之间的区别与变化，学生在学习与感受乐曲时可以通过动作的变化来进行音乐的感受与学习。

此歌曲由四个乐句组成，第一、二个乐句相似，采用相同的前进与后退的步伐表现乐句；第三、四个乐句相似。采用分开、合拢、旋转的动作来表现音乐的区别。

---

* 可扫章首二维码获取该课程视频资源。

（2）动作元素是表达与感受音乐的依据，引导学生运用这些元素进行音乐即兴创编与表演。

提示

教学中注意动作与音乐的对应关系，同时也要注意动作与动作、音乐与音乐之前的关系，让动作成为音乐学习有效的辅助手段。

（2）乐段

由两个以上的乐句构成乐段。用大写英文字母表示（乐句用小写英文字母表示），我们常说这首乐曲是单段体、二段体、三段体或多段体，这个"段"就是指作品由几个部分构成。不同的曲式对乐段有具体的要求，最简单的如a、b两句构成一部曲式，二部曲式（A、B两个乐段）带再现的三部曲式（A、B、A三个乐段），有主乐段带插部的回旋曲式（ABACA）属多段体曲式。

在认识事物时，人们的认知规律和心理顺序，总是从大到小，从整体到局部。作为一种在时间中流动的音乐，如果不能从总的结构去把握，只能是感受到一片零散、支离破碎的音响而已，至多只能记住一些片段的旋律、节奏特征，而对作品的整体不会留下深刻印象。过去传统的教学一直视曲式结构为高深技能技巧，必须要更高修养才能去学习，起码要会识谱，甚至会看总谱才能做到对曲式结构、乐句、乐段的认识。而在动作教学中，从入门开始就非常重视曲式结构的教学，并且为此创造了许多新的教法。在动作教学中，乐段的入门教学，只需根据音乐的对比变化，分出乐段，对于最简单的乐段组合结构方式，不必在理论上讲很多，能认识、分辨即可，重点仍是感受与体验。

课例 5-16　大鹿

教学目的

学习用动作感受与表现音乐；通过动作体验，分辨两段体。

内容分析

《大鹿》是首两段体结构的歌曲，A段由a、a'两句共八小节构成，B段由b、c两句八小节构成，只是重复演唱两遍。由于歌词有一定的情节，因此可以帮助学生通过动作来体会两段体。

谱例 5-21

大 鹿

法 国 民 歌
许 林 译配

1=F 2/4
中速稍快

| 5̣ 1 1 2 | 1 7̣ 2 | 5̣ 2 2 2 | 2 1 3 | 5̣ 1 1 2 |

大鹿 站在 房子里， 透过 窗子 往外 瞧， 林中 跑来

| 1 7̣ 2 2 | 5̣ 5̣ 6̣ 7̣ | 1 — | 5 5 5 5 | 5 4 6 | 4 4 4 4 |

一只 小兔 咚咚 把门 敲： "鹿呀鹿呀 快开门， 林中 猎人

| 4 3 5 | 3 3 3 3 | 3 2 4 4 4 | 5̣ 6̣ 6̣ 7̣ | 1 — ||

追来 了！""兔儿 兔儿 快进来，咱们 手把 手挽 牢。"

教学建议

（1）教师播放录音或范唱《大鹿》，问这首歌讲的是什么内容（叙述故事）。

（2）用听唱法教唱歌曲（直接唱词）。

（3）边唱边模仿大鹿走路（踮起脚尖一拍一下，双手合掌高举过头），唱第一段。

（4）唱第二段时学小兔子走小碎步（八分音符），双手在头顶上当耳朵。加动作可多唱两遍。

（5）分两组，一组当大鹿，唱第一段，另一组当小兔唱第二段。要求带表情演唱。

（6）交替角色演唱。

（7）再做一遍，按乐句去演唱，乐句开始就动，乐句结束就停。小兔组检查大鹿组做得如何（乐句停时，动作有没有停）。反过来，大鹿组检查小兔组。

（8）各组说自己这一段由几个乐句组成，一共停了几次？（各两次）

（9）交替角色体会一下是不是两次。

（10）教师在黑板上画结构图

A a a' B b b'

课堂小结

这首曲子是由大鹿段落（A乐段）和小兔段落（B乐段）两部分组成，每个乐段由两个乐句组成。乐段比乐句更大，一首曲子的各个乐段是由不同的音乐区区分开的。

提示

本曲乐段分句有两种方法，两句或四句各有道理，低年级教学中要突出教学要点，不必面面俱到。比如为了体验两段体，每段由两个乐句构成即可，而讨论乐曲的材料是怎样

构成的，是 aaba 还是 a a b b 等内容可以省略。

分乐段的主要依据：一是由两个以上乐曲构成，二是段落之间会用长音、休止等出现明显的停顿音乐。音乐由于节奏、旋律等新的因素出现而不同，如：a a b a 作为典型二段体，就是因为"b"造成"不同"的因素，从而形成对比变化的感觉，段落也随之一分为二。在教学中利用相同和不同这个最简单、最明确的概念就能把曲式结构介绍给入门的学生体验。

课例 5-17 报纸回旋曲 *

教学目的

1. 通过动作感受与学习回旋曲式。
2. 通过动作培养学生的探索精神与创新意识。

教学过程

（1）教师学生围坐成圈，每个同学尝试用不同的方式让报纸发出不同的声音。

（2）教师提问：哪些声音是可以持续的（可持续的声音包括：揉搓、脚踩、拍打、摇动等）？我们分别来听听，它们像什么声音（雪地里行走、落叶上行走、刮风、下雨、玻璃晃动的声音等）？

（3）哪些声音不可以持续（叠起来摔打、做成球拍击等）？它们像什么（炮声、枪声）？

（4）全体同学用报纸完成以下演奏作为乐曲的 A 段。

谱例 5-22

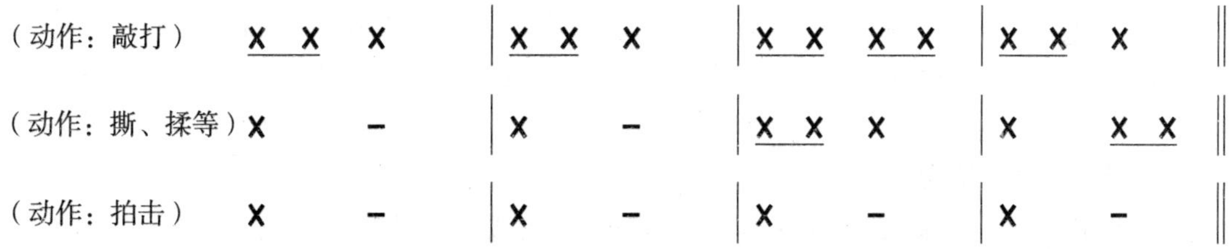

(动作：敲打)	x x x	x x x	x x x x	x x x ‖
(动作：撕、揉等)	x —	x —	x x x	x x x ‖
(动作：拍击)	x —	x —	x —	x — ‖

（5）分小组，根据报纸的不同声音完成一个由报纸的声音组成的故事，分别形成《报纸回旋曲》的 C、D、E 部。

（6）教师引导学生，用 A、B、A、C、A、D、A、E、A 的形式完成《报纸回旋曲》。

（六）动作表达类的教学方法

正如德国作曲家、音乐教育家卡尔·奥尔夫提出"整体艺术"一样，音乐教育中所获得的经验可以被看作是整体性的、多元化的。身体的感觉、知觉、情感和意志等都是一种心理和生理上的统一，音乐课堂的多元化教学是实现多元化教学目标的手段与方向。

音乐具有情感性，并且是与听觉、视觉、运动结合在一起的学科，在动作教学中，

---

* 可扫章首二维码获取该课程视频资源。

教师设计的教学内容要使学生学会分析和决策，懂得如何发现、改革、改变和创新。客观地说，教师和学生在这个教与学的过程中都在学习、经历、体验和获得。动作教学中心灵和身体之间的关系是极为密切的，教学中强调"从体验到表现"的"内与外"的和谐统一。

1. 动作表达类的教学设计

在动作表达教学设计中我们需要遵循：多样化的学习与教学方式，循序渐进的教学过程。

首先，在动作教学中，无论是动作元素的感受与表达、节奏能力的发展与训练，还是运动觉的训练、内心听觉的发展、即兴创造力的培养，对人的身体状态都提出了较高的要求，身体的状态既要是放松的，又要是紧张的。放松指的是身体各部位之间的协调统一，紧张指的是身体各个元素的准确把握。当教师选择了教学内容之后，要在课堂上以一种积极的方式呈现给学生，即在教学中必须尽可能地使用多样化的教学方式，从而丰富学生的学习过程。在动作教学的过程中我们可以运用听觉形式、视觉形式、语言形式相结合，个体探索与小组合作相交替，激发学生的学习兴趣，培养学生的感受力、表现力与创造力，全面提升学生的音乐能力。

其次，毫无疑问，没有动作学习经验的学生，在该类教学中不可能一下就呈现出很好的课堂效果。因此无论是从音乐基础、乐感、身体协调，还是从团队合作等各方面来说，都需要教师给予不同层次的要求。不建立学生的学习梯度，而只是纯粹地进行机械的练习以期达到表演的目的无异于拔苗助长，最终只是徒劳无功。此外，每个人从小的教育和成长环境不尽相同，学习过舞蹈的可能只占其中的一部分，因此，在动作教学中，让学生做到身体放松，往往需要花费较多时间，身体的放松状态并不是轻而易举就能做到的。通过教学实践发现，多数学生并不习惯放松自己的肢体，但对于动作教学来说，肢体的放松直接关系到对身体运动的控制和对节奏的准确把握。教学中可以设计与安排准备和热身的环节。也可以通过以下练习进行动作的学习与训练。

练习1　呼吸练习

闭上眼睛，感受自己呼吸的速度、频率。闭上眼睛可以避免很多视觉干扰，学生不会将注意力放在观察他人身上，也不会为自己的肢体是否有美感而担忧。此时可以用一些舒缓的音乐来帮助学生找到呼吸的频率和速度。

练习2　聆听练习

闭上眼睛聆听周围的各种声音，描述自己能听到的所有声音，并且与大家讨论这些声音分别是什么事物的声音，又是如何发出的。

练习3　律动活动

通过身体来感受和表现各种音乐元素，律动是很好的教学准备手段，行走的练习、感受稳定节拍的练习以及身体空间的练习等，都可以作为动作学习准备阶段的活动内容。

练习4　从单一元素到多种元素

从单一动作元素练习开始，逐渐发展到多种元素相结合的综合练习，在这个过程中逐渐丰富教学材料，增加教学难度，达到循序渐进的教学目的。

练习5　音乐感知能力的练习

从用动作表现一个声色开始，到乐句的感知、乐段的感受与表达，逐步增加练习的内容。

练习6　音乐技能的练习

将各项音乐技能的学习与训练按不同的阶段与梯度进行安排。

练习7　合作的培养

从相互聆听、相互关注开始加入双人、多人及小组合作的教学方式，这是培养合作的较好手段。

2. 动作表达类教学需注意的问题

在动作教学中，一个成功的、有梯度的动作教学要考虑以下几个方面的因素。

第一，主题。这里指的主题不是某一个具体内容，而是广义上的主题，例如课程的主题内容是7/8的拍子，那么所有的节奏型、动作练习及选用的教学材料，都应该围绕着这个主题进行；又如该课程的主题内容是SAMBA风格，所有的教学材料也应与这个主题相关联。

第二，内容结构。如何分配一节课所涉及的音乐技能，在教学材料中分别会用到哪些表现形式？

第三，教学材料。这是指教学的具体内容和具体作品，教师对教学材料的选择本身就是一种教学能力，选择的材料或需要对原有的材料进行再创作式的改编或进行新的创作，这些都和教师的音乐能力有直接关系。音乐教育是审美教育，在动作教学中要用音乐动作推动学生即兴创造力的发展，因此，材料本身的可听性、可观性及可发展性是动作课程非常重要的部分。

第四，教学技能。这是指教师使用教学方法的多样性和合理性。首先是教学方法的多样，没有任何一个教学方法可以解决所有的问题。无论是达尔克罗兹教学法、奥尔夫教学法、柯达依教学法，还是铃木教学法或戈登音乐学习理论等，它们都有自己的优势和不足，作为教师应该尽可能掌握所有的教学方法，将这些教学方法视作为解决问题的"钥匙"，"钥匙"越多，教学中可尝试的范围就越大，途径就越多，教学的效果也就可能更优质。其次是教学方法的选择，教师能够根据教学中可预见性或非预见性问题，选择最佳的解决手段，这正是教学能力的体现，而这种教学能力需要很长时间的教学实践为基础，在经验中获得。

第五，教学对象。包括对象的年龄水平，学习方法等，所以因材施教就是该部分的主旨。

第六，教学环境。这是指场地、时间、乐器以及教具。

3. 动作表达类教学的设计与思考

在动作表达类教学中还必须认真思考表5-1中列出的这些问题。

表 5-1 动作表达教学设计与反思表

教学意图	教学过程	教学反思
教学目标是什么？	热身或导入：对以前的动作元素进行回忆、复习，新内容的提示，身体的动作或精神的集中。	
做了哪个元素的练习，为什么？	发展：将所有的教学材料进行编辑、组合并梳理环节和架构的过程。	如何解决问题？ 如何改变现状？ 如何及时调整原有的教学计划？ 如何把握教学的速度和程度？
有助于提高哪些音乐技能？	结论：反馈、总结、反思。	
有助于哪些认识能力的提高？		
每一个教学步骤中所涉及的重点是什么？		

这是一个事实：动作虽然不会告诉我们所有的事，然而我们却可以通过动作去认识彼此，有时候动作比文字能透露出更多的信息。这时必须对我们的感觉更有自信，对于学生们给的动作暗示我们所做的反应，一个抑制的手势、一个强烈的怀抱、一个鼓励的点头以及一个微笑是必需的。

第三节 声音类音乐活动教学设计

声音是由物体振动产生声波，通过介质（空气、固体或液体）传播，并能被人或动物听觉器官所感知的波动现象。音乐是用组织音构成的听觉意象，其媒介是按时间组织的声音。音乐是具有一定的特殊性的声音：① 是连续多个单一音的排列；② 有时间性、有序性；③ 人造或人工合成的声音，可以重复。

声音既可以是单一的也可以是连续的，可以是无序的也可以是有序的，可以是自然的也可以是人造的。声音包含音乐，音乐是一种特殊的声音。音的高低、长短、音量、音色是它们共同的物理属性，将这些物理属性运用到音乐教学中，培养学生的音乐素养，是本节的重点。

声音和音乐拥有强大的感染力，它能够塑造、定义甚至改变一种情感体验，对声音的反应是人类心理的核心所在。它构建着生活的每时每刻，塑造着人们的情绪、喜好以及个人、集体的历史，并能触发回忆，引起强烈的情感反应，建立情感联系，而这一切都是无形的。

音乐是人们平日生活或者讲述故事时必不可少的元素，对声音有意识地利用是音乐教学中人文主义的具体体现。该节将声音类教学活动分为以人体发声（嗓音模仿、语言）为主的人声类及以利用各种物体模仿发声为主的物声模仿类（听觉类）。

一、人声类音乐教学活动

（一）人声类音乐教学活动的相关分析

人声类音乐教学包括运用嗓音和语言为教学素材或教学手段的两种不同类型的教学活动。奥尔夫在其教育理论中认为："言语是一切音乐学习的开端。"不论是节奏的还是旋律的学习，居于首位的当属言语。

儿童的感觉是他们的学习起点，儿童说出身边的事物名称，使他们产生有关"语言的物理完行"（雅各布·格林，Jacob Grimm）的意识，即语言所包含的：语音、语调、语速、节奏、韵律、语意等。儿童的这种命名活动发生在节奏的风格化和表达的韵律之中，随着节奏化的声音沿着气流送出，词汇这个客体在儿童的体验中成为具有情感和智慧的实体，加上口语化的作用，词汇的棱角变得圆润，名词所蕴含的声响和意义变得柔韧，从而使得词汇的生命力变得无比鲜活。在这里语言犹如水之源头，为音乐的学习带来了丰饶的元素性素材，丰富的言语借助声韵的结构唤醒了潜伏于词汇之中的内涵与意义。

言语类音乐活动包含以下几类。

1. 以命名活动为主的言语活动：例如《我们的名字》

对于初期的命名活动而言，名称的作用尤为重要。正因如此，赫尔德（Herder）认为：名称是儿童初期语言的记载形式，在儿童心目中，名称就像词汇的符号，是他们打开外部世界的钥匙。

2. 以韵文为主要特征的言语活动：例如《秋风词》

无韵则无语言。"韵"指的是音调，汉语字音中收尾的部分。包括韵首、韵腹、韵尾三部分。在"韵"的作用下，词汇变得鲜活、明快，并得以延展。表面看来，"韵"只是纯粹的声音元素，在儿童念谣、歌谣中并没有形象的含义，也不具备像诗词、乘法口诀那样的意味，但是在谜语、乡间传说、谚语、格言中的意义却是丰富的。

在中国，韵与文结合得就更加紧密了，从现有的文献来看，吟咏是一种中国古代读书的方式，文人学子在学习语文的时候使用的方法就是吟咏。古今吟咏与音乐演唱的关系是非常密切的，甚至可以说二者不分彼此，吟咏就是音乐演唱，演唱就是吟咏。

3. 将语言、动作、音乐融合在一起的音乐活动，例如《黄鹤楼》《咏鹅》

在类音乐活动中，教师指导学生亲自设计，即兴表演。这种表演产生自纯粹的内心需要，即是从本能中被诱发出来的。而能够把语言动作音乐融合在一起的最核心、最基本的要素就是节奏，节奏训练即是入门的先导，也是其教学内容和方法的基础。

节奏教学除了使用节奏性乐器还可以通过朗诵来进行，因此，了解节奏的定义以及它在音乐教学中的作用，特别是对人的心理作用，可以帮助我们更深地理解语言教学的原理。

（二）人声类教学活动的学习目标

人声类可分为运用嗓音进行声音模仿及运用语言特性进行音乐教学两种，运用嗓音的教学在声势类教学中已经有所涉及,下面将主要针对后者进行详细的分析与讲解。

奥尔夫在谈到他主张的音乐教学方式曾经说:"原本的音乐是什么呢?原本的音乐绝不只是单纯的音乐,它是和动作、舞蹈、语言紧密结合在一起的。"将语言引入音乐教学,是小学音乐活动教学的特色之一。

语言是人人都具备的能力,作为人声,它与歌唱在生理上和发声原理上有许多共通之处,如呼吸、吐字、音色的变化等,实际上歌唱训练就是一种运用语言为训练手段与训练目的的音乐技能学习。

语言也是人类用来表达思想与交流思想的工具,包括语符、语词(语义)、语音(语气、语调)、语法等构成要素。在这些要素中,如语音中的语调、语气,在某种程度上与音乐音响构成的要素,如音高、音值、音量、音色甚至情绪的表现特征、风格都是相通的,教学中甚至可以用语言的这些要素来创作"音乐作品",在这里语词、语义、语音、语调、语气等都可以被发展成为具有音乐特征的载体,成为培养学生敏锐音乐感知力及创造力的有效音乐教学手段。

音乐教学中,语言教学的目的,就是利用人与生俱来的语言节奏感,开发人的音乐潜能,并且在艺术教育活动中,将被动的本能变为更具有主动性和创造性的感知、反应和表现力,使之成为培养身心均衡发展、有较高素养与能力的、适应现代生活的、有创造性的劳动者的重要教育手段。

人声类教学活动的具体教学目标主要表现为以下几方面。

1. 促进学生身心平衡发展

感知与运动是生命的基本力量,因此,生命活动最独特的原则之一就是节奏性,所有的生命都是有节奏的。这种节奏感对于人来说不仅是耳听、手动,甚至会影响到血液循环、呼吸、内分泌,以至到心脏,全身都会引起反应,在这里我们找到了感情的生理基础。在将语言、动作、音乐融为一体的小学音乐活动中,能够把它们三者融合在一起的最核心、最基本的要素就是节奏。运用语言中具有的节奏感,并将其高度发挥就变成感情性的。这种就是所谓的"感情移入",将音乐节奏直接作用于人的身(生理)心(心理),达到使学生身心平衡发展的目的。这也是语言运用于音乐教学最富有生命意义的要素。

2. 培养学生的自控把握能力

鲜明的节奏性是语言的主要特征之一,节奏可以使人热血沸腾、情不自禁地"足之蹈之、手之舞之",语言既有节奏,就必须有节有律,甚至相当精准。

节奏的准确首先要做到匀速,这与人的均匀平衡感有关,也是培养人的自控能力最有效、最基础的训练。没有节奏,往大处讲会导致生活、工作缺乏行为上的节奏感和节律,杂乱无章;往小了说,会导致日常行为、艺术行为中的节拍不准,拍子不稳,因此,通过语言中节奏感的训练,也是从心理素质到肌肉自控能力的全面训练,而语言节奏感的精准细化,则是人的自控能力进一步发展的要求。

3. 培养创造力

移易转化、统觉、联想,这些都是创造力培养的出发点,也是其产物。有关这种能力的培养，在语言训练中不是简单的操作或机械训练，而是通过语言引导学生"有感而发"，听后有感而发，本身就是移易转化，这种"发"（动作）既然是"有感"，就不能规定必须怎么动，其所"发"所"动"，就必须是即兴的、具有个性特点的，而这也就是创造性能力训练、培养的开始，是人人都能接受的训练。

（三）人声类教学活动的设计理念

1. 语言类教学活动设计观念

语言能力是人类最早发展的能力之一。语言学习的早期，人们首先需要聆听，通过聆听说话而建立起"听"的字汇库，同时，开始尝试用听到过的和自己创造的声音牙牙学语，建立"说"的字汇库。这种牙牙学语，常常是在愉快的游戏中完成的，这一学习过程带给"教""学"双方极大的乐趣。孩子不断得到身边成年人的引导，通过各种模仿、重复、探索和创造的游戏，逐渐把牙牙学语变成有意义的语言。通过短短几年的语言游戏式的学习模式，孩子学会了自己用听觉的、口语的和视觉的符号进行思考，这种语言学习的思考方式，为人们终身学习奠定基础。

在音乐学习中，建立音乐"字汇库"的种类和过程都与语言字汇库的建立过程非常相似，发展音乐能力，语言是其中极其有效的手段之一。音乐和语言常常相伴出现，当我们借助语言的方式进行音乐学习时，就可以像思考语言那样去思考音乐，运用听觉的、口头的和视觉的符号来进行教学，音高型、节奏型及动作型是其有表现力的组合。教学中我们赋予这些音高型、节奏型及动作型以意义，以帮助理解和创造更多的音乐思想，使得我们的音乐思想能够与别人交流。

2. 语言类教学活动种类

根据以上观念，语言类教学活动活动分以下几种类型。

第一类，以音高变化为主的语言类音乐教学活动。如《咏鹅》《秋风词》。就像孩子们进行牙牙学语一样，当人们进行音高的牙牙学语时，就需要用声音对音高和音高的变化进行尝试，然后进一步尝试着唱歌，最后唱出的歌能够复制以前他听别人唱过的歌的音调和调性，这时就结束了音高的牙牙学语。

第二类，围绕节奏进行的语言类音乐教学活动。如《小白兔》《语言的卡农》。在节奏牙牙学语时，要进行声音延续的尝试，随着尝试最终能客观地复制听到过的歌曲或者念谣的拍子和速度。当能够客观地复制拍子和速度，也就结束了节奏的牙牙学语期。

第三类，语言与动作相结合的音乐教学活动。如《梅花》《黄鹤楼》。在这类活动中，需要从观察、模仿到表达，把从语言里感受到的动作元素用身体动作表达出来，完成动作的牙牙学语。

如果不能脱离音高、节奏以及动作的牙牙学语期，学习小提琴、钢琴和其他乐器的课程，就无异于徒劳地试图解码没有意义的音乐记谱。不同的学生、不同的教学引导，脱离这三个牙牙学语期的时间会有所不同，越早脱离音乐的牙牙学语期就越早开始理解音乐、表达音乐，像用语言思维一样进行音乐的交流与沟通。

（四）语言类音乐活动的内容与方法

语言类音乐教学活动，首先是从音乐教育至关重要的节奏入手，以语言为媒介，以音高、节奏、动作为手段进行音乐教学活动。语言是媒介，节奏是关键，但其核心是从感觉、感情中得到的内容，学生平衡地、健康地发展是课程的最终目的。

正是从这个终极目的出发，不断探索与发展出许多的教学方法，让语言类音乐教学活动在音乐教学中不仅仅被运用在节奏教学的入门，同时被广泛地运用到其他要素中，比如音色、音量、音高的入门教学。这样一来合唱教学就会变得更加容易。此外，当语言作为教育戏剧、舞台剧的表现手段时就具有了更丰富、深刻的音乐内涵。所以，语言在音乐教学中的内容与方法现在已经包含了非常丰富和广泛的内容。

语言类音乐教学活动的具体内容主要分为以下几个方面。

1. 从字、词、姓名开始的节奏朗读教学

以姓名为例，中国汉族地区取名一般是用两个字或三个字，也有少数由四个字组成的姓名。节奏教学的开始可以从有节奏地报出自己的姓名开始，如：

谱例 5-23

| ×× | ××× | ×××× |
| 王 山 | 李 惠 民 | 欧 阳 启 前 |

用姓名进行的节奏朗读训练会使学生因为惊喜而充满兴趣，也因为对姓名的熟练而让训练更加简单易行。这样的训练还可以选择学生熟悉的事物，如：动物名、食物名、交通工具名、花名、树名、国家名、世界名人，具体的选择要根据学生的年龄及生活范围、兴趣等因素决定。

课例 5-18　交通工具类字词

教学目的

通过两拍子的节奏朗诵和多声部节奏训练，培养学生创编的能力和反应能力。

教学建议

（1）每个人想一种交通工具的名字。
（2）要求是两个字、三个字或四个字组成的词。
（3）按两拍说，如：

| ×× |
| 汽 车 |

（4）每一种节奏型（如两个字一组），需要每个人大声说出一种交通工具的名称，拍子要一样（两拍子），内容不能错（交通工具），也不能重复别人说过的词。
（5）按座位轮流进行，中途不能中断，也不能抢说。
（6）在教学过程中，教师连续用手拍两拍子（当出现上面三项中任何一个错误时停

下，练习，直到说对了再往下说），适当的时候换三个字、四个字的词。

提示

活动越到后面越难，一是因为熟悉的节奏词都被别人说了，二是四个字构成的交通工具名称更少了。这时，要鼓励每一个想出新词的学生。练习时还可以在交通工具名称前面加牌子名称，如"奔驰汽车"，或加形容词，如"黑色轿车"等。这种练习一般在5分钟左右，不能过长。

从学生创编的每类词的节奏型中选择一种，字词易于上口，发音比较明亮、清晰，内容不能错（必须是交通工具），出示三种节奏型，教师指挥全体学生一起念。如：

谱例 5-24

每一种节奏型要反复念数遍，直到全体朗诵基本整齐、速度均匀时再换一种。
将全班分成两组练习。

谱例 5-25

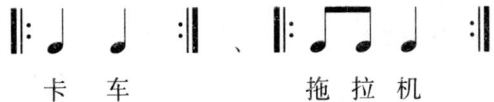

一组先念，另一组按一定规律进入，成为二声部，反复念数遍，基本整齐后交换声部。加 ♩♩ ♩♩ 变为三声部，同样要交换声部。

待基本念整齐节奏时，可适当变换音量甚至变换速度（快与慢）、变换连音与断音等。

这种内容加进来不仅使学生感到兴趣盎然，还可以加强两拍子的稳定率和节奏感训练。

这种练习除加强节奏感外，对学生的反应能力也是很好的训练。这里要注意鼓励那些反应较慢、一时想不起来又不敢说的学生，想办法让他们"成功"；对特别爱表现的学生，则可以让他一直说，到说不出为止；对拍率不对、节奏没说准、抢拍、拖拍的学生一定要纠正，从一开始就注意培养其正确的节奏感。这种练习对中、高年级也同样适用，不过在词组选择上要适合每个不同的年龄段。有些练习也可以由学生来指挥，还可以三个声部中停调一个声部，甚至只留下一个声部，各声部的进进出出全由指挥手势表示等。

上面提供的仅仅是一种字词节奏训练的模式，在实际教学中还可以有更多的创造性教法。

2. 成语、谚语等做节奏短句的练习

在字词句训练的基础上可以发展到小短句的节奏训练，在这方面我国有大量的成语、格言、谚语、歇后语可供选择为素材来进行教学，比如四个字的成语到十多个字不等的俗语都能在词典中找到。节奏短句也可以由字词的几种小节奏型加以各种组合，如下面的节奏句：

谱例 5-26

教学活动中，还可以由学生即兴创编语言短句，以各种方式组合，这样每一个短句就可以有更多的可能性进行多种组合练习，并以此进行多声部节奏训练。这里唯一的要求是学生念得顺口，句子结尾要有结束感。

课例 5-19　短句的练习

教学目的

通过为短句创编四拍子节奏，进行多声部节奏训练，培养学生的即兴创作能力。

教学建议

教师出示三条短句，分别给三组同学。

如：

你是太阳，我是花。

前人栽树，后人乘凉。

我家小弟弟，半夜笑嘻嘻。

要求学生为短句编节奏，每句四或八拍，以顺口为前提。三条短句最好节奏互补，每条可多找几个学生来进行节奏创编。

全班分成三组，为每条短句选节奏。

如：甲组

谱例 5-27

乙组

谱例 5-28

丙组
谱例 5-29

提示

活动中，教师可在大家说的各种节奏中选出近似这几种节奏的例子，但要让学生感觉是他们自己创作的、自己选择的。即使创作的与这个都不一样也没有关系；也可以根据学生的创作进行训练。教学中要灵活掌握，原则是保护学生的创作积极性。

全班分成两组，先进行乙句、丙句两个声部的合说，再交换声部练习。

分成三个小组，一个一个声部进入，三声部合说，再交换声部反复练习。

练习各个声部的进入与退出，从单声部、二声部到全体各种形式的组合和连接。

根据学生接受程度进行音量、速度的变化以及对比的变化练习。

进行连音、断音的训练。

字词的朗诵节奏训练在实际教学中应逐步发展为声势、动作、打击乐合奏，甚至可以为字词、短句即兴编旋律。

3. 儿歌、童谣的节奏朗诵练习

几乎每个儿童从生下来都会听到妈妈和大人们给他说唱儿歌、童谣，开始学语言后也都会先学习念儿歌童谣。从学生们熟悉的儿歌开始，运用节奏朗诵进行入门教学是最受学生们喜欢的方式。而运用本土方言的儿歌、童谣进行教学，除了增加学生学习的兴趣外，对于挖掘、保存各民族各地方的本土文化，为世界文化宝库保留更多的人类文明遗产有着更深远的意义。

多声部教学是语言类音乐教学中非常重要的内容，多声部教学能使儿童一脑多用，在学习中还可以通过学习与别人合作，培养和锻炼对自己的控制与把握能力。通过语言进行的多声部教学是一种有着较高教学效益，又能培养学生具有高素质音乐素养的教学方式。

从前面的课例中，我们可以看到多声部教学从音乐教学的一开始就已经有所体现了。教学中采取的主要手段是固定节奏型的教学方法，每个声部仅是一个小节或是两拍子的词组或是一个句子（两小节）的无限反复，形成不同节奏的声部叠置。对于学生而言，只需把握住自己的声部，并在拍率上与大家一致就合上了。

而轮说（卡农）则是一种有规律的先后说同一首儿歌的多声部练习。就像横向发展的复音音乐，它对专注力的训练可以从一个词组、一个句子，发展到一首儿歌。在这种合作中，随着一首儿歌节奏的变化，音乐性更丰富了。这种轮说是最原始、最古老的多声部音乐形式。

像儿歌、童谣一样，还有教材中大量的诗词、歌曲，教师都可以把其中的词用节奏先朗诵给学生们，用语言音乐活动进行音乐教学。只有先打破视谱第一、先唱谱再填词的传统教学模式的约束，才能开拓出创新教学的新思路。

课例 5-20　语言的节奏

教学目的

通过学习用多声部节奏朗诵（二、三声部），并加动作，为其伴奏，学习多声部的音乐。

教学建议

从"字"开始的节奏训练。

"节奏基石"是指语言中最短小的、具有音乐意味的字、词拼成的最小节奏单元，例如：人名、地名、花名等，教学中可以运用这些进行训练。如，教学活动中，先请每位同学说一个花的名字，兰、山茶、郁金香、香水百合等。

根据字与词的节奏特点，尝试用不同的乐器为其伴奏。

将词发展为短句，并用不同的节奏进行朗诵，设计句子节奏时，最好注意节奏与节奏间的互补。

单声部的打击乐演奏熟练后，可采用一个、两个、三个声部的节奏练习，也可采用卡农的形式进行节奏训练。

提示

这个练习需要有一定的节奏朗诵基础，进行字词的练习后再进行句子的练习，如果发现教学上有难度马上要简化，把动作、打击乐等部分进行分别练习。我们课程的原则之一就是：具体的进度要根据学习对象的接受能力、学生上课时精神集中的情况，甚至是情绪的好坏来掌握，切不可教条地只按预定的教学方案进行教学。适度的简化和增加难度是允许的，具体尺度靠经验来掌握，教师的教学经验越丰富，教学方法就越灵活，教学手段也越多变。

附：供节奏朗诵的儿歌、童谣

（1）骑大马，骑大马，一骑骑到外婆家，外婆见我笑哈哈，我请外婆吃西瓜。

（2）下雪啦，下雪啦，我来堆个雪人；雪娃娃，来看家，太阳出来不见了。

（3）小鸟儿，成群飞；小鱼儿，成群游。小朋友，手拉手，排成队伍向前走；唱着歌，拍着手，我们都是好朋友。

（4）苦瓜满脸是皱纹，冬瓜脸上搽香粉，黄瓜脸上长疙瘩，西瓜脸上画花纹。

（5）风停了，雨停了，谁在天边架彩桥，桥上不见车马跑，桥下没有白帆飘。

（6）世上只有妈妈好，世上只有妈妈好，妈妈最爱小宝宝，我最爱唱这支歌，唱得妈妈哈哈笑。

（7）早上空气真正好，我们都来做早操，伸伸臂，弯弯腰，踢踢腿、蹦蹦跳，天天锻炼身体好。

（8）一个眼，一个扣，我帮他们手拉手，结成一对好朋友。

（9）有个小东西，睡觉像狗熊，缩头又缩脑，不露小鼻孔。
（10）冬天夜里长，夏天白天长。夏天比冬天夜里短，冬天比夏天夜里长。

4. 与语音、语意结合的音乐活动

语言是以语音为物质外壳，语意为意义内容的音义结合的符号系统，其中语音（语气、语调）的音调、音色、节奏等要素与音乐的许多要素是相通的。口语中这些要素的应用，再加上文字概念所具有的意义、内涵，让语言具有了更多的感情色彩。中国的语言音调极其丰富，并有许多声调上的特点，有一些音调还和词义有关，以往在音乐教学中较多注意语音节奏的特点，至多利用其音调特点进行音乐教学，但是在语气、语意方面却很少注意其训练价值。因此，在音乐教学中，若加入这方面的训练，通过对语言的音调、语气、语意的领会和理解，不仅有助于音乐情感意蕴的领悟，其实这也是音乐入门教学一项有趣且重要的内容。

"说话听声，锣鼓听音"，这是指通过说话时的语音、语气就能听出言词语义背后的语言意图、态度。在音乐教学中可以通过对语言中的各项元素进行训练，来达到培养与提高学生洞察力、表现力及创造力的目的。

课例 5-21　天净沙·秋思

教学目的

（1）感受诗歌中短句的节奏，音的高、低、强、弱变化，根据这些特点编创旋律。
（2）通过教学培养学生的即兴创作能力。

教学建议

吟咏是我国独具特色的诗词阅读与表达方式，"无韵则无语言"，丰富的语言借助声韵的结构，唤醒了词汇之中音韵的内涵。

诗歌中的语言是有节奏的，无论是从语言的艺术角度还是音乐的艺术角度，在这一点上二者是一致的，诗歌的节奏是诗歌本身的属性。诗歌离不开节奏，节奏是诗歌的主要特征，那么吟咏时是否需要节奏呢？答案是肯定的，尽管吟咏是跟着感情走的，感情的变化是没有节拍的，但由于诗歌本身就有强烈的节奏特征，无论你用书面语言或口头语言将它表达出来，这一特征都不会消失。

诗词歌赋除了有节奏上的变化，语音中还存在着阴、阳、上、去四声的不同。四声本身就是为服务诗歌吟诵而产生的，四声这个元素中包括语音的强弱、高低、长短、轻重诸因素。首先，我们看一下关于四声的传统认识。

赵元任先生的《国音新诗韵》提出："阴声高而平。阳声从中音起，很快地扬起来，尾部高音和阴声一样。上声从低音起，微微再下降些……入声和阴声音高一样，就是时间只有它一半或者三分之一那么长。"《康熙字典》中载有一首四声歌诀："平声平道莫低昂，上声高呼猛烈强，去声分明哀远道，入声短促急收藏。"依照以上的观点，我们可以判定四声在长短、高低、轻重、强弱等诸多方面的确有别。今天我们进行吟诵的语言环境虽然发生

巨大的变化，但吟诵中的语音变化依然是存在的，而这些正是我们学习音乐的极佳途径。

天净沙·秋思
［元］马致远

枯藤老树昏鸦，
小桥流水人家，
古道西风瘦马。
夕阳西下，
断肠人在天涯。

这是元曲作家马致远创作的一首小令，此曲以多种景物并置组合成了一幅秋郊夕照图。
（1）根据诗词表达的情感及四声的变化规律，创编吟咏的旋律。
（2）用打击乐为旋律进行伴奏。
（3）在开始运用打击乐时可以用无固定音高的乐器，目的是稳定与突出节奏的效果。
（4）在运用八音条琴这样简单的打击乐器时，要从简单的伴奏开始，主音与属音的运用是初学者极好的选择。

谱例 5-30

天净沙·秋思*

[元]马致远 词
匡雅玲 曲

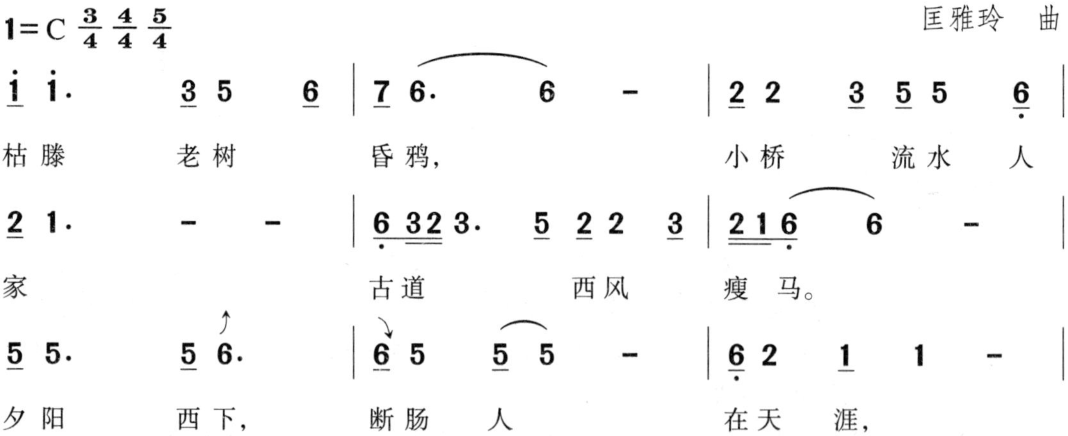

$1=C$ $\frac{3}{4}$ $\frac{4}{4}$ $\frac{5}{4}$

| 1 1. | 3 5 | 6 | 7 6. | 6 - | 2 2 | 3 5 5 | 6 |
| 枯藤 | 老树 | | 昏鸦， | | 小桥 | 流水 | 人 |

| 2 1. | - - | 6 3 2 3. | 5 2 2 3 | 2 1 6. | 6 - |
| 家 | | 古道 | 西风 | 瘦马。 | |

| 5 5. | 5 6. | 6 5 | 5 5 - | 6 2 | 1 1 - |
| 夕阳 | 西下， | 断肠 | 人 | 在天 | 涯， |

提示

创编时，吟咏的节奏与旋律的速度要与诗词的情绪相吻合。表达忧郁的情绪时，旋律节奏较为缓慢，音域要低沉一些，平行与下行的旋律线更能表现忧伤的情感；四度下行的音级特别能表达叹息之情。

---

* 可扫章首二维码获取该课程视频资源。

中国的音乐是线性的，讲究旋律的唯美与变化。在吟咏中，我们可以借鉴中国戏曲的元素，在旋律上可以多一些装饰音的运用。节拍则可以相对自由一些。

5. 运用嗓音的音乐教学活动

每个人都拥有一个喉咙，它不仅可以用来说话唱歌，还可以发展为用嗓音发出各种音响作品的乐器。这种声响作品给了音乐教育工作者以极大的启示，在运用嗓音的音乐教学中有许多相关内容深受学生欢迎。

在教学初期可以让学生将听到的声音印象用嗓音模仿出来，如模仿动物叫声、交通工具行走声、鸣笛、喇叭、铃声及各种物体撞击的声响。把声响用嗓音模仿出来是听觉训练的一个方面，不仅可以加深对听到的声音的感知力，而且也可以增强对想象力的培养，是一个移易转化的过程。这样一个将声响进行迁移的过程，便是对声响特征进行理解与表达的过程，从比较单纯的、熟悉的声响模仿开始，发展到对比较复杂的声响的模仿。对声音特征的模仿有如为一个事物寻找一个符号提示一样，这对培养创造性能力是极好的方法。

（1）嗓音活动教学的方法

用嗓音讲故事

给学生一个题目，让他们尝试用嗓音声响"讲"故事，如"校园的早晨""三只小猪""游乐园"等。这种教学最好分成小组活动，全班分若干小组，小组成员共同"编"故事一起表演。表演中需进行角色分配，可以有场景描述、情节表现等，表演时可以个体或小组进行，也可以全班共同表演一个主题。每个小组创编的各种各样的"故事"也会引发学习者极大的学习兴趣和创造积极性。

声响即兴

每人任意发一种音响，由学生去指挥音响的大小。

分若干小组，每组发出不同的声响，由学生指挥音响的大小、进入的时间、顺序等，这样可以即兴创造出许多意想不到的"合音"效果。

嗓音音响结合动作的教学

音响即兴也可以根据动作（有故事情节或无情节的）进行即兴创作，由一个人做动作，众人（或另一人）用声响把动作意思表现出来，如走、跑、转等。

相反，也可以从一个人用嗓音即兴发出各种音响，大家根据音响做出动作，每个人对声音的感觉完全可以按自己的理解即兴表演，如声音由低向高，可以做各种各样的动作表示这种声音的特点，这就是嗓音音响结合动作教学的例子。

声响的合声训练

声响即兴也可按照一种多声部的节奏谱"唱"出来，每个声部发不同的声响，这种方法没有音准上的难度，可以看作是提前进入的"合唱"训练。

训练开始时可由老师指挥各个声部的相互配合，之后的指挥可以由学生完成，这是合唱训练常用的教学形式。

节奏朗诵小品

这是语言造型课的内容。教学中教师先出示题目，由学生（个人或小组）创编一个带有一定情节和长度的小品，里面有人物和情节。这些小品，可将独说、重说、合说融合进去，还可以加上动作、打击乐伴奏、表演等。它不同于戏剧的，就是语言的节奏化，同时规模要小很多，表演时声响为主要表现手段。例如描述火车站的一个小品，火车站的各种声响就会穿插期间或做朗诵背景。这些小品大都选自生活场景，学生说起来亲切、生动、兴致勃勃。节奏朗诵小品培养学生仔细观察生活的能力，激发学习的兴趣，开发创造性的思维和音乐方面的素质，如节奏感、多声部合作等。

（2）嗓音教学活动的注意事项

第一，活动双方要互相关照，声音变化不可过快，以免动作难以跟上。

第二，动作必须"依声而动"，动作要有依据，要努力反映声响的特征。

第三，教学中，教师要鼓励学生的创造性模仿，这对培养学生的表现力、创造力是极其有效的。

课例 5-22　黄鹤楼*

教学目的

（1）通过语言与身体动作的结合，唤起学生的音乐本能。

（2）培养学生的感受力、反应力及创造力。

黄鹤楼送孟浩然之广陵

［唐］李　白

故人西辞黄鹤楼，烟花三月下扬州。

孤帆远影碧空尽，唯见长江天际流。

教学建议

（1）感受诗词，找到动作创编的素材。如：故人辞别、烟雨与花、江与船、江水等。

（2）根据图片，进行动作创编与表演。

图 5-11　故人辞别

图 5-12　烟雨与花

---

* 可扫章首二维码获取该课程视频资源。

图 5-13 江与船

图 5-14 江水

（3）根据诗词语言特色创编旋律。

谱例 5-31

黄鹤楼送孟浩然之广陵

[唐]李　白　词
陈顺桥　曲

1=F 4/4 2/4

（乐谱略）

故　人　　西　辞　黄　鹤　　楼　　　　烟　花　三　月

下　扬　州　　孤　帆　远　影　碧　空　尽　　唯　见　长　江

天　际　流　　唯　见　长　江　天　际　　流

（4）可采用回旋曲式进行诗词表演。

《黄鹤楼送孟浩然之广陵》

场景 A. 吟唱；场景 B. 故人辞别场景；场景 C. 烟与花表演；场景 D. 江与船动作；场景 E. 水的表演；

表演模式：

回旋曲式：

A B A C A D A E A

> 提示
>
> 语言是一切音乐学习的开始，不论是节奏、动作、旋律，都可以借鉴语言的训练来进行。丰富的语言为学生的创编表演提供了极大的空间；在创编与表演的过程中，这些语言、动作、旋律的音乐活动，不仅激发了学生的创造力，同时也提高了对古诗文的学习兴趣。

（五）语言类音乐活动的价值和意义

第一、语言类教学活动，是音乐教学中一种富有创造性的教学形式，探索不同的声响，用游戏的形式让学生接触自己的嗓音、看它会发出什么声响，学习伪装自己的声音、让别人听不出来，这都增强了学生学习音乐的兴趣。

第二、通过模仿各种声音，培养观察力。自然界、生活中的种种声音，有哪些呢？是什么样的？有什么特点？……通过模仿，也可以增加对生活的体验和积累。

第三、探索嗓音的表现力，表现它的各种可能性，把心里想的通过声响去表现出来。

第四、是歌唱的准备。儿童的声带是非常娇嫩的，一般儿童七八岁左右声带的发育还未完成，过多的歌唱非常容易损害声带；同时他们的肺活量也比较小，有时气不够，只好用嗓子顶，不利声带保护；更何况由于声带还没发育成熟，音准训练有时是事倍功半。但是不让孩子歌唱也是不可能的，因此，对学龄早期的儿童的歌唱训练要非常小心，要有许多准备，而这种语言及嗓音的训练就是一种有效的方法。

第五、学习群体间的交流合作，培养处理人际关系的能力。许多的小组活动，教育价值很高。

第六、培养学生的表现力。音乐教学不仅是被动地听，同时要学会参与音乐，通过音乐学习，学会如何表达自己的情感，与别人交流。语言的音乐活动教学，能训练学生表达出心里想说的"意思"，即培养学生的表现力与沟通能力。

第七、创造性能力的培养。创造性并不是神秘莫测、看不见摸不着的，更不是不可教的。这种移易转化，把一种声响变为另一种声响的能力就是创造性的具体体现。当孩子们用声音去编一个故事并表演出来时，他们表现出的积极性和表演中迸发出的创造性火花常常令成人吃惊。

二、物声模仿类音乐教学活动

物声模仿类音乐活动是指在音乐教学过程中，通过运用嗓音、打击乐及各种能发出声音的物体，对自然环境、社会环境中的各种声响进行模仿的音乐活动。对听得见的声音（音响、音乐）等做出声音的模仿或身体的动作的即兴反应能开发学生的音乐潜能，培养学生的感受力、表现力及创作力。这种创编与表演的音乐活动能促进学生自我表现和创作的欲望，是培养创造力最简单、效果最好的教学方式。同一符号系统的模仿，语言到语言、动作到动作的模仿，更多的是需要模仿能力和反应力，但不同符号系统之间的模仿，就需要将这种符号的某种象征或象征性意义转移到另一种符号系统上，这就必须有想象力的参与，尤其是在比较抽象的声音与其他音响之间进行转换就表现得更为突出了。例如：各种声音与嗓音之间、声音与打击乐之间，甚至是声音与身体动作之间做这种移易。把对声音的感受，如声音的高低走向以及强弱的变化，甚至不同的音色、曲式结构，用嗓音、声势、动作等表现出来，就必须要有想象力才能做到。同时，因为声音的非定量性会让模仿及表现反应空间有更大的自由度，为创造性思维提供更广阔的天地。

（一）物声模仿类音乐教学活动的教学理念

音乐教育中对听力的训练通常被认为是音乐教育的中心问题。"听"是物声模仿的前提，它的任务是帮助每个孩子尽其所能地体验音响的表现力。人们意识到，不论一个人的音乐能力如何，他都能够领略到音乐的奥妙。不管一个人的音乐能力有多高，他的音乐欣赏能力总是高于他从事音乐实践的能力，如果将音乐的体验局限于一个人对音乐的表现水平，那将是极大的不幸。

作为提高人的文化素质手段的普通音乐课，首要任务应当是帮助儿童发展感受音乐的能力，发展音乐听力是普通音乐课进行审美教育的一个基本任务。听是音乐体验中不可缺少的一环，尽管听的方法历来存在着很大差异，但是培养音乐听力从而使人富有情感、有洞察力、有创造力并给人以满足，这是普通音乐课的中心和目的所在，也是其主要功能所在。

由于音乐的体验、学习及创作都要运用到听觉，音乐家发现音乐教育的目的最重要的在于系统地训练具有鉴别能力的听觉。因此听觉训练的整个意义是：运用合适的"音乐耳朵"（即好的音乐直觉感受）去领会、感受和理解音乐。音乐教育的目的是培养学生自觉接受音乐的能力，能积极地把握生活环境中的各种音乐、声响，自觉地、自由地对环境中的声音进行选择，培养自己对环境敏锐的观察力并在此基础上发展更深和更高的理解能力，而这个过程也正是人格的自我完善、成为真正"自由"的人的一个很重要的方面。听觉类音乐活动是通过各种手段训练人对声响的感知力和了解音响的表现力。在这里我们特别想强调的是，许多老师在音乐课上进行歌唱、演奏、律动（舞蹈）以及作曲的教学时，常常注意到的是知识和技巧，而忽略了对听觉的训练，即我们常言"要用耳朵听自己唱（奏）"的重要环节。

1. 以实践为中心的教学原则

在音乐教育中，人们只有通过音乐实践才能学到音乐，听觉类音乐教学活动，一改过去以抽象的理性来进行初级音乐教学的陈旧方法，而是采用先感性后理性、从音响开始的新教学法，引入物声模仿及打击性、节奏性乐器（包括有固定音高系列和无音高系列的打击乐器）演奏声音故事等。

这些音乐活动被引入到学校音乐教学中，促进了音乐教学的改革和巨大进步。这些在教学活动中运用到的模仿物声的物品及各种有固定音高和没有固定音高的打击乐器都成了教学的器材和培养想象力的工具，并建立起一种新的教学观念，这种观念肯定了主动性和创造性的首要作用，对填鸭式的灌输教育原理予以反对，突出了人天性中的内在激情和感性。

2. 积极主动的教学原则

积极主动是教学的基础和前提，音乐教学更需要贯彻这个原则。在"听"的音乐活动中，学生通过积极主动参与音乐活动，如声音模仿、打击乐演奏、声音故事表演等，增加对音乐感受的层次，也可以通过这种积极主动的活动来掌握音乐的奥妙。这也是克服音乐教学中"哑症"不可缺少的内容。物声模仿类音乐教学使教学过程充满音响，像在水中学习游泳一样，而离开了学生主动参与的音乐学习，必将是枯燥乏味和没有成效的。

3. "以生为本"的教学原则

"以生为本"是听觉类教学活动的教学原则,这个"本"不仅指每个学生个体的差异,同时也包含不同年龄阶段的差异。

例如,在现实生活中,我们发现并非所有的孩子都喜欢歌唱,有些是生理原因造成的,有些纯属性格爱好,同时也不是每个学生在任何时候都爱好歌唱。每个学生都会经历缺乏这种歌唱兴趣的时期,这在初中时最为突出。还有一个时期也容易被忽略,生理学研究告诉我们,儿童从五岁开始小肌肉迅速发展,但声带还处于非常娇嫩的时期,即使是"童声"也是从八九岁才开始成熟,大脑对它的控制也才开始形成。在这之前唱不准音,常常不是耳朵的问题,而是嗓子没有达到大脑能加以控制的程度,所以,在童声期发展对物声的模仿教学是更合理的。

在生性活泼的学生中有声乐型和器乐型之分。有些学生对器乐的兴趣极浓,而且具有天分;有些喜爱歌唱、天生一副好嗓子的学生,对掌握器乐却并不爱好或擅长;还有一类学生个性内向,或反应较缓慢一些,他们相对更爱听音乐或仅仅作为旁观者。我们的音乐教育就是要利用各种手段,使学生都能产生对音乐的兴趣和分享音乐的快乐。物声类的音乐活动,以身边熟悉的人物、事物为素材,在即兴表演的过程中没有来自音高上的困扰。这种教学模式,对于先技巧后音乐的教育理念也是一种革新,这些无须技巧准备的乐器,为孩子们参与和体验音乐找到了捷径,这样的音乐活动会极大地提高音乐教学的成果。

4. 亲身参与的教学原则

使用工具以求生存是人从动物分化出来的重要标志,能使用工具表达情感也是人类才具有的本领。因此通过亲身参与声音的模仿、打击乐的演奏,会使学生在充满欢乐和严肃的气氛中得到人格的升华。

物声模仿中,各种打击乐的演奏教学对培养和发展学生参与社会生活时的自我把控、发展与他人合作、处理人际关系的能力、培养情商等方面都有一定的功能。这是音乐教学功能的重要体现和组成部分,也是这类教学社会功能的体现。

(二)物声模仿类音乐教学活动的设计思想及教学建议

1. 物声模仿类音乐教学活动的设计思想

众所周知,"听"是物声模仿的前提,听觉可以为我们提供大量有关声音的信息,其中包括声音中的节奏、力度、速度甚至情感。在听觉的过程中,声音不仅有时间的动态——快速和慢速、前进或者暂停等,同时,也有声音空间上的不同——远近、大小、高低甚至是速度。运用嗓音、乐音等来模仿与表现各类声音的特点,是培养学生感受力、想象力和创造力的有效手段。

声音既有时间上的又有空间上的变化。在日常生活中,听觉作为一个关键性的感觉,对于人们认识某种事物起关键性的作用。人的双耳是听觉的唯一器官,人耳能感觉到的声音可以从16Hz—20000Hz,但音乐中可记录的声音只是16Hz—7000Hz,即C2—a5的音高范围,这些乐音按照一定的调律法严密地组织在一个固定音高的体系里。无论是哪种声音（自然界的声音、乐音、噪音），都有四种最基本的可变因素，并分别对应人的四种感觉能力：频率——音高感、强度——音强感、长短——时值感、波形——音色感。这些因素都为物声模仿提供了方法与依据。

声音传递至我们耳朵会因为发声物本身的材质、距离耳朵的距离以及物体的大小、运动状态等诸多因素的改变而产生大小、远近、高低甚至是速度的不同。在运用噪音及乐音等进行声音模仿的创编与表演时，对声音的感知特性可以通过声音的强弱、高低、发声的特点进行表现。

我们距离声源越远，听到的声音就越分散，反之越集中，但在物声模仿的音乐教学活动中，对声音的表现可以是不同的，我们所听到的较强的音，并不一定是离我们较近的物体所发出，同样，较弱的音也并不一定是距离我们较远的物体发出。因为我们对声音的感知与表达可以通过声音力度的强弱，而非与我们距离的远近来实现。例如，在柔和声音的衬托下较高的声音会更加清晰和响亮，这样的声音会带给我们清晰的空间感知与体验，衬托声音的减弱或者逐渐消失，必然会使我们对还存在的声音产生"近"与"大"的空间感觉。在有高音衬托的情况下，柔和的声音自身便能创造出"近"的感觉，这是因为人们只有在一定距离之外才能感受到较大的物体，所以有时较小的音量也可以使我们产生"近"的印象。音高不仅仅是表现声源距离的手段，有时也能够很好地表现出物理的高度，例如可以用高音表现天空。在物声模仿类教学活动中，声音还可以通过力度的变化而产生不同的音量，这种音量的变化可以使我们感受到物体的运动状态：由远及近或由近及远，抑或用声音的停止表现出物体的暂停或者静止。

声音是由物体振动产生，较大的客体与较小的客体它们的振动周期是有差别的：较大客体的振动周期较长，较小客体的振动周期较短。此外，较大的声源一般不可能产生高频音或者由较强高频部分组成的声音，就像高音不可能模仿出"隆隆"的雷声，而只能模仿出清脆的敲击玻璃杯的声音一样。因此，通常情况下，高音能够使我们对物体产生"小"的感觉，而低音则能够使我们对其产生"大"的感觉。例如在贝多芬的《土耳其进行曲》中，贝多芬很善于用力度的变化来表现出军队的前进状况：他先是用"P"的力度来表现远处行进的军队，然后以渐强的力度表现军队从远处走来，直到演奏力度变化为"f"时，见谱例5-32（1），说明军队已行至我们的身边，这一段的"f"力度在持续了16个小节之后，加强到"ff"，见谱例5-32（2），音乐情绪也由此达到最高峰，象征着军队此时距我们的视线最近。乐曲的最后音乐的力度突然减到"P"，而后以"PP"的力度终止，见谱例5-32（3）。

谱例5-32（1）

谱例 5-32（2）

谱例 5-32（3）

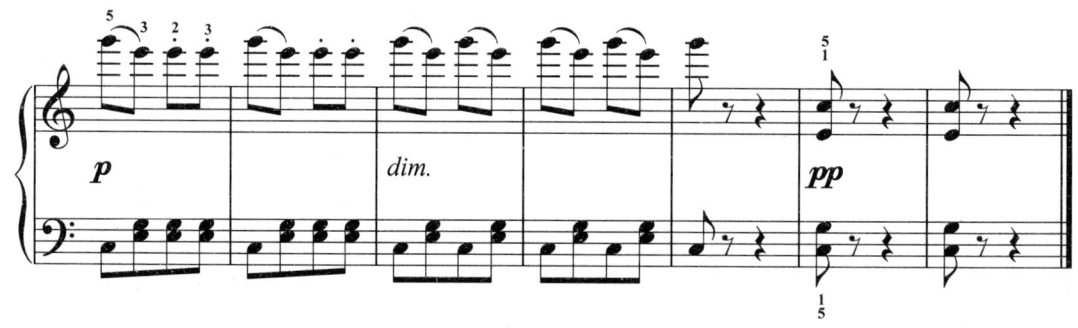

2. 物声模仿类音乐教学活动的教学建议

在这类音乐活动的开始阶段需要培养学生聆听习惯，聆听各种声音，在聆听的基础上进行联想，联想是创造性活动的开始和基础。

练习一　聆听

（1）聆听来自大自然的声音：风声、流水声、雨声、鸟鸣声等。

（2）聆听生活环境中的各种声音。

来自家庭生活中的声音，例如：洗涤各种物品的声音、门的开关声等。

来自学校生活中的声音，例如：上课铃声、粉笔写字声、书本翻动声、学生的嬉闹声等各种不同的声音。

来自社会生活中的声音，例如：菜场、剧院、马路、火车（汽车）站等不同场景的声音。

教学建议

教师可以播放自然界、生活中的声音片段，放录音时，教师可以引导学生讲出声音的特色：你听到了什么？这个声音有什么特点？特别是当有些声音不是单一音响时注意启发学生：它里面有什么细微的声音？

教师还可以再进一步进行引导，启发学生从声音的高低、节奏、音质、延长音的长短等方面去听，它们有何特点。也可以请大家一边听一边记，可以用文字甚至可以采用图形对感受到的声音形象进行记录。

练习二　联想

对听到的各种声音进行联想。

（1）收集各种不同的树叶，不同形状、大小甚至是不同的枯萎程度，聆听这些树叶发出的声音。

（2）感受不同数量的树叶所发出声音的区别。

（3）尝试用这些树叶的声音完成一个短小的声音故事。

教学建议

这个环节也可以请大家拿出笔，一边听，一边把听到的音响画出来，不是画声源是什么（如汽车声、流水声），而是面对这些声音你要用什么样的符号线条记录下来，或者这些声音让你联想到了什么。

故事是幼儿诗性逻辑的具体体现，因为故事中充满了幻想和创造，儿童可以在故事中找到和自己思想匹配的地方。每个儿童都爱听故事、讲故事、表演故事，通过故事的形式来感受声音、表达音乐是听觉类音乐活动的特点之一，因为故事元素儿童最为熟悉，也是儿童熟悉事物的最好方式。通过故事理解音乐、表达音乐在某种意义上可以说是最好的途径，因此故事作为音乐表演的一种艺术形式，常常会被用到听觉类音乐教学活动中。

把日常生活中的声音汇集起来，就可以做成一个故事或表达一个内容。比如"早晨"这个题材，可以把早晨闹钟响、起床、刷牙、漱口、水龙头放水以及下楼梯、走在地板和石板上或摩托车发动等各种声响组成一个声音故事。你听到什么声音？让学生用听到的声音讲一个故事，还可以让学生单独或分成若干个小组出一个题目，如"繁忙的早晨"，让孩子们用自己的嗓音加上动作把自己或小组构思的作品表演给大家。为了使学生们对音乐本身表现的音响有更深的体验，从而引发他们对音乐的理解，可以用自然界周边的声响做导线引入。这里可扫章首二维码获取关于《龟兔赛跑》的资源以供大家参考。

练习三　即兴

尝试用树叶发出有节奏的声音，例如：

谱例 5-33

提示

音的物理属性由高低、长短、音量、音色组成，教师可以引导学生根据不同树叶的特点进行声音的探索，并引导学生用树叶进行节奏即兴及声音故事的创编与表演。

（三）物声模仿类音乐教学活动的特点及教学建议

音乐教育训练不能是单纯的技术训练，更不应该是脱离音响的理论知识和规则的单一传授。它首先应该是对音响和情感的体验。

现实中的空间是有别于声音表现出的空间的，这种差别决定了物声模仿类音乐活动的特点。现实中的空间与声音表现出的空间的差别大致有以下三点。

其一，声音模仿中的空间感不如现实的空间清晰与准确，它存在于人的大脑想象中而非真实的现实世界中，声音模仿出的空间与音乐中的时间一样，都具有意象性。

其二，现实中的空间单凭视觉就可以被感知，而声音模仿出的空间是需要调动人的多种感觉器官去感受的，其中包括听觉、视觉、头部的动作以及想象等。

其三，比起现实中的空间，声音中的空间具有不稳定性。它会随着音乐的音高、音强、节奏与音色的变化而变化，并且会随着不同演奏者与欣赏者感知能力的不同而产生对音乐空间感知的不同。由此，我们可以通过对音乐的空间感知而知晓音乐的独特性质。

1. 物声模仿类音乐教学活动的具体特点

物声模仿类音乐教学活动的具体特点主要表现为以下几方面。

（1）听力训练素材范围的扩大

听力训练的素材已从单纯的乐音音响扩大至自然界和周边环境的声响，其原因有三。第一，学生的学习认知方式是从熟悉的声音、环境、事物、物品入手，认识并开始的，这样的学习方式会引起他们的学习兴趣，也能帮助学生理解所要学习的内容。第二，声音与音乐声响在物理属性上具有共性，从心理学上讲，声响也常常具有音乐声响的特性，如音长、音高、音色、音量等，只是音乐对这些要素有更精确的要求，在听辨和表现音乐中的这些要素时需要一定技能技巧的准备，而对声响中这些要素的反应，不需要这些准备就能去体验、表现，这是音乐教育的一个重要不同。由于人的认知本来就是从大的、明显的差异对比，到小的差异对比，如对于音高的听辨，与其开始就听辨二度、三度，不如让学生从自然界声响中明显的高低声响开始更容易，这种练习还可以培养他们的洞察力——对司空见惯的声音加以注意、体验，提高分析问题的能力。第三，音乐本身的发展在声源上也有很大的拓展，仅靠钢琴等少数音源训练听力，已完全不适应音乐生发展的需求了。

（2）动作的参与

物声模仿类音乐活动必须要有动作的参与，这一点在入门教育基础阶段尤为重要，想让儿童和低年级的孩子正襟危坐，手背在后面去"专心"听音乐是不可想象的，也是违反儿童教育原则的。即使是中学生或是大学生也是如此。而要建立身体反应——需要学生亲自参与的聆听与模仿教学活动，音乐体验需要身体动作的参与，这能促进听觉感受更敏锐、更细致、更深刻。从某种意义上讲，这的确已不是教学方面的问题，而是教学原理的问题。其次在教学方法上，通过动作、奏乐等多形式亲自参与，既可以提高学生的听课兴趣、活跃课堂气氛，同时也为丰富教学手段、提高教学质量开拓了新思路。

（3）开放式的听觉类音乐活动

对于听的训练来说，过去在练耳方面多侧重在音高感（绝对音高）、音程以及对音乐短句的记忆和节奏方面的训练。有的音乐欣赏课则侧重在音乐作品的历史背景、音乐主题、曲式结构以及音乐的体裁、题材等方面，常常是讲得多听得少，先讲后听，实际上是对听的感受与理解缺乏正确的认识。以开放形式进行的听力训练，更强调对音乐诸多要素的了解，要到音乐的结构、风格、主题、音乐思想这样一个大的结构系统中去组织教学。其中，音乐的选择也是多元的、全方位的，包括全国各民族的音乐，从传统音乐、欧美古典音乐到各国现代派音乐等，面对这些风格甚至审美观念完全不同的"音乐"，教师要引导学生通过"听"去寻找它们的共性与区别。在过程中各种声音不仅成了音乐教学的素材，同时也是音乐学习的工具。

在物声模仿类音乐活动中，通过"听"去探索音乐，可以寻找一种分析音响的工具，将有表现力的音响条件概念化，使学生除了能对听到的音响做出反应外，还能找到一种恰当的语言表达方式。音乐概念的语言应当描述音乐条件，比如音乐的节奏要素，有启发的概念包括速度（快、慢、渐快、渐慢）、拍子（节拍）、节奏型等，这些都是为描述音乐要素表现而形成的概念，音乐课应该是挖掘这种音乐条件，而不是解释这些条件。我们的听力训练往往没有引导学生了解音响本身特有的"感知点"，而总是从"情绪""感觉"进行引导，这些训练是需要的，它们是听觉类音乐教学活动的组成部分，但听觉类训练的目的是培养学生对音乐的感受力、洞察力及反应能力，具体的教学内容应围绕这个目的去组织与安排。

（4）图形谱的使用

在听觉类音乐活动中，不仅需要通过身体做出反应，还需要采用视觉的手段——图形谱。乐谱是记录音乐的符号，它的目的是对音乐做更为精确的反应和记录，但有许多声音要素是乐谱反映不出来的，如音色。而人们对记载音乐的符号——乐谱，特别是线谱，越来越感到它在入门教学中造成的困难。线谱渐渐地成了音乐教学当中学生贴近音乐、参与音乐的"拦路虎"，但在日常的教育中，从一开始上音乐课读谱就开始了，从幼儿园到小学、初中、高中甚至大学的音乐课以及各种选修课，一直在学，却总也没学会，直到离开校门，五线谱就像一个高高的门槛挡在音乐殿堂门口。而图形符号作为一种新的音乐记谱法体系，可以把各种声音要素用视觉符号记录下来，比如声音的高低、声音的结构、性质、风格特征都可以由它标记出来。由于它的直观性、简易性，可以说不需要什么准备和训练就可以直接使用，这也是图形谱进入物声模仿类音乐教学中并成为十分有效的教学手段的主要原因。教学中教师可出示各种图形谱，让大家指出与其相对应的乐器或根据图形谱进行乐器演奏。

下面列出了几种不同的图形谱的示例。

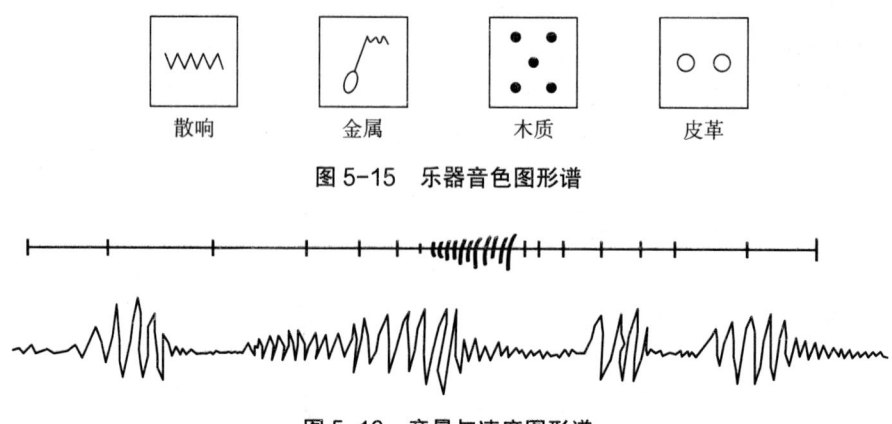

图 5-15　乐器音色图形谱

图 5-16　音量与速度图形谱

2. 物声模仿类音乐教学活动的教学建议

在教学中，教师可以引导学生用嗓音、打击乐器等进行声音的模仿。

练习一　感知

（1）模仿不同交通工具发出的声音，模仿这些交通运行时的声音。

（2）模仿不同人物行走的声音。

（3）用上面的声音完成一个音响故事。

练习二　模仿

（1）请每位学生用不同的方式让报纸发出各种不同的声响。练习中要求全体学生共同参加，后面的学生让报纸发出的声响或者让报纸发出声音的方法要与前面同学的不同。

（2）请学生感受报纸发出的声响与大自然中的什么声音相似。

（3）教师引导学生用报纸的这些声音完成一个声音故事（可扫章首二维码获取《报纸回旋曲》资源以便参考）。

练习三　即兴

（1）请用不同的方式让中国鼓发出不同的声音，每位学生的方法不能相同。

（2）设计场景，让学生用鼓声模仿。例如：人群的集中与分散、战争场面等。

（3）用设计出的声音场景完成声音故事。例如：集合、点兵、出发、埋伏、战斗、凯旋等场景。

提示

教学中教师要遵循：探索—模仿—即兴—创作—表现的学习过程，通过对声音元素的运用与开发，培养学生的天性，唤醒每个学生潜在的想象力和创造力。

在物声模仿类音乐教学活动中要求学生用自己的嗓音或敲击一种打击乐器，把听到的声音模仿出来，这样的方法有很多。总之，要让学生竖起耳朵仔细聆听，教师也可以自己制作，比如想让学生体会到不同的音量和渐强、渐弱，就可以去录制汽车、火车、走路等声音，教会学生从周围的声音中去训练自己耳朵对音高、音色、节奏、音量甚至是声音"意味"的辨别力、理解力，把声响变成符号并加以模仿，这是对想象力、联想力、创造力的锻炼，同时也是对音响特征的深入体验。

（四）物声模仿类音乐活动的教学范例

物声模仿类音乐活动在音乐活动中占据极为重要的地位，下面主要介绍了几种物声模仿类的具体的课例以帮助学生更好地掌握该类活动的方法。

课例 5-23 声响游戏

教学目的

通过对自然界和生活中熟悉的声响观察、体验、分辨、判断并尝试用嗓音、打击乐器、图形、符号，对它们加以模仿，训练学生的听力、注意力、观察力、想象力。

教学建议

针对自然界中的声音片段

感知

教学时先放录音，首先问学生你听到什么？这是由什么发出的声音？这声音有什么特点？特别是有些声音不是单音响时，分析里面有什么细微的声音。

模仿

1. 教师进一步启发学生，从声音的高低、节奏、音质等声音元素方面去听，感知它们有何特点。

2. 请大家拿出笔（也可以请几位同学到黑板上），一边听一边把听到的音响画出来。

3. 要求学生用嗓音和打击乐敲打把听到的声音模仿出来。

即兴

把这些听到的日常生活的声音汇集起来，构成一个故事或表现一个内容。

练习一

请根据火车的音响及相关的音乐，设计一个关于火车的声音故事。

课例 5-24 龟兔赛跑

教学目的

聆听声音，感受声音的不同特征，并将感受到的声音用图谱画出来。

教学建议

1. 教师在课堂中走动，让学生用声音图谱画出来，在走动时教师可以变换走动的力度和速度，也可以请学生走动，一个人、几个人、男生、女生……让学生根据不同的情况画出自己所理解的声音图谱。

例如：走动的声音图谱

教师与学生

教师：· · · · · · · ·   木质类
　　　· · · · · · · ·
　　　· · · · · · · ·

学生：〰〰〰 〰〰〰 〰〰〰 〰〰〰 散响类

2. 复述《龟兔赛跑》的故事，请学生用声音图谱来表现小乌龟和小白兔走路的声音特色。

小白兔与小乌龟

小白兔： ✿   ✿   ✿   ✿   金属类

小乌龟： ○○ ○○ ○○ ○○ 皮革类

设计小乌龟与小白兔之间是怎样约定比赛的对话，并请学生将这个对话用声音图谱表现出来。

3. 请学生根据不同的声音特点选择不同的打击乐器，将声音图谱表现出来，完成声音故事。

提示

物声模仿类音乐教学活动主要是为了学生参与音乐。每种声音都有自己的声音特点、音乐语汇，只要参与到其中的一段，对其他的部分也就会有似曾相识的感觉，通过声音图谱练习，对声音的特点感受会更形象。

本课例在进行时，要根据不同的年级调整练习难度。

《奥尔夫音乐教育思想与理论》中有许多课例很好地反映了声音类音乐教学活动的特点，课例5-25就选自该书。

课例 5-25　阿细跳月

教学目的

欣赏民族音乐《阿细跳月》，并通过声势、奏乐、图形谱、舞蹈动作等方式的参与、体验、理解该曲的风格特点。

教材分析

"跳月"是流行于云南彝族地区的撒尼人和阿细人的歌舞，每逢节日夜晚，男女盛装聚集于草坪，男子边跳边弹三弦或吹笛，女子边跳边拍手相和。《阿细跳月》是一首民族器乐曲，程云原曲，秦鹏章改编，1951年为舞蹈《阿细跳月》而作。本曲选自舞蹈音乐的第三段。

整部作品的结构、音调、节奏、节拍、音色均很有特点，是很好的听力训练材料。

A. 全曲除引子、尾声外，一共11段，头两段各反复一次。

B. 节拍为五拍子（3+2）。

C. 全曲从头至尾是一个固定节奏型。

D. 全曲曲调由do、mi、sol三个音构成旋律骨架，偶尔加la、re，每句的最后两拍均是相同的曲调：

|5 2 1 | （或 |5 2 1 |）

E. 乐曲的结构靠音色（配器）和调性变化形成发展，这正好又是一个听力训练的要素——音色。

教学建议

听一段音乐，提出三个问题：是几拍子的音乐？（五拍：3+2）这段音乐有几句？（四句）这段音乐的乐句只有一个固定节奏型，请大家先拍出来，再写出来。

一起拍节奏型。

分声部练，用听唱法教各声部。

谱例 5-34

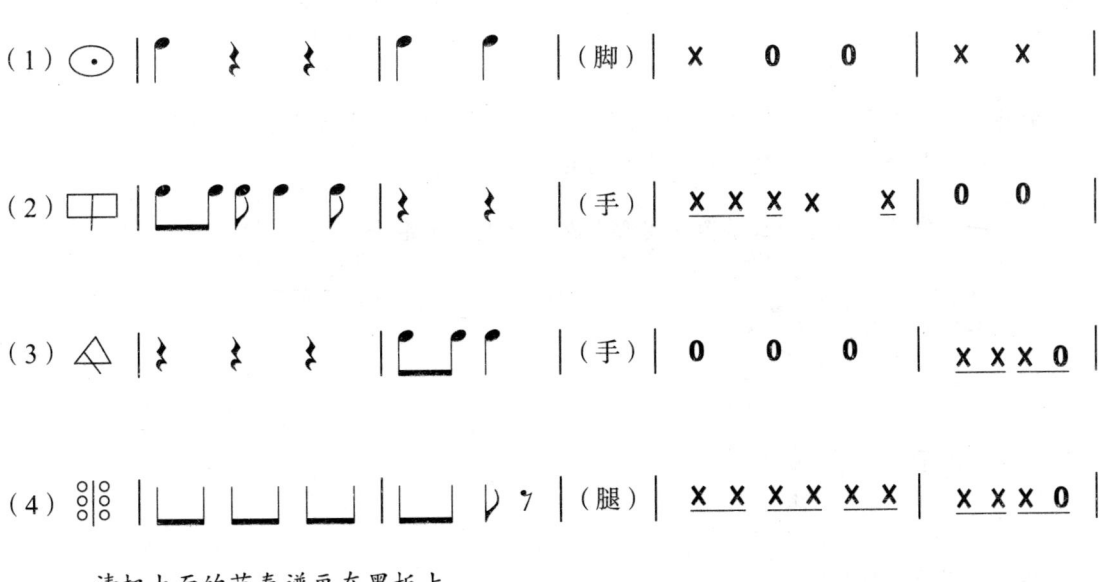

请把上面的节奏谱画在黑板上。

听音乐

（1）声部进；

（2）声部进；

（3）声部进；

（4）声部进。

无乐器者可用声势。

用 do、mi、sol 三个音，即兴唱前三拍如 | 5 5　3 3 3 |，全体唱后两拍。

教师在每个学生面前打拍子，学生依次即兴。

听音乐，问：这首曲子由哪几个音构成？写成谱子。如有录像最好，听原曲（仅由三个音构成的曲调），再听本曲（5、6、1、2、3、5）。

先把四句音乐小节线划出，填上后两拍。（相同）

通过听音乐把前面四句曲调填出，填好后，再听一遍音乐，把细微的不同之处找出来，如第三句，第二小节是 | 5　2　1. |。

谱例 5-35

阿细跳月（曲调谱例）

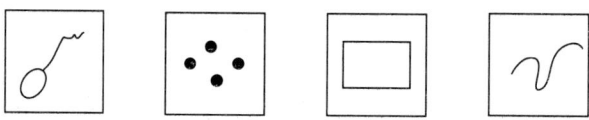

画出四个符号

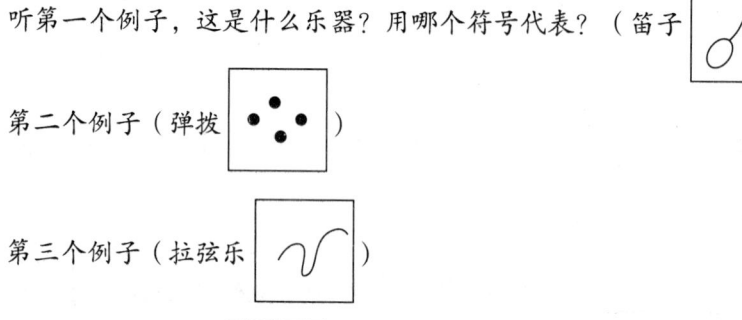

教师提问，这首乐曲是中国乐器还是西洋乐曲演奏的？（先找出有什么乐器类）

这四个符号分别代表了这首乐曲中所用的乐器的音色。

听第一个例子，这是什么乐器？用哪个符号代表？（笛子 ▢）

第二个例子（弹拨 ▢）

第三个例子（拉弦乐 ▢）

第四个例子（合奏 ▢），

现在听一遍全曲，大家在自己的本子上先写出序号（加引子与尾声），教师在黑板上板书。

引子 :‖: 1 :‖: 2 :‖: 3   4   5   6   7   8   9   10   11 尾声

边听边在各段下面填上是什么乐器演奏的（符号代表），同时请一位同学在黑板上画符号。

再听一遍，检查一下自己听得对不对，看黑板上写得对不对？其中有几段不容易听清楚，可反复听几遍，直到听出为止（比如6、7、9段）。

再听一遍，检查一下还有什么没标出来，教师可以请学生为大家跳跳这段舞蹈（建议按四组乐器来设计四组动作），自己注意引导。

最后闭上眼睛静静听一遍。

总结：介绍这首乐曲。

其他可能性。

把移调听出来。

用舞蹈表现，整个舞蹈动作非常简单。上肢：拉手（或甩手），拍手；以下肢动作为主：扭步、跳步、蹬脚。稍加改动可用动作代表四个符号。

用前三拍大动作转一圈后，两拍拍手，单跳两下。

向右横走三步，单跳（蹬脚）两下并拍手，第二句向左走。

向右横走三步，两拍时两臂夹腋下两下，同时蹬脚两下。

向前扭走三步，两拍时向右侧跨一步，再向前三步，向左跨一步。

然后分三组，当听到自己的声部时，就出来跳（按符号类），听音色决定是谁跳，让学生通过听律动对音色做出反应。

在此基础上也可把舞蹈改编成一个作品。

教学中若能找到《阿细跳月》的民间舞蹈录像进行放映则效果更好。

提示

本课例是按照奥尔夫的音乐教学原理和方法编的。

A. 对音乐中的节奏、音调、音色、结构各要素采取由浅入深、由表及里、一步步揭示的方法，把整首乐曲的音响清清楚楚展示出来，并且不是孤立地听这些要素，而是从音乐整体中把它们找出来，每个要素都是以一个有趣的乐句做最小单元学习。这使听力训练更具有实用价值——如何从音乐中分离出要素。

B. 主动参与，所有的音乐要素都要通过声势、奏乐、图形谱、动作等方式参与并体验。

C. 新知识学习方法：运用旧的已知的知识变为学习新东西的桥梁，减少学习的负担。

D. 强调本土文化。

E. 创造性方法，所有的东西都不是直接告诉学生，而是通过他们的探索得到即兴表演，旋律实际上已被学生即兴唱出来了，当他们再听曲调时已相当熟悉了，就比较容易写出来。

物声模仿类音乐教学活动由于大量为即兴式，学生无论是奏还是听，均非常轻松，但又非常专心，不一定每个人都要参与，但这种方式会引起他们专心"听"的兴趣，凭直觉去体验音乐的情绪，评判节奏乐的音色、节奏型与情绪是否符合，这也是一种直接欣赏的方式。这种方式也培养了学生的即兴创造力。

第四节　其他音乐活动教学

在小学音乐活动中声势、动作、语言、声音类音乐活动都极具特色，教育戏剧、打击类音乐活动也不容忽视。

一、教育戏剧

（一）教育戏剧概述

戏剧起源于古希腊时期，它作为一门运用了音乐、舞蹈、表演、文学等艺术手段的综合艺术，除了具有审美功能外，还具有全面教化的功能。20世纪20年代西方国家开始倡导将戏剧元素融入普通教育中，这便促成了教育戏剧的产生。

在戏剧范畴中，"教育戏剧"与"戏剧教育"是完全两个不同的概念，戏剧是指以语言、动作、舞蹈、音乐、木偶等形式达到叙事目的的舞台表演艺术的形式。"戏剧教育"是专门为了培养戏剧与表演的专业人才，而"教育戏剧"则是把戏剧融入教育，实现用戏剧达到一定的教学目的。教育戏剧突出和强化的是戏剧的教育功能，是戏剧在教学上的运用。

把戏剧融入教学，以学生为本，根据教学内容让学生将以往的经验运用到学习活动中，运用学生的想象力和创造力，通过声势、动作、语言、声音等进行创作与表演，在戏剧活动中学习与探索知识，在戏剧实践中培养学生的综合能力，最终达到和实现学习目标，是在小学音乐课堂教学中实施教育戏剧的宗旨与目的。

教师引导学生运用以往的经验，用声音模拟、情景再现、人物模仿、定格照片等戏剧形式体会情感、认识事物、获得知识，这种教学方法使学生都有自由表达和交流的机会，他们在创编、表演和互动交流中会不断产生新的思想和认识。教育戏剧除了强调学习者运用已有的经验，还鼓励学生与教师互动、与同伴合作交流，共同分析、寻找解决问题的答案。在提高学生合作能力的同时，教育戏剧也注重提高学生的批判意识和自主发展能力，提高学生改变现状的自信心和自主能力，使学生的素质得以全面提高。

（二）教育戏剧的特点

戏剧集合了之前学习过的动作、声势、语言、听觉、演奏等所有内容，所以它的教育内容和形式是最为综合的，诗、乐、舞、奏等为一体的综合戏剧课程和音乐联合在一起，不仅符合人类生活的原始性、原本性，同样也符合儿童的特点和他们学习音乐的自然天性。在某种情境下唱、跳、舞、说、演等，儿童可以在其中尽可能地表达自我获得音乐的能力，整体素质得到提高。

每一位儿童在童年阶段就喜欢扮演、喜欢戏剧，当然除了儿童自身的精神成长需要外，戏剧本身也具有吸引儿童的特征。即兴式、综合性、反省性、教育性是教育戏剧的最大特点。

1. 即兴式

这是指在戏剧表演时没有固定剧本，学生可以根据以往的经验与认识对教材中的素材进行创编，这种即兴式的表演可以充分发挥学生的创造力、想象力，调动学生的学习积极性。

戏剧源于生活，生活中的元素也是儿童最为熟悉的，在熟悉的场景中儿童更能表现自我。同时，戏剧本身也是一种假扮性的游戏，其中存在大量的儿童喜欢的游戏内容，例如：追逐、奔跑、跳跃、口令、扮演等；戏剧中的道具、场景、台词、舞蹈、歌唱、律动、合奏等综合的艺术形式，也可以把儿童的梦幻国度描绘得更加生动灿烂。在这样的创设环境下，即兴成为儿童最擅长的，比如儿童听到音乐后，可自编舞蹈舞动身体，也可以在乐曲中毫不费力地编出各种各样有趣的故事。

课例 5-26　梅花 *

教学目的

（1）感受音乐并用动作表现情感，完成即兴音乐故事。

（2）通过戏剧即兴，训练学生的观察力、想象力、表现力及创造力。

教学建议

一、舞

1. 看图，用动作模仿梅花的枝、干、根及花的形状。

图 5-17　梅花

2. 将全班同学分为若干组，每组 5—6 人完成梅树的造型。注意在做树的造型时要有高有低、错落有致，同时，树与树之间也要注意形状、位置及高低的不同与变化。

---

* 可扫章首二维码获取该课程视频资源。

3. 跟随音乐即兴表演梅花树。

二、歌

歌曲的旋律与语言密切相关，语言产生之后的语流音变给予旋律更多、更深的影响，教学中可以借助诗歌的语调、语速元素的运用，及对字、词、句元素的表现，进行歌曲的即兴表演。

谱例 5-36

<h3 style="text-align:center">梅 花</h3>

王安石 词
匡雅玲 曲

$1=\flat B$ $\frac{4}{4}$

| 2̇ 5 1̇ 2̇3̇ | 2̇ - - - | 6 1̇ 3̇ 2̇3̇ | 2̇ 1̇ - - |
墙 角 数 枝 梅， 凌 寒 独 自 开。

| 6 1̇ 3̇ 2̇3̇ | 1̇ 6 - - | 5 6 2̇ 1̇ 6 | 5 - - - ‖
遥 知 不 是 雪， 为 有 暗 香 来。

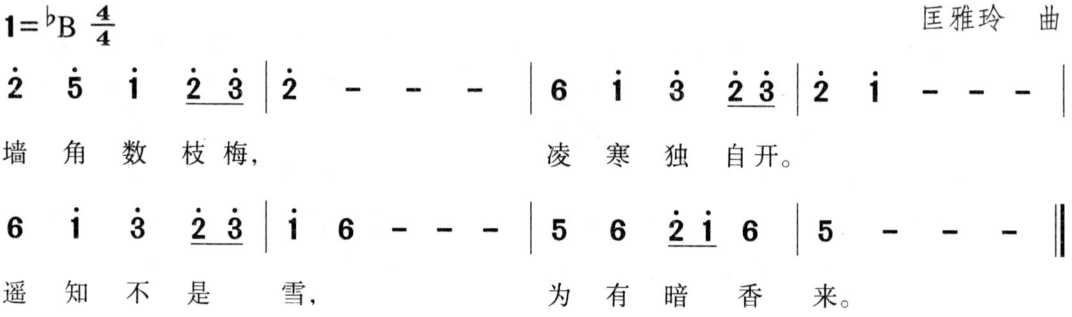

三、奏

用钢片琴进行旋律演奏或进行伴奏是戏剧表演中比较有特色的地方。在学习初期可以让学生在旋律重拍弹奏主音、属音、下属音，待学生的能力提升后可逐渐加上其他伴奏。

四、演

让学生根据以上元素进行戏剧创编与表演。

例如：故事《梅花、梅花树、梅花鹿》

1. 表演：小羊在梅花树底下走来走去，嘴里还碎碎念着："我喜欢梅花……我喜欢梅花……"边念边叹气，还摇头。

2. 小鹿唱着歌路过，听到后疑惑地问："怎么啦？喜欢梅花不好吗？叹啥气呢？"

3. 小羊被吓了一跳，连忙说："没啥，没啥，今年的梅花开得挺好的，真美！真美！"说着还搓了搓脑门上的冷汗。

小鹿搞不懂，小羊神神秘秘地在搞什么，只好笑了笑，走了。

小羊下场。

梅花园里梅花舞蹈，音乐响起，音条琴伴奏。

奇怪的是，小鹿每天经过那棵梅花树都会听到小羊在那里念念叨叨，翻来覆去还是那几句："我喜欢梅花……我喜欢梅花……"

表演：小鹿走上台，小羊说："我喜欢梅花……我喜欢梅花……"小鹿摇摇头下台。反复几次。

歌唱、音乐及伴奏（即兴）。

4. 画外音：又是阳光明媚的一天，东边那棵蜡梅树也开花了，香气袭人，小鹿看小羊这么喜欢梅花，准备去告诉他一声。

小鹿:"小羊,小羊,东边那棵蜡梅树开花了,一起去看看吧!"
小羊:"好呀、好呀,一……一起?"
小鹿:"好啊,我也挺喜欢梅花的!"
小羊:"真好,我超喜欢梅花鹿的!不是,我是说梅花……梅花……"
小鹿看了看自己身上的梅花图案,瞬间脸红了。
5. 表演:太阳露出了笑脸,梅花园里梅花缤纷,音乐及伴奏响起。

提示

在表演中,台词部分可以根据学生的具体情况,采用即兴演唱或对白的形式。音乐及歌唱可以提前准备。

即兴是小学音乐活动课程最有特色部分之一,在教育戏剧中表现得更是突出,学生可以根据自我的感受,根据不同的素材即兴创作,作品可以是完全不相同的。

2. 综合性

教育戏剧是以语言、歌唱、绘画等形式的创作空间为基础,在戏剧的框架下,最容易创造条件让儿童进行各项综合内容的音乐活动。戏剧活动要求从儿童的本性出发,从儿童自身的音乐能力出发开展综合艺术教学,戏剧中要求合理地应用各种教育内容,如歌唱、绘画、乐器、对话、表演、台词、动作、声势、律动等,让儿童在故事游戏和表演中潜移默化地感受各种与音乐要素的有关艺术。

课例 5-27 森林故事 *

教学目的

运用音乐、动作、道具、表演等综合形式进行戏剧创作与表演,提高运用音乐技能的综合能力。

教学建议

第一幕 清晨的森林

1. 画外音:清晨的森林,太阳渐渐升起,蝴蝶在森林里翩翩起舞。
2. 表演:
(1)教师引导学生模仿森林的场景:树木、小溪、花、草(可用人物造型,也可让学生自制树叶、小花、小草等道具,采用人物与道具共同参与的形式)。
(2)人物拿着红色的伞表示太阳升起。
(3)蝴蝶采用即兴舞蹈的形式。
3. 音乐:教师引导学生寻找表现此场景的音乐作为表演的伴奏。

第二幕 破坏

画外音:人们陆续来到这里。

---

* 可扫章首二维码获取该课程视频资源。

表演：

教师引导学生表演摩托车情侣、汽车伙伴、森林砍伐等场景。

画外音：批评家也来了。

表演：

批评家：摇头、拍照、发评论，最后扬长而去。

画外音：森林被破坏导致水土流失，飞舞的风沙吞噬了一切。

表演：

即兴舞蹈，教师引导学生用大块黄色的纱巾代表黄沙，与人物纠缠、缠绕，最后人物被纱巾完全包裹。

画外音：森林被破坏，蝴蝶也流下了伤心的泪水。

表演：

蝴蝶即兴舞蹈，教师引导学生表演悲痛与哭泣。

第三幕 重建

画外音：大自然教育了人们，要保护大自然，要与大自然和谐共处，只有这样人类才能有美好的明天。

表演：

教师引导学生，表演减少碳排放：用自行车出行，植树种花，黄沙退去，大地重现绿色。

蝴蝶即兴舞蹈（舞蹈表现蝴蝶欢快、喜悦的情感）。

提示

1. 表演中可以引导学生，运用音乐、绘画等各项综合技能进行创作与表演。
2. 蝴蝶的即兴舞蹈贯彻全剧，表演虽然不多却反映了人们对整个事情的态度与情感。

3. 反省性

反省性是指在戏剧表演的过程中，学生与学生、学生与教师之间不断地进行交流与互动，在互动中产生新认识、新思想，有的甚至会改变戏剧原有的结果。

4. 教育性

任何的教育方式都有一个共同的目的——育人，音乐教育的主要目的是全方位地培养人。在音乐教育过程中具体表现为音乐能力和整体素质两方面，戏剧教育也不例外，所有的故事发展、表现方式、音乐体验等都是为了让儿童在整个过程中主动参与，表达自我，乐于探索与合作，不断重复和挑战，在这种润物细无声的环境中逐渐成长。例如：《梅花》《森林故事》无一不是在教育戏剧中将儿童自己融入已有的经验中，运用想象力、创造力，通过模仿、表演等进行创意与表达，探索多方面的人类经验以达到教育的目的。

在教育戏剧中一般还会以问题为导向，为解决问题、实现目标来设计与完成戏剧的创编与表演。在戏剧进行的过程中会不断地提出问题与解决问题，这种方法可以引导学生对相关问题进行深入的了解，培养与训练其独立思考的能力。

课例 5-28　生气汤*

教学目的

运用嗓音与动作、嗓音与音乐进行戏剧创编与表演，提升学生的想象力、创造力、合作力，全面提升学生的素养。

教学建议

场景一

1. 画外音：有一个小伙子，他的名字叫霍兹。

嗓音表演：嗨，我叫霍兹！

画外音：这一天对他来说倒霉透了，第三节课上他怎么都想不出答案，被同学嘲笑了。

嗓音+动作表演：上课铃声（嗓音）、教师上课、学生听讲、想不出答案（动作）、同学们的嘲笑（嗓音）。

场景二

画外音：班上的丽萨给了他一封情书，让他又羞又臊。

表演：丽萨—霍兹—议论—嬉笑（动作+嗓音）。

画外音：正在他心情烦躁的时候被同学带到学校表演的牛牛踩了脚。

嗓音+动作表演：音乐、牛牛舞蹈、踩脚、发怒。

画外音：这时妈妈电话告诉他：妈妈有事，让露露阿姨接他。

嗓音表演："宝贝，妈妈今天有事，让露露阿姨来接你吧。"

画外音：这个露露阿姨由于急着赶时间，开车横冲直撞，把三只小羊弄得满地乱窜。

表演：露露着急跑步、说话的声音、汽车喇叭声、行驶声、三只小羊不同的叫声。

场景三

画外音：回到家，妈妈和霍兹打招呼，霍兹哼哼唧唧就进了房间，十分沮丧。

表演：妈妈打招呼、霍兹哼哼唧唧走进了房间。

图 5-18　绘本插图

画外音：妈妈看到这种情况，就把霍兹带到厨房说：我们来做汤吧。

妈妈首先对着汤大声喊起来。

---

* 可扫章首二维码获取该课程视频资源。

嗓音＋动作表演：

妈妈："霍兹，你来吧。"

霍兹看了看妈妈，小声地学了起来。

参考节奏：

$$\| \ \text{x} \ - \ - \ - \ | \ \text{x} \ - \ - \ - \ \|$$

嘿（妈妈）　　　嘿（霍兹）

画外音：他们开始一起做汤。

谱例 5-37

生 气 汤

匡雅玲　编写

1=C 2/4

（乐谱略）

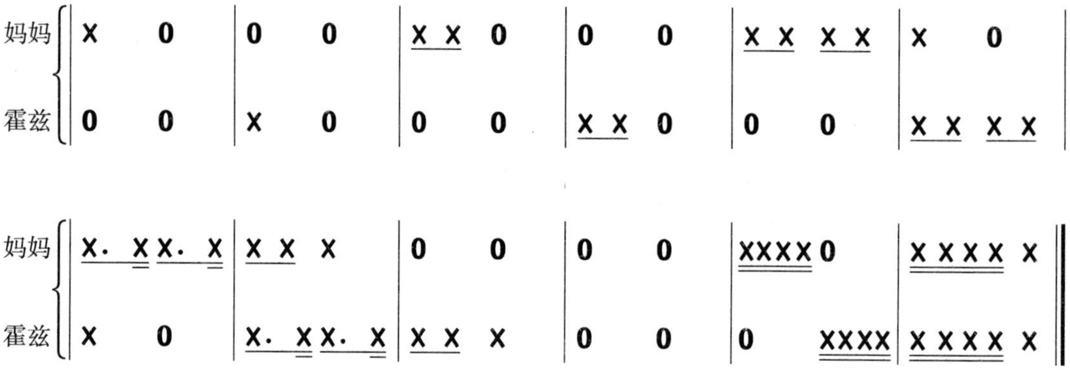

画外音：他们越来越开心，越来越轻松。

台词＋表演：

妈妈：汤做好了！

霍兹：妈妈，这是什么汤呀？

妈妈：这是生气汤。

提示

声音是有色彩、有形象的，在戏剧创编与表演中，通过用嗓音模仿不同声音、体会声音的色彩、感受发音方法是运用戏剧学习声音的有效方法，也是戏剧中有效的表现手法与表演技巧。

绘本是儿童喜欢的读物之一，戏剧教学中教师可以将绘本、课文等作为创作的蓝本进行戏剧创编与表演。

（三）教育戏剧的意义

20世纪20年代英国教师哈里特·琼森受法国教育思想家卢梭"在戏剧实践中学

习"理念的启发，开始实践戏剧化教学并取得显著成效，二战之后更多的教育者开始推广这种教学方法。20世纪50年代，欧美地区"教育戏剧"已经有了一套成熟的教学方法，到80年代末已经逐步建立了完整的研究和实践教育戏剧的体系，至此教育戏剧被纳入欧美正规教育体系中。受欧美国家的影响，世界上许多国家都纷纷将教育戏剧纳入教学体系，在我国最早实施教育戏剧的是香港及台湾地区，台湾在2003年将"表演艺术课程"纳为正式科目列入义务教育，在香港教育戏剧已经实施了近30年并取得了较好的效果。20世纪初，我国大陆也有许多专家学者开始进行这方面的尝试，如陶行知、卢作孚、张伯苓、晏阳初等，他们都曾尝试用戏剧进行民众教育，虽取得了一定的成效但却没有得以推广与普及。

随着我国经济的快速发展，教育改革也随之不断深入，全面提高学生素质成为教育的重中之重。2001年我国颁布的《全日制义务教育艺术课程标准（实验稿）》中首次将戏剧列为艺术综合的门类之一，2012年教育部制定的《学生艺术能力发展水平参照表》，再次明确指出要利用戏剧的方式锻炼学生的团队合作能力，"在舞蹈和戏剧游戏中学会人与人之间的合作"，自此教育戏剧在课堂教学中的地位得以正式确立。

教育戏剧作为一种先进的教学方式越来越广泛地应用于以学生为主体的教学实践中，成为传统教学组织形式的一种重要补充和突破。教育戏剧包含戏剧创编、戏剧表演、戏剧游戏等，是一种教师在课堂教学中根据教学内容运用戏剧技巧达到教学目的及需求的教学手段，它不以表演和演出为评判标准，注重学生在戏剧参与过程中的反省和体验。将戏剧与音乐相结合，运用戏剧的手段学习、感受与表现音乐，在戏剧中通过综合戏剧及音乐活动，让儿童在其中进行分工与合作、表演与创造，利用某种媒介如音乐元素、表演元素、舞美道具等，最终达到儿童主动思考和积极实践的目的，实现儿童的全面成长是教育戏剧的教学宗旨。

在教育戏剧课堂教学中，教师引导学生运用以往的经验，用声音模拟、情景再现、人物模仿、定格照片等戏剧形式体会情感、认识事物、获得知识。这种教学方法使学生都有自由表达和交流的机会，他们在创编、表演和互动交流中会不断产生新的思想和认识。教育戏剧除了强调学习者运用已有的经验，还鼓励学生与教师互动、与同伴交流，共同分析，寻找解决问题的方法。在提高学生合作能力的同时，注重提高学生的批判意识和自主发展能力，使学生的素质得以全面提高。

教育戏剧的意义主要有以下三点。

第一，戏剧是表演的一种综合形式，它以故事表演的方式让儿童获得深层次的学习机会。在戏剧教育的创编与表演过程中不仅仅关注儿童的音乐能力，更多关注的是词汇、动作、感觉、控制、操作等各个方面的综合素质，促进其全面发展。

第二，戏剧是培养儿童想象力和激发其创造力的重要形式。在戏剧表演与创编过程中，儿童能创造一个想象的世界并沉浸其中，这个世界通常是儿童对现实世界的模拟，或是儿童愿意进入的梦幻世界，儿童在角色扮演、音乐表演时，想象力、表演力与创造力被高度挖掘和激发，这极大地满足了儿童爱幻想、喜扮演、爱游戏的天性。

第三，戏剧不仅是音乐活动的形式与媒介，更是一种学生主动参与的教育方式，儿童在其中能深度思考，感受各种情感，能主动地表达自己的想法和发挥创造力。

教育戏剧不仅可以与音乐相结合，也可以运用于其他各个学科课程中，发挥其自身优势。已有许多的教育戏剧实践案例表明，教育戏剧在课堂教学的渗透可以丰富教学手段、调动学生学习的积极性、提高授课效果。

（四）教育戏剧的设计与编排

戏剧教育在儿童的音乐教育中占据极大的空间，这个空间存在于儿童的头脑中，主要表现为诗歌、故事、绘本、动作、游戏、歌唱等。也就是说，在戏剧的教育内容还没有开始之前，儿童就已经具备了体验和创造戏剧的生理和心理基础，教师需要做的就是针对儿童的已有基础，进行科学、合理的设计与编排。

儿童具有丰富的想象和创造能力，戏剧教育的目的就是在戏剧过程中最大限度地保护和发展儿童的这一能力。戏剧教学在很大程度上给儿童提供了创造空间，无论是故事情节的发展、表演的设计，还是音乐的选择或创编、道具的制作等，儿童都能在其中充分享受即兴的乐趣，并在人文素养方面得到真、善、美的培养。戏剧化教学实践的贡献在于，首先，从戏剧活动入手，激发学生探索知识的动机；其次，借助戏剧化教学法引起学生的学习兴趣，促进有效学习；再次，戏剧化教学法是将课程主题转化成戏剧的过程，为课程提供了一种基于戏剧表演的学习模式。

在戏剧活动中儿童无论作为扮演者或表演者，都会十分投入与专注，他们通过表演去学习、模仿，这种学习方式能够激发其学习的积极性和主动性。

1. 教育戏剧的形式

完成教育戏剧需要许多的戏剧策略，根据戏剧策略的不同我们可以将教学戏剧进行不同的分类。

（1）按教育戏剧参与者和面向对象的不同，划分为儿童教育戏剧、校园教育戏剧或大众教育戏剧。

（2）按戏剧活动进行的方法将戏剧划分为：即兴创编与表演、暖场、说故事、戏剧性游戏、人体雕塑、创意绘画、声音模仿、角色扮演等。

（3）按教育戏剧教学中出现的戏剧游戏类型可划分为：戏剧游戏、创造性游戏、兴趣教学游戏三大类。

2. 戏剧技巧的探索与运用

戏剧技巧是戏剧策略的基石，它包括声音、动作、语言、声势、嗓音、演奏等。在课堂教学中对需要运用的戏剧技巧进行分类与练习，这是教育戏剧在课堂教学中的基础。

戏剧活动包括对各个单项戏剧技巧的学习与训练，如：对动作表现、打击乐运用、歌唱表演的学习与运用。戏剧技巧是戏剧创编与表演的基础，也是进行戏剧活动的目的。

课例 5-29 圆之舞——动作元素的探索 *

教学目的

（1）以圆为素材，对动作的不同表达方式如：在身体不同部位的表现、动作不同角度和力度的表现等进行模仿、探索、表达、创编，为戏剧创编提供表演素材。

（2）通过活动培养学生的创造力与表现力。

教学建议

1. 模仿与探索

（1）动作的设计与表演

教师跟随音乐《高山流水》，用身体的不同部位画圆，请同学观察。

教师跟随音乐动作，请学生模仿教师动作。

提问：

（1）老师刚才完成了什么？

（2）它们是怎样的图形？

（3）这些图形有哪些相同与不同？

小结：

学生回答后，教师小结。

我们可以用身体的不同部位完成许多的不同图形，就如我们今天完成的"圆"。

这些圆形所在的空间、大小是不同的。

2. 即兴与创编

（1）我们还可以画什么图形？

学生回答问题，并在演示板上画出相应的图形。

（2）播放《西班牙斗牛士》乐曲。

请大家根据音乐的风格，挑选图形进行动作的即兴创编与表演。

提示

在动作设计与表演时，我们可以尽可能多地利用身体的不同部位进行表演，让动作生动、立体和形象。

课例 5-30 小星星回旋曲——打击乐的探索与运用 *

教学目的

（1）学习利用自制乐器及简单的打击乐器进行表演伴奏，在表演中从声势—节奏—音条乐中的一种形式到另一种形式逐渐转换，并不断叠加让表演更丰富。

（2）在课程中教师引导学生观察、即兴与表演，用即兴创作激发学生的创造性。

---

* 可扫章首二维码获取该课程视频资源。

教学建议

1. 探索

（1）探索不同打击乐的声音色彩。

教师拿出一些乐器如：双响筒、手鼓、碰铃、摇铃，让学生探索与感受这些乐器不同的材质及声音特点。

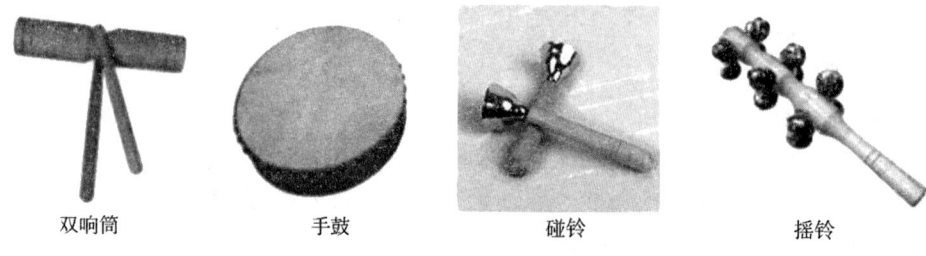

双响筒　　　　　手鼓　　　　　碰铃　　　　　摇铃

图 5-19　不同打击乐种类

双响筒：木质；短促、清脆。

手鼓（中国鼓）：皮与木质；音色清脆响亮，声音力度变化幅度较大，演奏技巧灵活多变，可以起到烘托各种不同乐曲情节气氛的作用。

碰铃：铁质；清脆悦耳，延音悠长。

摇铃：散响类；一般有木质与铁质几类，声音持续时间可控制，连续摇动时可为较长的声音进行伴奏。

（2）教师弹奏小钟琴。

提问：这个乐器的音色有什么特点？

回答后教师小结：小钟琴声音悦耳，有梦幻般的感觉，宛如夜空闪烁的星星。

教师演奏乐器《小星星》。

谱例 5-38

小　星　星

1=C　4/4　　　　　　　　　　　　　　　　　　　　　　佚　名　词曲

| 1 1 5 5 | 6 6 5 - | 4 4 3 3 | 2 2 1 - | 5 5 4 4 | 3 3 2 - |

一　闪　一　闪　亮　晶　晶，　满　天　都　是　小　星　星。　挂　在　天　上　放　光　明，

| 5 5 4 4 | 3 3 2 - | 1 1 5 5 | 6 6 5 - | 4 4 3 3 | 2 2 1 - ‖

好　像　许　多　小　眼　睛。　一　闪　一　闪　亮　晶　晶，　满　天　都　是　小　星　星。

2. 模仿

假如我们是小天使，而我们手中的乐器可以和天上的小星星对话，你想对星星说什么呀？请你用手中的打击乐和小星星进行对话吧。

谱例 5-39 双响筒

谱例 5-40 手鼓

谱例 5-41 碰铃

缺

谱例 5-42 摇铃

每种打击乐在演奏时，另外的同学扮演小天使，根据乐器的声音特色、节奏特点用动作和小星星即兴互动与表演。

3. 即兴

请学生完成即兴表演：《小星星回旋曲》。

A 部为：小钟琴演奏的《小星星》及各乐器的合奏；B、C、D、E 部分别为双响筒、手鼓、碰铃、摇铃加表演。

表演：《小星星回旋曲》。

画外音：美丽的天空有着许多明亮的小星星。

A 演奏乐曲《小星星》合奏。

画外音：美丽的小仙女和小星星说起了悄悄话。

表演：B 打击乐 + 其余学生即兴动作表演。

（悄悄话、好奇、聆听的样子）

A 演奏乐曲《小星星》合奏。

画外音：一个胖胖的小天使，因为十分好奇他们的聊天，着急地跑过来。

C+ 打击乐 + 其余学生配合音乐节奏，即兴动作，表演小天使们愉快地游玩。

A 演奏乐曲《小星星》合奏。

画外音：仙女姐姐，穿着美丽的长裙，也过来了。

D 打击乐 + 其余学生配合音乐节奏，即兴动作表演。

A 演奏乐曲《小星星》合奏。

画外音：小精灵也蹦蹦跳跳地跑过来了。

E 打击乐 + 其余学生同样配合音乐节奏，即兴动作表演星空中的欢乐 party。

A 演奏乐曲《小星星》合奏。

提示

用即兴创作激发学生的创造性是这个课程的核心，在这样的课程中教师的任务就是观察与引导，帮助他们不断地尝试，激励他们创造性地表现自己对音乐的理解。

3. 其他戏剧与音乐表演的手段与方法

音乐教育戏剧是一种集戏剧、舞蹈、音乐、语言等为一体的综合表演形式，除了有声音、动作、演奏以外还有许多的音乐表演素材、丰富的舞台表现，以及匠心独具的舞蹈、歌唱、嗓音、声势、动作等，都会使表演更生动、更具感染力。

其他戏剧与音乐表演的手段与方法常用的还包括以下几种。

（1）画外音

画外音是指戏剧角色背着台上其他剧中人对观众说的话，也指影视片中的解说词。说话者不出现在画面前，而直接以语言来介绍影片内容、交代剧情或发表议论，包括人物对白等。

（2）嗓音与歌唱

嗓音与歌唱主要是以人的声音为基础进行语言内容创新的表现形式。通过音乐、旋律与语言的结合，形成歌唱及嗓音的伴奏、节拍表演，教育戏剧中的嗓音与歌唱形式很多，可以采用嗓音与节奏、嗓音模仿音效、流行歌曲、美声、民歌风格歌唱等，歌唱及嗓音的应用可以让教育戏剧的深度与广度不断增加。

课例 5-31　水妞儿 *

教学目的

以歌曲《水妞儿》为素材，对歌曲的语言、形象、节奏等进行了解与分析，并为歌曲设计一系列的音乐活动，完成戏剧创编与表演。在戏剧表演中，引导学生用纯净的心灵去感受美、欣赏美和创造美，培养与挖掘学生的探索精神与创新能力。

教学建议

一、歌曲演唱与表演探索

聆听儿歌：《水妞儿》

谱例 5-43

水　妞　儿

北京童谣
匡雅玲　译谱

$1=C$ $\frac{2}{4}$

| 3 5. | 3 5. | 5 32 | 5 32 | 1232 | 1. 6 | 1 - |

水妞（儿）　水妞（儿），先出　犄角儿　后出　头啰　喂，

| 2 3. | 2 3. | 5 32 | 5 32 | 1232 | 1. 6 | 1 - ‖ 1 - ‖

① 你爹你妈给你　　买的　烧羊肉肉　啰　喂。
② 你不吃你不喝就让　老猫儿叼了　去啰　　　喂。

---

* 可扫章首二维码获取该课程视频资源。

歌词大意：水妞儿，水妞儿，先出犄角后出头，你爹，你妈，给你买的烧羊肉。你不吃，你不喝，就让老猫叼了去啰喂。

歌曲《水妞儿》主题单纯、语言浅显、朗朗上口、结构整齐，且本身具有故事性，是进行戏剧创编与表演很好的素材。

教学中教师可以请不同的学生、用不同的声音、不同的方式进行儿歌演唱，并请学生感受不同的演唱方式表现出来的不同声音色彩。

教师提问：我们可以怎样演唱这首童谣。

学生回答：

（1）女生可以用甜美、可爱的声音来表现歌曲中小朋友的形象。

（2）可以采用流行歌曲的演唱方式进行演唱，用这样的声音塑造叔叔的形象。

（3）可以采用卡农的方式进行演唱，表现歌曲中奶奶劝孩子的场景。

（4）也可以采用阿卡贝拉（即无伴奏合唱）的形式表现老猫追逐小孩的场面。

教学中，教师需要根据学生的具体情况进行歌曲演唱与表现方式的选择，要尽可能地引导学生用不同的方式进行演唱。

二、故事情节创编

1. 教师引导学生根据歌词进行戏剧创编

教师：这个歌曲中有几个人物？

学生：水妞儿、老爷爷、老猫等。

教师：歌曲表现的是一个怎样的情节？

学生：水妞儿不想吃饭，老爷爷连哄带骗让水妞儿吃饭，老猫也出来要叼水妞儿的饭。

三、戏剧表演创编

教师引导学生进行戏剧表演。

1. 歌唱：用女声演唱《水妞儿》，表现水妞儿甜美、可爱及顽皮的形象。

表演：即兴表演水妞儿。

2. 歌唱：男生用低沉的声音演唱歌曲，表现老爷爷的形象。

表演：用动作及打击乐模仿老爷爷与水妞儿的对话，同时即兴表演爷爷劝诫水妞儿的情景。

3. 歌唱：用卡农的形式歌唱，表现小猫追逐水妞儿的场面。

表演：用鼓声模仿老猫的脚步声，用手鼓模仿水妞的跑步声；同时即兴表演老猫追逐的场面。

4. 歌唱：低沉的男声演唱儿歌。

表演：即兴表演老爷爷赶走老猫，保护水妞儿的场景。

5. 歌唱：用阿卡贝拉的形式进行演唱。

表演：即兴表演开心、欢乐的场面。

四、戏剧表演

教师带领学生完整地进行表演。

场景一：水妞儿

女生演唱＋动作；

场景二：水妞儿与爷爷
男生演唱＋动作表演＋打击乐节奏扮演；
场景三：老猫与水妞儿
卡农演唱＋动作表演；
场景四：欢乐 party
阿卡贝拉演唱＋动作表演。

提示

教师的作用是引导及激发，要充分地调动学生的积极性，同时也要考虑不同年龄段、不同学生个体的情况。戏剧教学的目的不是表演而是通过戏剧活动激发学生的创造性、表现力。

（3）声势与舞蹈

声势是以人的各种肢体动作表现出音乐的节奏感。学生可以结合戏剧情境创造出独特的声势动作，更好地表现对音乐的理解，加强戏剧情节的表现力。舞蹈在音乐剧中起到情感的外化及情节的延伸作用。

课例 5-32　秋风词*

教学目的

学习运用动作、歌唱、演奏等形式进行戏剧创编与表演，提升学生的音乐素养。

教学建议

一、戏剧元素的表演探索

1. 感受与吟诵诗歌

秋风词

［唐］李　白

秋风清，秋月明，
落叶聚还散，寒鸦栖复惊。
相思相见知何日？此时此夜难为情！
入我相思门，知我相思苦，
长相思兮长相忆，短相思兮无穷极，
早知如此绊人心，何如当初莫相识

2. 诗歌吟诵的依据

内容决定吟咏基调；
注意吟诵的起音，及行腔与诗歌情感的契合；

---

* 可扫章首二维码获取该课程视频资源。

注意运用哼鸣、腹腔呼吸、共鸣腔体的运用等技巧；

适当运用伴奏。

3. 吟诵

找到诗歌中的反义词：聚—散、栖—惊、长—短；

挑选一组词进行表演，例如：聚—散。

二、戏剧脚本及表演设计

场景一：聚

画外音：春天，树木发芽，树上渐渐长满了树叶。

舞蹈与动作表演：学生表演"聚"场景。

画外音：一对友人在树下相遇了。

动作表演：友人相聚的场景。

场景二：散

画外音：幸福的时光总是那么短暂，转眼秋天到了，树上的叶子黄了，一阵风吹过，叶子纷纷落下。

舞蹈与动作表演：学生表演"落叶散"场景。

画外音：友人依依惜别，约定来年春天再次相聚在这大树下。

表演：友人依依惜别的离别场景。

提示

教学中也可以根据学生的选择采用其他的表演形式或采用其他的主题，例如，主题：长—短；形式：如回旋曲式。还可以加入音条琴、打击乐等来完成表演，让戏剧表演充满乐趣。

4. 教育戏剧脚本的设计与创编

戏剧活动是综合性艺术实践活动，是艺术实践的重要环节，探索和即兴是它的特色。在教学中将音乐与各学科教学有机融合，把声势、动作、语言、表演、演奏等音乐活动与各科教学内容相结合，通过探索与即兴培养学生的创造性。教育戏剧中十分重要的一步是选择或创编脚本，也就是选择什么样的故事背景作为整个音乐活动开展的蓝本。这是教育戏剧在编排上需要重要解决的问题，故事蓝本我们可以从以下几个方面进行选择。

（1）选择已有的、学生熟悉与喜欢的故事。选择这样的题材的优势在于学生较为熟悉，表演起来也比较容易把握。不足之处在于戏剧的想象与创作空间有一定的局限。

（2）选择来自小学教材中的内容，如语文教材中的诗歌、故事，科学教材中的实验，数学课程中的图形等。进行这样创编最大的长处是可以将音乐、戏剧与其他学科进行融合，提高学生学习课程的兴趣。

（3）教学戏剧的设计与创编时，还可以将原有的学生熟悉的人物、事物作为素材，对这些素材进行再创编。在这样的创编与表演过程中，由于学生的不同，虽然采用的相同的素材，但会呈现出完全不同的故事情节与表演，这种模式可以充分地调动学生的学习积极性及对教育戏剧的参与热情，更好地培养学生的创造力，例如课例5-33。

课例5-33 新编小红帽*

教学目的

在参与过程中学习以绘画为素材进行戏剧的创编与表演，在戏剧学习与表演中培养学生的想象力、表现力及创造力。

教学建议

（一）引导学生以绘画为素材，将故事的时间、地点、人物、事件等重新组合后对戏剧进行再次创编。

1. 教师出示图片。

图5-20 故事人物

2. 请在上面四张图片中挑选出其中的一张作为故事的主人翁，完成故事创编。
3. 出示第二组图片。

图5-21 故事情节

4. 以上面图片中的人物或事物为题材，进行脚本编排。
（例如选择了小红帽进行故事创编）
5. 通过图片选择，设定戏剧的相关要素：人物（小红帽）、时间（冬天、堆雪人）、地点（我们的家及城市）、事件（与信件相关的故事）等。
6. 教师引导学生根据选择的素材进一步进行脚本的情节创编。

人物：小红帽；

时间：寒假；

事件：小红帽接到外婆的信，回到家里探望。

---

* 可扫章首二维码获取该课程视频资源。

（二）运用音乐手段进行表演与创编。

场景一

画外音：自从上次打死大灰狼后，小红帽就来到城市里居住了。这里没有树林、野花，也没有快乐的小鸟及新鲜的空气，小红帽十分沮丧。

表演：小红帽趴在窗前，沮丧、无聊。

画外音：放寒假了，天气也越来越冷，城市只有灰色的房子、行驶的汽车、沉闷的街道，这些都让小红帽十分压抑。

噪音表演：敲门声。

画外音：正在这时小红帽收到了一封远方的来信，是外婆邀请她回家团聚的。小红帽高兴极了，整理好行装，向外婆家赶去……

表演：小红帽接信—读信—高兴—整理行装—向外走。

场景二

画外音：小红帽的车到站了。

汽车司机表演：开车动作。

噪音：汽车声、开车门声、雪地里走路声。

小红帽表演：乘车—看车窗外的景色—下车—嗅空气—开心地旋转、蹦跳。

画外音：这时她听到了欢笑与音乐声，赶紧向那边跑去。

表演：小红帽向外跑去。

场景三

画外音：有许多美丽的姑娘、小伙在舞蹈。

舞蹈：华尔兹。

小红帽也跑进去，一起舞蹈。

画外音：小红帽听到枪响，小红帽赶紧跑了过去。

表演：小红帽快速跑去。

场景四

猎人在练习枪法，他们热情地打招呼。

节奏＋声势动作

谱例 5-44

节 奏 谱

匡雅玲 谱

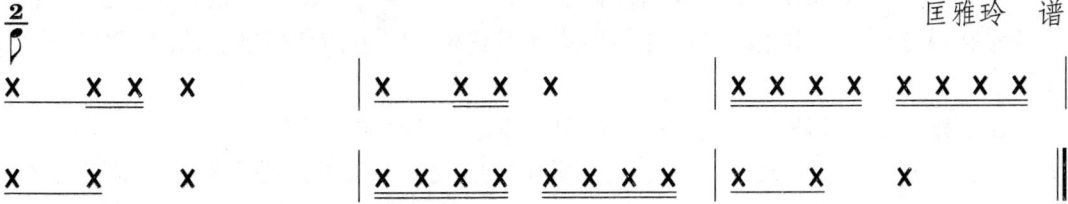

画外音：猎人提醒小红帽要赶紧回家，不要像上次那样遇到大灰狼，小红帽点点头向外婆家跑去。

场景五

画外音：外婆家。

表演、歌唱与声势：外婆家，屋外有人在堆雪人打雪仗，屋内的人们有的在包饺子，有的在陪外婆聊天、做针线活，大家快乐地聚在一起。

表演：歌声起。

谱例 5-45

小 红 帽

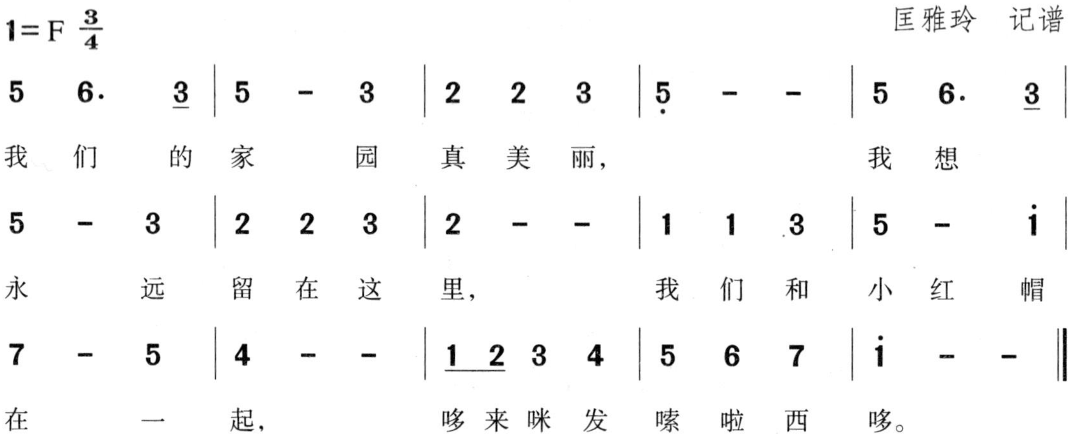

匡雅玲　记谱

1=F 3/4

| 5 6. 3 | 5 — 3 | 2 2 3 | 5 — — | 5 6. 3 |

我　们　的　家　　园　真　美　丽，　　　　　我　想

| 5 — 3 | 2 2 3 | 2 — — | 1 1 3 | 5 — 1 |

永　远　留　在　这　里，　　　　我　们　和　小　红　帽

| 7 — 5 | 4 — — | 1 2 3 4 | 5 6 7 | 1 — — ‖

在　　一　起，　　　　哆　来　咪　发　嗦　啦　西　哆。

表演：小红帽在歌声中上场，和大家一起歌唱。因为回到家乡，回到外婆和小伙伴身边，小红帽心情舒畅，十分愉悦。

提示

在课堂教学中，戏剧脚本的内容会因为学生选择的图片不同而发生变化，哪怕学生选择了相同的图片，也会因为不同的学生而出现脚本内容的不同。这时教师要充分尊重学生的意见，引导和辅助学生完成戏剧的创编与表演。也可以将全部同学分成5—6人一组，以组为单位，最大限度地发挥学生们的想象力、创造力与表演力。

（4）在戏剧脚本的设计与创编中，也可以选择各个单项音乐技巧为创作的素材。在音乐教学中，教师引导学生运用以往的经验，利用声势、动作、语言、嗓音、演奏等音乐技巧进行，让学生通过这样的形式学习音乐元素、体会情感、认识事物、获得知识。

音乐教学中的戏剧活动包括运用戏剧手段，对各个单项音乐技巧进行的学习与训练，如：节奏、声音、动作，甚至是音乐中的曲式，都可以是教育戏剧创编的元素，都可以通过戏剧的手段加以学习与训练。例如，声势剧《下雨了》（可扫描首章二维码参看本课程资源）是嗓音打击乐的即兴创编表演，在这个课例中，我们用嗓音声势作为戏剧创编与表演的手段。

嗓音的色彩是十分丰富的，在嗓音声势剧的创编与表演中，教师可以从以下三个

步骤进行:

第一勤于观察。教学中,教师要培养学生在日常生活中观察生活的习惯,引导学生观察生活中的人物、事件等,观察它们在声音色彩上、声音节奏上的特点,积累素材,为戏剧的创编与表演打下基础。

第二勇于探索。探索自己的嗓音,不断尝试变化声音的色彩、节奏、音量,甚至是改变发音方法来进行人物、事物等的模仿与表现。利用这一形式不断提高学生的表现力与创造力,这正是教育戏剧培养学生观察力,创新力、表现力的具体体现。

第三大胆进行即兴与表演。即兴是教育戏剧最有特色的部分之一,戏剧源于生活,这些生活元素也是儿童最为熟悉的,在熟悉的场景中儿童更能表现自我。而这种即兴式表演可以充分发挥学生的创造力、想象力,调动学生的学习积极性。在即兴表演中,教师要做好引导者的角色,使学生都有自由表达和交流的机会,激发学生在创编、表演和互动交流中不断产生新的思想和认识。

脚本编排时教师可以根据以上素材进行故事创编。在设计的过程中,教师要注意根据课程内容、儿童特点,以及他们固有的、本能的感知能力科学地进行创编。脚本要符合儿童的身心发展特点,要基于他们能够自然接受的水平。

(五)教育戏剧的教学与评价

戏剧教学,首先是用戏剧活动激发学生探索知识的兴趣,借助戏剧化教学法,引起动机,促进学习;其次,戏剧教学是将课程主题转化成戏剧的模式,戏剧活动为教学供了一种基于戏剧表演的学习模式。在这样的活动中,老师鼓励儿童自发表演,学生通过戏剧活动获得成长是课程的目标。

在戏剧课程教学中,首先需要运用系统的方法,对教学行为加以设计、构建,将教学内容、教学方法、教学情境、教学过程等形成系统性体系,便于在教学时有计划、有目的地实施。由于学生个体的不同,教师要因材施教、多方面地设计教学体系,增加学生的兴趣性和活跃性,扬长补短,提高教学效率,发展其各方面的能力,最终达到全面发展目标。

1. 课程设计时具体要做到以下几点

(1)教师要客观分析学生的特点

根据学生情况确定教学目标、教学手段。教师要先分析学习的对象,全面了解学生的特点,确认他们的优势智能点,基于学生的优势智能制订相应的教学策略、教学目标等。

(2)确定教学目标

由于学生的基础不同、优缺点不同,教师要根据不同学生的条件,因材施教,精准设计不同的目标层次,使教学可以针对不同层次的学生。教学中增强学生的主动参与性,提升学生的自信心,依靠优势智能带动其他智能方面的发展。

(3)制订教学策略

教师根据学生的性格特点选择相对应的教学方法和教学途径。由于每位学生适合的教学方法不同,所以要适当选取教学方法。为每位学生设计不同的情境,引导其思考、学习、实践，使得学生进行主动学习，增加学生的参与性和创新性，发展不同学生的智能。

2. 教学设计的策略

（1）学生分组

戏剧教学是综合性教学手段，涵盖内容丰富且多样，包括唱、奏、动、说、画、演等。课堂教学时，将学生分成若干小组，对音乐元素进行创编、即兴及表演，哪怕是同一元素，不同的小组也会在表演内容、表演设计、表演形式、表演方法等方面出现不同。小组展示与观摩的过程也是相互学习、拓展思维的过程，这样的分组学习模式是激发学生学习主动性、积极性、创造性的较好手段与方法。

（2）团队合作

在具有综合性特点的戏剧表演中，戏剧的每一个环节——脚本、表演、道具等都需要团队成员之间相互沟通、协同完成，分组后的学生各司其职。虽然不同的组其表演设计及呈现方式会不一样，但每一个组的学生都有一个共同需要完成的任务和目标。在活动中，学生既要控制自我、完成自己承担的角色，也要与其他队员相互配合、共同努力，完成小组任务。在教师的引导下，解决表演中的问题，创造性地完成戏剧活动的创编与表演。这样会加强个人的自信心，激发其学习的动力，从而带动学生在其他方面的表现。

课例 5-34　我们的夜晚*

教学目的

（1）以绘画为素材，运用音乐技巧进行戏剧创编与表演。

（2）培养学生与小组的协同合作能力，全面提高学生综合水平。

教学建议

一、观察与分析

观察、分析绘画，找到创作与表演的"点"。

这是一幅中国风的绘画，图画中有莲藕、花瓶、芙蓉等具有中国特色的元素。在创编与表演时，可以结合与运用中国元素，采用具有中国特色的节奏、腔调、旋律、动作等，如：京剧、民歌等进行表演设计。

二、表演设计与编排

1. 通过素材创编戏剧故事

时间：晚上，主人离开时；

地点：家里；

人物：图画上的娃娃们；

图 5-22　中国风绘画

---

* 可扫章首二维码获取该课程视频资源。

事件：主人离开后娃娃们愉快地嬉戏与玩耍。

2. 表演设计

（1）角色及表演定位

教师引导学生进行表演设计，可以引导学生采取分组表演的形式，每组的学生都需要设计自己的角色定位、角色表演及动作等。

例如，图画中有两个花瓶，三组娃娃，学生分组及表演设计可参考以下思路。

B：左花瓶下方组：这个娃娃很活泼，很想和其他娃娃一起玩耍，用具有儿童特色的动作表现；

C：左花瓶上方组：这两个娃娃是一对好朋友，采用具有动感的音乐伴奏，突出娃娃的活力；

D：右花瓶组：这是一对姐妹，她们美好、恬静，可以用强调优美、曲调悠长的民歌演唱及动作形式表现。

（2）表演元素设计

戏剧素材的绘画具有中国特色，可以用打击乐，如双响筒、手鼓、摇铃等模仿中国京剧特色的节奏：

谱例 5-46

节 奏 谱

匡雅玲　编写

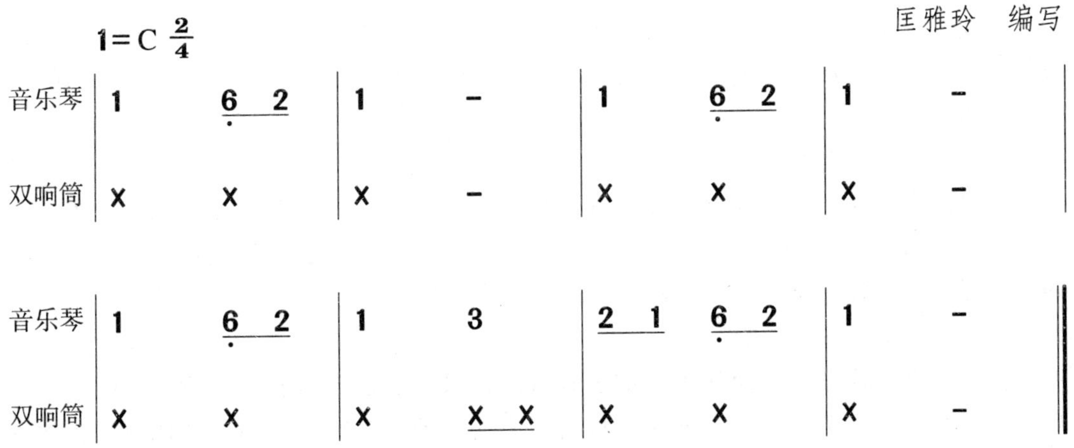

$1=C\ \frac{2}{4}$

| 音乐琴 | 1 | 6 2 | 1 | — | 1 | 6 2 | 1 | — |
| 双响筒 | X | X | X | — | X | X | X | — |

| 音乐琴 | 1 | 6 2 | 1 | 3 | 2 1 | 6 2 | 1 | — |
| 双响筒 | X | X | X | X X | X | X | X | — |

也可以借鉴京剧的板与腔进行演唱模仿，还可以借用中国民歌来伴奏，如《好花红》。用嗓音、节奏、动作来表演白天（主人、离开和回家）的场景。

（3）表演形式

回旋曲式：

A：节奏合奏

嗓音＋动作（主人关门、锁门、离开的脚步声）

B：音乐伴奏及动作表演（花瓶左下方娃娃表演）

A：节奏合奏

C：音乐伴奏及动作表演（花瓶左上方好朋友的表演）

Ａ：节奏合奏
Ｄ：音乐伴奏及动作表演（美好姐妹的表演）
嗓音＋动作（主人回来的脚步声、开门声）
Ａ：节奏合奏

提示

在戏剧的创编与表演中，可以根据素材的风格及特点设计音乐、动作、节奏。分组与合作是戏剧创编与表演时很好的一种方式，在提高学生个人能力的同时更培养了学生的协同性。

3. 戏剧教育活动的教学评价

戏剧教育的目标是为了培养学生的探索力、创造力，实现学生全面发展。它不以表演为评价标准，通过合理的方式进行评价，达到戏剧教学的培养目标。传统的音乐评价方式主要采用试卷考核或演唱（演奏）的方式判定学生水平的好坏，这种评价方式过于单一，不能全面准确地对学生评价，对学生今后音乐能力发展缺少发展性、教育性的价值。

戏剧的教学评价标准应该注意以下几点。

（1）准确制订学习目标

在戏剧教学过程中老师要发掘每个学生的优势和长处，了解他们的不足，制订适应学生个性的学习目标，帮助学生扬长避短。同时在学习过程中逐渐克服自己的缺点，实现全面发展。

（2）侧重考查学生的能力

仅仅依靠检测音乐知识并不能准确评价学生的戏剧学习情况。在戏剧教学中，我们应该基于教学目的和学习方式，全面考查学生在课程中的表现，重点关注学生在实践中表现出来的各项能力的综合表现，注重各项能力的发展。

（3）激励学生热爱音乐

音乐教学评价是为了让学生更加了解自己，只有了解自己的长处所在才能扬长补短，弥补自己的弱势，而不是简单地评价智力的高低。戏剧活动覆盖面比较广，学生在这个平台上可以充分发挥自己的优势才能，从实践教学中获得自信和满足，从而激励学生对音乐的热爱。

在戏剧教学中教师应根据学生在学习中的反馈不断地调整和完善教学模式，以达到最好的教学效果。教师应重视学生差异性的表现，关注学生独立的音乐感受和见解，根据学生的兴趣、参与度、课程完成情况等及时更新教学，与学生间形成和谐平等的关系，尊重学生的情感体验和反馈。

二、打击类乐器及其在教学中的运用

运用打击乐进行声音的节奏、速度、音质、音量、音色等元素的模仿与训练，不仅能表达音乐思想，有效地塑造音乐形象，也是声音教学中培养学生音乐素养、提高学生素质的有效手段。

打击乐器主要有两大类：第一类是无固定音高系列的敲击乐器，即我们通常称的打击乐器，它们有时也有一定音高，如定音鼓，在交响乐队中的敲击乐，包括锣、木鱼都有一定音高的限定。第二类是有音高的乐器。这种一般是从乐器制作的原料和音色上进行分类的。

（一）打击乐器分类

1. 无固定音高类

（1）皮革类

即鼓类，常用的有手鼓、铃鼓、小军鼓、大军鼓、架子鼓、定音鼓等。由于一般鼓类是由皮革蒙在可以产生共鸣的圆筒上做成，因此最大的特点是有较强的共鸣，音量较大、较低沉、浑厚，适宜用作低音部分，在强拍上给人稳定感。

（2）木质类

用竹木制成，如单响筒、双响筒、木棍，木鱼等。木质类乐器的特点是声音清脆、明亮、短促、无延绵音，颗粒性强，因此适宜在教学中敲打节奏较复杂、速度较快的一些节奏型，常担任旋律声部，节奏清脆、干净。

（3）金属类

用铜等金属制成，如三角铁、碰铃、锣、钹等。金属类乐器的主要特点是延绵音长，音色明亮，穿透力强，锣、钹等音量较大。在现今课堂上大量使用的是三角铁、碰铃，但它们音量一般较小，不宜用在强拍，由于有余音，颗粒不清，不宜演奏音符多而速度快的节奏型，避免在音响上混作一片。

（4）散响类

这类乐器主要是根据发声特点命名的，从原材料讲有金属制作的，如串铃、西斯特，铃鼓用另一种用法摇动，让其耳边的小铁片哗哗作响发声时也成了这类乐器，散响类乐器还有竹木制作的各种沙锤（现在常用塑料、椰壳制作）。

散响类乐器的主要特点是音量小、声音细碎，在打节奏时比较难控制，所以一般不易作强拍和较快而复杂的节奏型，但由于它的音长是靠摇动控制，所以适用于长音演奏，对于感受与表现音的长度来说是比较理想的打击乐器。

以上几类打击乐器可以组成基本的四个声部。在教学中我们可以将它与动作对应：跺脚——皮革类；拍腿——金属类或木质类；拍手——木质类或散响类；捻指——散响类或金属类。

打击乐器种类非常丰富，教学中我们还可以采用生活中常见的材料自制打击乐器，如教室中的桌子、椅子，甚至是书、笔等。但在课堂教学中无论使用哪种打击乐器，一定要依音乐的需要及特点进行选择，这是打击乐运用时最为重要的原则。

我国是个多民族国家，无论是汉族还是少数民族均有许多个性鲜明、色彩丰富的打击乐器，这些乐器和民族民间音乐如能吸收到音乐教学中将会大大丰富我们的教学内容，而且对学生民族音乐素养的培养也有极大的好处。

2. 音条乐器类

音条乐器源于奥尔夫乐器，这也是奥尔夫音乐教学中最突出的特点。奥尔夫创造的音条乐器分为三种。

（1）钟琴

有13个左右金属音条，一般是硬质的镀铬金属，声音清脆、明亮，富有诗意和儿童气息，在音条乐器中音区最高，常被作为高音部运用。由于它持续音比较长，因此不易演奏快速的音乐，在做伴奏配音时也不宜演奏快速音符。一般使用木质槌头演奏。

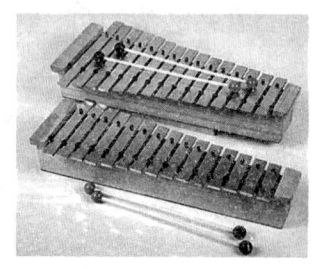

图 5-23　钟琴

（2）金属琴

也称钢片琴、铝片琴、铁琴，主要视制作音条的材料而定。它的音条比钟琴要厚、大，一般有11到13个音条，分高、中、低音三种，如称高音铝片琴、中音铝片琴，由于它的材料特性再加上配有共鸣作用，它的延音更强烈和长久，声音更为柔和、模糊，具有神秘色彩。因此使用时一定要避免演奏快速音符，以免音色混杂，影响听觉感受，为使音乐柔和优美，不宜使用木质槌头。

图 5-24　金属琴

这类琴中还有一种形式的乐器叫音块，每一个音条有一个小共鸣箱，一个音一块，可以拿在手上。它是幼儿和小学低年级学生音乐入门时常使用的一种游戏式乐器，孩子们常使用它来创造美妙的音乐。

图 5-25　音块

（3）木琴

木琴是由硬木（红木、紫檀等）制成的带有共鸣箱的音条乐器，现已有压模合成的代用品，音准和音质更佳。它与一般乐队中使用的带有金属共鸣筒的木琴不同，只有13个木条，它的音色柔和，常作旋律声部，也是合奏的核心。木琴同样分为高音、中音、低音三种，还有专用作垫低音的大音块，一个音一块，一般为主音、属音英、下属音三个，放在地上敲。

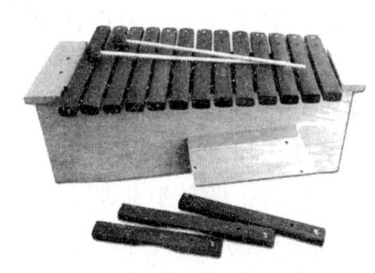

图 5-26　木琴

奥尔夫音条琴有个特点，即无论哪一种音条乐器均可以自由拆卸和更换，它一般备有几个相当于黑键的升降音条，如升F或降B等音的音条。这样在音乐教学或音乐演奏中只需更换个别音条就可以演奏G大调或F大调了，这一点对儿童学习音乐有特殊意义。

（二）打击乐器在音乐教学中的应用

小型打击乐器是课堂教学中应用范围最广、最简单易学又受学生欢迎的乐器。它价格低廉同时还可以自制。日常生活中，只要可敲击发声的都能拿来当打击乐器，教室里的桌椅、书本等都可以作为一个不错的打击乐器。大自然也给了我们人类很多金、木、石类物质，人类也早就懂得使用这些物品来抒发情感和进行交流，在音乐教学中我们可以"取之自然，回归自然"。

打击乐器在音乐教学中不仅可以作为节奏训练的工具，还可以作为学习音乐各种要素、概念的教学媒体和工具。通过奏乐可直接训练音乐的领悟能力、表现能力和理解能力，并实现用音乐与他人的交流沟通。在音乐教学中不仅可以用于唱、奏、动作等音乐活动，而且听力训练以及乐理认知、读谱都可以利用打击乐器来学习。

1. 节奏训练

打击乐器和节奏乐器最擅长的当然是节奏感训练。根据语言、声势提供的节奏基石，节奏小品，均可从"说"到"动"到"奏乐"。

打击乐器一般使用的图形符号如图 5-27 所示。

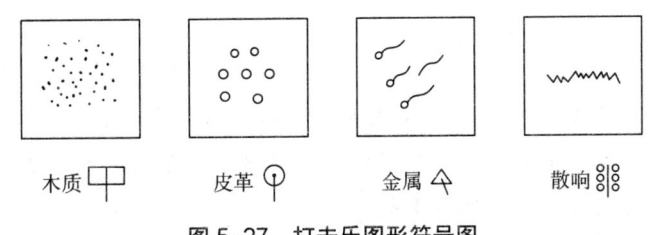

图 5-27　打击乐图形符号图

节奏练习中，节奏的稳定性十分重要，刚开始的节奏练习通常会赶拍子，所以无论是动作或是语言的练习等都要反反复复交替进行。无论朗诵、声势、动作、演奏，在做练习时都要把音量、速度以及声部的进出这些内容逐渐加进去。练习从轻声开始，轻声练习是节奏训练最好的方法。

课例 5-35　说、动、奏

教学目的

根据朗诵、声势提供的节奏基石，进行节奏小品及节奏演奏训练，帮助学生建立稳定的节奏感。

教学建议

全班分成三组，每组完成一组地名节奏朗诵和表演

1. 用地名即兴的节奏朗诵练习
2. 用声势与朗诵结合的节奏练习

朗诵 + 跺脚

朗诵 + 拍手

朗诵 + 拍腿

3. 声势动作 + 声部进出变化

4. 打击乐 + 声部变化

谱例 5-47

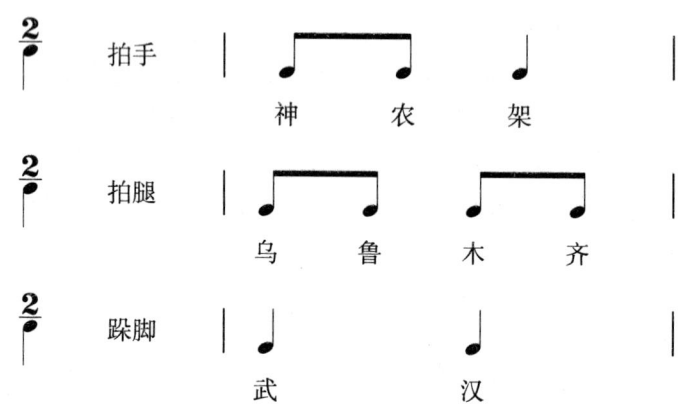

提示

节奏练习时需要反复多次，在学生基本找到感觉后可交换声部，然后再进行下一项。在练习时，要多做少说，不要经常打断练习，学生只有在不间断的音乐中去感受节奏、把握节奏，才能真正感受音乐。不同节奏的进、出可以用手势完成指挥或示意，这也可以让学生从开始就养成看指挥的好习惯。

2. 音乐要素的学习

打击乐器在音乐活动中不只是训练节奏这样的音乐元素，还可以帮助音乐中其他要素的体验与学习，例如：打击乐与动作、语言、声势等，特别是对音量、音色的训练，甚至是曲式结构的训练都可以通过打击乐来完成。

课例 5-36　变化的声音

教学目的

（1）听辨声音，用动作表现声音的开始与停止，用打击乐感受与表现音量的大小变化。

（2）在群体活动中体验指挥与演奏不同角色的转换。

教学建议

一、探索

1."开始"与"停止"

（1）让学生自己去挑选一样打击乐器，探索打击乐器，让其能以各自不同的方式发出不同的声响。

（2）围成圈。先由老师带领大家，当老师伸出双手手掌向上时表示"开始"，每位同学拿起自己的乐器发出声响。当老师双手背到身后，告诉大家这个动作表示"停止"，这时每位学生需要停止动作，不发出声音。反复几次让学生熟悉指挥动作，并在老师指挥下进行"开始"与"停止"的练习。

（3）动作熟悉后，让学生完成指挥，带领大家进行"开始"与"停止"的练习。

2."大"与"小"的练习

（1）教师带领学生完成"大"与"小"的练习。练习时，教师将手高举，打开手指表示"大"，将手指按在嘴边表示"小"，学生要跟随教师的动作进行打击乐的演奏表演。

（2）该动作熟悉后，加上其他动作：手臂渐渐升起与手指打开，表示渐强；手臂、手指渐渐收回表示渐弱。教师指挥学生根据教师指挥完成练习。

二、模仿与即兴

（1）让不同学生完成指挥与带领的动作。

（2）将学生分为两人一组，一位指挥，另一位演奏手中乐器。演奏乐器者需要根据指挥的手势改变演奏的力度与方式。几轮练习后，指挥者与演奏者之间需交换角色。

提示

此活动适合于低年级的儿童，活动的目的在于培养能看指挥、按照要求完成动作的能力。

儿童对能发出声响的器物有一种天然的好奇心，用打击乐器开始入门教学对吸引他们的注意力是有益的。对大多数儿童来讲，打击乐器的演奏不用去教，他们也会用自己探索的方式让其发出声响，这种探索带给儿童较大的自主学习的空间，对培养儿童的探索精神是很有意义的。在教学中教师只是启发、引导、帮助，但不能代替。

3. 打击乐的伴奏练习

打击乐器可以通过固定节奏型来担任伴奏，无论是音乐、动作、表演甚至是语言。大家会发现人们之间除了语言外，还有许多办法可以相互沟通与交流，在生活中常常由于各种原因不能使用语言，我们能否采用其他的手段来表达自己和领悟别人？音乐就是一种语言，可以用来表达和交流感情，打击乐器可以帮助我们更好地使用音乐，用这种语言去表达与相互领会和沟通。

伴奏时需要遵循以下两个原则。首先，从简单入手，采用多声部固定节奏型是入门教学的最佳途径，练习中采用一个固定节奏型无限重复，可以在演奏中分出精力去关注与他人的合作，节奏性的重复也让表演者没有任何心理压力与技术负担，更加享受音乐活动。其次，在打击乐的编排中需要注意声部的交错互补，而不是填得满满的，打击乐其中的某个声部，哪怕它只有一个音，只需敲一下，在节奏感的训练效果上也会有不错的效果，因为在节奏把握上有时甚至可能更加困难。

课例 5-37 打击乐的对话

教学目的

尝试运用打击乐器即兴创作情景对话。

教学建议

语言的表达有时除了有字、词、句的元素,还包括语言的语音、语调、节奏等元素。这些元素与音乐中的许多元素是相通的,我们可以将这些借鉴到打击乐中,进行即兴创编与表演。

一、探索

(1)让学生模仿生活中的各种声音并用打击乐进行表现。

例如:敲门声、走路声、不同情绪下的说话声……

(2)模仿动物的行走、动作及说话声等,并用打击乐即兴表演。

例如:小兔子、老牛、狐狸、乌龟、公鸡等。

二、即兴

两人一组,想象一个情节,例如:买东西、吵架、母子对话等,用打击乐进行对话、即兴及动作表演。

三、表演

教师进行巡视,并请同学到台上表演。

提示

教师要注意引导学生去学习发展自己创造性能力,开始时他们创造的可能会很简单、不成系统,这时教师要有耐心。创造力的培养并不会像学习某种技艺那么容易见成效,这是一种能力的培养,一定要给予机会和时间,积极引导。学生即兴过程中达到什么水平,其实结果是不重要的,重要的是过程,创造性正是在这个过程中慢慢被诱发出来的,思路打开了,创造力就会源源不断地涌现出来。

打击乐器虽然有自己系统的技术训练手段,也有高深的技巧,但它又最容易掌握,无须培养技能操作,它是与人的身体、生活最贴近的乐器。用打击乐器进行即兴创作,使学生有机会参与音乐活动,与大家合作,尝试表现与交流,是非常好的教学手段。教学中教师只需想出办法,吸引学生参加进来,同时要注意引导学生去学习发展自己的能力,就能达到培养学生综合能力的教学目的。

课例 5-38 粉刷匠

教学目的

学习轮唱，并用音条乐器为歌曲伴奏。

歌曲分析

谱例 5-48

粉 刷 匠

波 兰 歌 曲
佳其洛夫斯卡 词
列 申 斯 卡 曲
曹 永 声 译配

$1=G$ $\frac{2}{4}$

中速

```
5 3 5 3 | 5 3 1 | 2 4 3 2 | 5 - | 5 3 5 3 |
我 是 一 个  粉 刷 匠，  粉 刷 本 领  强，      我 要 把 那

5 3 1 | 2 4 3 2 | 1 - | 2 2 4 4 | 3 1 5 |
新 房 子，  刷 得 很 漂  亮。     刷 了 房 顶  又 刷 墙，

2 4 3 2 | 5 - | 5 3 5 3 | 5 3 1 | 2 4 3 2 | 1 0 ‖
刷 子 飞 舞  忙，     哎呀 我 的  小 鼻 子， 变呀 变 了  样。
```

这首歌曲前后共四句，节奏一样，伴奏宜采用两人分奏，从头至尾完成一个一小节的固定音形。

教学建议

（1）分成两个声部学声势。

（2）用听唱法教唱歌曲，边唱边用声势辅助，并交换伴奏声部。

（3）将声势换为音条乐器，告诉学生一小节的固定音型，即可奏乐为歌曲伴奏。开始练习时对这一小节伴奏的固定节奏型反复练习，直到熟练掌握。练习时为方便学生掌握，可将双音声部（高音木琴声部）由两位同学分奏。

（4）歌唱部分可分两部分轮唱，伴奏跟随歌唱结束。

（5）歌唱也可进行四声部轮唱，教学过程中可以换人演奏音条琴，尽量鼓励多一些学生尝试操作。

提示

课程分为四个步骤：用声势练习伴奏声部；用听唱法学习歌曲，声势伴奏；声势换音

条琴伴奏；齐唱改轮唱，齐奏改轮奏。

教学中的唱、奏都不是一步到位而是交叉进行，不断学习新的东西，但又总会有旧的经验与知识支撑。为了学生能最大限度地参与音乐活动，选择教材教法时都要把技术负担降到最低，使学生能在轻松自如的教学氛围中去体验感受音乐和参与活动。当然，教学步骤是灵活的，教师要根据教学实际创造性地运用。

4. 即兴创作

"即兴"是创造性的具体体现，其内容是贯穿在所有语言、动作、戏剧、声势的音乐活动教学领域中的。在前面的每一节内容中都专门介绍了即兴教学在这些项目上的运用。让学生自由地亲自设计自己的音乐活动，是全面培养学生创造能力的至关重要的大事。在小学音乐活动中安排即兴创造性活动，是一项基本的项目，这不仅仅是音乐教育的事，更有关人的培养。这一点在教学计划中远远超出了音乐课和唱歌课的范畴。

体验即亲自参与，获得感知、感受、感情的经验，感性先于理性是小学音乐活动课程思想核心的重要内容。创造能力是21世纪以来，特别是近二三十年最为热门的教育话题。创造性能力的培养是在新的形势下提出的，培养学生的创造力是当今教育与传统教育的重要区别之一。

创造力是一种看不见、摸不着的精神财富。一个优秀的课例，如果授课教师没有理解课程的主要目的，只是照本宣科地去做就会走样、变形，变得毫无创造力。吃透创造力的精髓，创造性地运用课例、哪怕是与课例有所区别，也可以上出富有创造力的课程。我们将以下的课例介绍给大家，希望大家能从中找到创造性的火花。

课例 5-39 音条琴的合奏

教学目的

在节奏训练的基础上进行音条乐器的即兴练习，并进行多声部的合作。

教学建议

（1）给学生以下节奏房子的图片，让学生挑选其中两个，完成如图所示的节奏（两小节）短句。

节奏房子

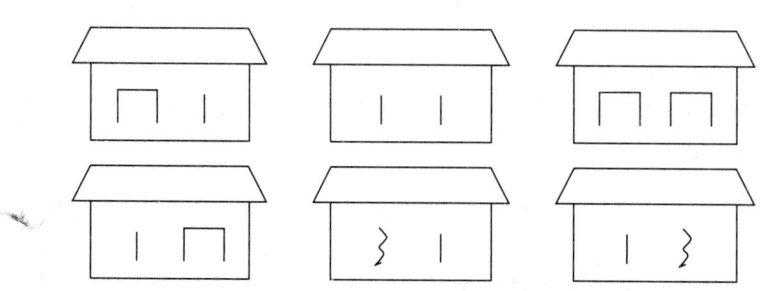

4/4
① —————————— | ② —————————— ‖

（2）学生各取一件音条乐器，将自己的节奏短句演奏出来。

（3）分成三个小组，每个人在音条琴上演奏自己创作的音乐，相互交流自己的作品，互相评价，选出一条代表本小组的节奏短句。

（4）各组同学轮流演奏自己小组的节奏短句。

谱例 5-49

（5）根据节奏型的特点讨论音条乐器适合节奏短句的特色。

甲组：短促，音较多，适合泛音较少的音条乐器，如高音木琴；

乙组：声音相对较长，适合泛音丰富的音条琴，如钢片琴；

丙组：长短音结合，适合泛音适中的音条乐器，如低音木琴。

（6）按节奏型即兴演奏，声部一个个进入，一般从金属琴开始，之后是中音木琴，然后高音木琴（声部的进入，一般从节奏慢、音低的声部开始一层层深入）。

即兴也可以设计成声势、歌唱、齐奏、分奏等共同完成的结构，如：

（分奏）　　　　甲组奏　　＋　　乙组奏　　＋　　丙组奏

（回旋曲式）　齐奏＋乙、丙声势＋齐奏＋甲、丙声势＋齐奏＋甲、乙声势＋齐奏

提示

从节奏到声势再到打击乐器，而后发展到音条乐器，再发展成三声部的合唱、合奏，最终组成一个简单的曲式结构来表演。由一颗简单的、适于开端的种子如何发展为一个综合的作品，在整个过程中每一环节都有即兴创作的内容，最后的作品是由学生们创造的，由每个人亲自参与亲自设计出来的。

创作节奏音乐也需要有一定的想象力，音乐要有一定的特点，例如：平静、安详、活泼、欢乐等。

课例 5-40　音条琴的回旋曲

教学目的

学习用乐器表达情感，练习即兴创作回旋曲。

教学建议

一、探索

1. 请用任意节奏的房子，完成下列的节奏音乐。

(1) X X X X　　(2) X X X　　(3) X　　X X
(4) X　　X　　(5) O　　X　　(6) X　　O

乐句图形谱

2. 学生各取一件音条乐器，尝试演奏自己的音乐短句，可以在同一个音或者不同的音上完成演奏。

3. 可分成小组，相互演奏、交流、讨论彼此的作品，并推出一个人代表小组演奏作品。

4. 全班最后选择一位同学的作品进行讨论、分析。

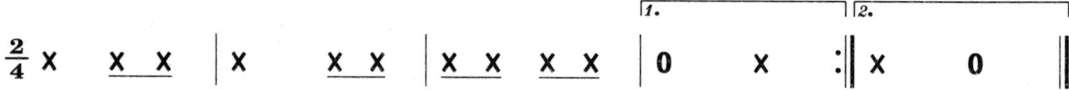

二、即兴

1. 请同学画一条直线，再尝试用曲线来表达愉悦、悲痛及忐忑不安的情绪。

音乐表情图形谱

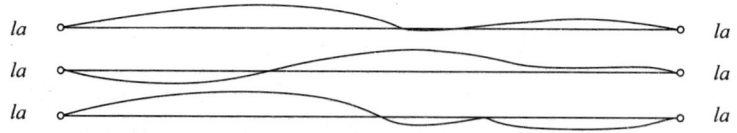

2. 请各组选择一个线条，用 C、D、E、G、A 五个音来表现自己小组的线条谱，要求从 C 音开始到 C 音结束。

3. 再做一次从 A 音开始到 A 音结束。

三、表演

1. 小组成员练习后，完成演唱加演奏的表演。

2. 全班同学判断、交流、讨论旋律表达的情感。

提示

　　课程从自由即兴到有引导的即兴演奏——即给一定的条件（如固定节奏与小节、给一个旋律的走向），到最后指导学生初步设计完成一个较完整的作品。在每一个过程中，我们把过去学到的节奏、曲调、伴奏甚至是曲式融为一体，让学生充分体会即兴创作的乐趣。

思考与练习

　　1. 本教材将音乐活动分为几个大类？每类划分的依据是什么？

　　2. 请问声势活动的教学形式有哪几种？请尝试设计一个嗓音声势教学的案例。

　　3. 应怎样理解教育戏剧与戏剧教育的概念？请模仿《新编小红帽》设计一个教育戏剧的教学案例。

第六章　小学音乐活动教学评价

扫码获取
相关资源

义务教育阶段的新课程标准强调音乐教育评价的普及性与全面性，以发展每一个儿童的能力为目标来给予评判，并且在编写教学评价这一板块的内容前面新增了学业质量这一新的评判方式，评价内容与方式较为全面完善义务教育阶段音乐学科核心素养的评价目标。在音乐活动课中进行科学的评价，对促进教学质量和教学效率的提高具有很大的作用。

第一节　小学音乐活动教学评价的概述

一、小学音乐活动教学评价概念的界定

音乐活动的教学评价是利用所有可行的评价技术，对音乐教学所预期的一切效果给予价值上的判断。它以音乐教育的价值观为标准，以达到音乐教学目标的程度来考量音乐教学成绩和效果，并且要求对音乐教育和音乐学习的知、情、意各方面作全面性的考察。广义的音乐教学评价是以音乐教学的全部领域为对象，它涉及音乐教学的各个方面，包括音乐教学与社会、家庭、美学、心理学、美育、德育、智育、体育之间的关系以及音乐教学体系、音乐教学目标、音乐教学内容、音乐教学方法等内容。狭义的音乐教学评价是以学生为评价对象，专指在学生的音乐学习领域中对学生的音乐素养发展、音乐才能成长及审美能力、艺术情操的形成给予的价值判断。现代音乐教学评价是依据《音乐课程标准》中的价值、理念、目标，运用科学可行的方法和手段，对音乐教学要素、过程和效果进行价值判断的活动。通过音乐教学评价，旨在促进学生不断发展、教师不断提高、学校不断发展、课程不断完善，最终达到音乐教学价值增值的目的。

二、小学音乐活动教学评价的理念

观念制约着行为，教学评价是实现教学目标的基础，是合理的教学策略与科学的教学设计的依据，同时也是教师的素养与关注学生的发展的具体表现。小学音乐活动课程在教学评价观念上，以重视学生发展性为课程评价理念。

在音乐教学活动中评价是不可缺少的基本环节,它为科学地评价音乐活动教学质量提供了标准,对促进教学质量和教学效率的提高具有重大作用。教学评价过程,涉及测量、评价与测验三个术语,三者是互相关联的,但也有所区别。测验是使用利用特定的活动或工具来测量学生学习成就而采用的活动,以数值的形式对人的行为进行描述,不涉及其行为的价值。测量是对测验所得的反应客观描述,是根据教学目标而建立的量度标准、对学生现有行为水平进行度量。评价是根据量化的资料做出的一种主观的价值判断,是建立在客观描述基础上的主观活动。教学评价可以涉及多方便,既可有对学生的、对教师的、对管理人员的,也可有对教学成果的、对教学过程的等。

随着知识内容的急剧增长,原有的知识结构已不能适应时代发展的需要,小学音乐活动课程注重培养学生的情感、态度、素养与价值观,而评价理念具有以下特点。

(1)教学评价体系注重形成性评价,淡化总结性评价。
(2)教学评价重视整体,逐渐向综合评价转移,弱化局部性评价。
(3)注重对音乐活动中主动参与发展变化的评价,激励学生从被动等待评价向积极参与转变。
(4)教学评价重点关注过程与发展,将结果视为下一个目标的起点。
(5)关注对质的变化的分析与把握。
(6)在评价理论方面,强调解决实际问题的能力、创新能力、实践或动手能力、良好的心理素质与科学精神、积极的学习情绪等方面综合素质的评价。

在音乐活动课程中,评价不再是为了选拔和甄别,而是要关注学生成长与进步,评价不再是选拔适合教育的儿童,而是创造适合儿童的教育。将评价表现在激励与整合功能方面,对学生的评价如此,对老师的评价也是如此。评价一位教师的教学,是为了使教师在他评与自我评价中领悟到自己的发展方向,从而借助评价的力量提升个人的教学能力,把课上得更好,将各项教学工作完成得更出色。

三、小学音乐活动评价的作用

评价是与教学过程同等重要的过程,它是教学过程中一个重要环节。评价不是终点,而是下一目标的起点,是一个动态的、持续的过程。评价活动的过程为被评价者提供了展示自我的平台和机会,鼓励被评价者展示自己的努力和成绩。评价也是为了促进评价对象的发展,而不仅仅是检查学业成绩或行为表现。评价应服务于"教师的教"和"学生的学",为人的终身发展服务。评价体现以人为本的思想,关注个体差异的发展和需要;评价不是排队而是为了促进、提高、发展。

小学音乐活动中的评价就是通过各种测量系统地收集证据,根据教学目标对学生在学习成绩上的变化(定量的、定性的)进行价值判断,因此,它包含以下四层含义:第一,以教学为对象的一种系统的观察活动;第二,以教学目标为依据的教学活动;第三,以价值判断为核心的认识活动;第四,以心理测量为基础的科学性活动。

教学评价可以包括多方面的评估,既可以是对学生的、对教师的评估,也可以是对教学成果或教学进行过程的评估。教学评价过程涉及测量、评价与测验。教学评价为教学活动提供了反馈信息,具有反馈、调节、动机等功能,对教学活动的重要性主要表现为以下几点。

其一,它可以保证教学目标的实现,是一种有目的、有计划的师生双边活动,教学评价可以使每一个教学活动向着目标前进。

其二,它可以调整控制教学活动系统,让教学活动处于令人满意的状态,只有通过取得信息、反馈信息、调整行为,才有可能达到既定的目标。

其三,它可以帮助教师、学生正确地认识和了解自己,既调动了学生学习的积极性,也促进了教师不断地改进教学工作。

教学评价的反馈功能如图 6-1 所示。

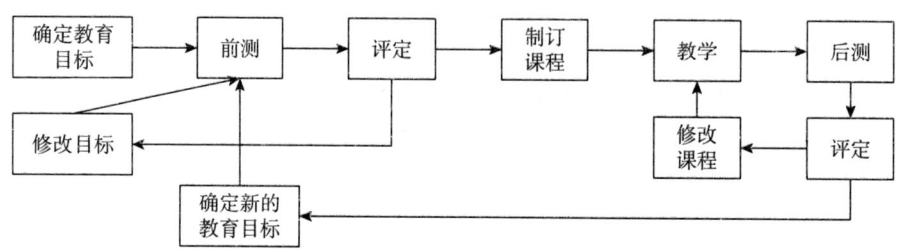

图 6-1 反馈功能

四、小学音乐活动评价的原则

小学音乐活动评价应以审美教育为核心,以培养学生的音乐能力为根本点,着眼于评价的教育、激励与改善的功能。通过科学的评价,有效促进学生发展,激励教师进取,推动小学音乐活动课程蓬勃发展。

音乐活动课程的评价工作一般应遵循以下几条原则。

1. 以教学目标为基础

教学评价的目的是检查学生学习的达标度,因此评价的内容、方式等应以教学目标为准,各项教学评价和分数、进步程度、评语等,要反映学生达标的程度。同时以教学目标为准反映在教学的全过程中,不仅重视学习末的评价,也要重视学习前的评价和学习过程中的评价。

2. 以科学、公正、准确为标准

小学音乐活动课程的教学评价需要依靠科学的评价标准,评价时要采用效度高、信度高、鉴别度高的测量命题对音乐活动进行准确的教学测评。

效度指测验能真实地量出所要测量的事物的程度,它的高低与测量的目标密切相关,也就是命题要根据教学目标来进行;信度指测验能稳定地反映受测量事物的实际水平的程度,它反映了测验的可靠性;鉴别度则是指能把水平不同事物区分开来的程度。在评价活动中,只有将三者结合才能科学、公正、准确地反映音乐活动的教学实际水平。

3. 以面向全体学生为准则

教学评价，要面向全体学生，不论男生女生、不论老师的主观态度、不论学生对老师的亲近程度如何，都要一视同仁、正确对待。

4. 以综合评价为主要方法

教学评价，光靠测验分数是很不全面的。分数仅是学生学习水平的一个标志，很难反映出学生努力的程度、进步的幅度以及学生的学习动机、学习态度，因此教学评价应采取定量定性相结合的综合评价方式来进行。

第二节 音乐教学评价常用的方式方法

一、音乐教学能力与学习测评的常用类型

音乐学习测验，最常用的是标准化测验和教师自编的非标准化测验。

（一）音乐学习标准化测验

音乐学习标准化测验是由测量专家制定的，所测的内容是较为全面的教学成果。这种测验在制定时要在全国范围内经过相应的群体实验、比较、修改，其测验信度与效度经过专家调整，这种测验可提供常模。好的标准化测验会有内容测验效果的详细说明，教师及所在学校将自己的学生成绩与相应的参照群体比较，更全面了解学生成绩及教师教学效果。

表 6-1 教师自编测验与标准化成就测验比较

	教师自编测验	标准化成就测验
监测及计分方面	通常没有统一、具体的规定	具有特别的标准化监测和计分方法的说明
内容取样	内容及其取样全部由任课教师决定	内容由课程及教材专家决定，包含对教学大纲、教科书和教学发展计划的深入研究，并对教材内容做了系统取样
编制过程	可能仓促随意编成。通常没有测验计划、题目测试、项目分析或修订，其测验性质可能性差	经过细心策划的编制程序，包括编制目标及测验计划，并经过题目测试、项目分析及项目修订和筛选步骤
常规	只采用本班常规	除了本班常规，标准化测验必须具备全国性常规、学区常规
目的及应用	最适用于测量教师设定的特殊教学目标，作为班内比较的依据	最适用于测量广泛的课程目标，作为班级、校际及地区性比较的依据

1962 年，在日本由真镶将、浜野政雄、茂木茂八、细矢恭子四人合编了《日本中学音乐能力诊断测验》，这套试题所使用的管弦乐、合唱等均采用实际音响制作，较一些试卷只用乐谱和笔答更能体现其标准化的特点。试题中所使用的乐曲都是针对测试

专门创作的。为了制成标准化试卷，命题者在日本8个城乡以4 315名学生为对象进行测验，并在此基础上制定测验成绩评定标准。此试题以日本初中三年音乐学习目标为学习能力（成就）标准，在日本全国高中入学考试测验中常被采用。这类标准化考试的测验题是不公开的。

日本《中学音乐能力诊断测验》包括以下几部分内容（1979年新版，真、浜野、茂木、细矢，日本文化科学社出版附录音带）。

第一部分　节奏方面
① 三拍子乐曲的识别
听8首乐曲，指出其中的哪3首是三拍子乐曲。
② 节奏识别
听一段乐曲，指出其节奏是所列三首节奏谱中的哪一首。

第二部分　旋律方面
① 不同音的辨别
听两句为一组的旋律（没有节奏变化），辨别两句之间哪些音是不同的。
② 旋律记忆
先听一段短旋律，然后再听演奏，要求指出其中刚开始时听的短旋律反复出现了几次。
③ 大小调辨别
听演奏旋律，要求辨别它是大调还是小调。
④ 识别日本民族调式
听演奏几首旋律，要求指出哪首是日本民族调式。

第三部分　和弦方面
① 和弦连接（终止式）的比较
听两首为一组的乐曲，要求指出其终止式的不同。
② 终止或辨别
听演奏乐曲，要求辨别其和声的终止感。
③ 主题旋律的辨别
听演奏乐曲，要求指出其主题旋律在高声部还是在低声部。
④ 旋律和伴奏的辨别
听演奏乐曲，要求指出其旋律部分和伴奏部分是不是配合得好

第四部分　识谱方面
① 辨认曲谱
听演奏乐曲，要求指出它是所列三首乐谱中的哪一首。
② 选择曲谱的后半部
听演奏乐曲，前半部乐谱是相同的，后半部乐谱有三种，要求指出所奏的是三首后半部乐谱中的那一首。
③ 唱名辨别
听演奏一段旋律，要求在节奏谱下写出旋律的各音的唱名。

第五部分　演唱、演奏形式方面

① 乐器组音色的识别

听演奏管弦乐曲，要求指出是何种乐器组演奏的（如弦乐组、木管组等）。

② 混声合唱的识别

听各种合唱曲，要求指出哪一首是混声合唱。

③ 变奏曲的识别

先听一个主题旋律，然后再听三首乐曲，要求指出其中哪一首是该主题的变奏曲。

第六部分　欣赏

① 调性变化（转调）的辨别

听演奏，要求指出大调是否转换成小调。

② 乐器音色的辨认

听演奏管弦乐曲，要求指出演奏乐器的名称。

③ 选择乐曲的后半部（结尾）

听演奏一首旋律，有三种不同的结尾，要求指出哪一种作为结尾更好。

在日本真筱将等作者还制订了供小学1～3年级、4～6年级使用的音乐学力标准化测验。由于建立一套标准化的音乐能力测验是一项艰巨而浩繁的任务，在我国目前尚未有此类针对中小学生音乐学习制定的标准化测验。

（二）音乐学习非标准化测验

音乐学习非标准化测验是教师采用自编测验的方法。这类题目是用来测量在教学作用下学生的学习水平，评定学生学习成绩，确定教学效果的。题目一般针对某个年级学生学习情况而言，属于非标准化测验。

二、音乐活动课程评价的方式

由于出发点和标准不同，对教学评价的分类标准不一，以美国心理学家布鲁姆为代表的研究者把评价与教学工作紧密联系在一起，按教学过程的发展阶段把教学评价分为三种。

（一）诊断性评价

也称准备性评价。一般指教学前评价，主要在开课前进行，它的目的是为了了解学生是否具有新的教学目标所需要的基本知识和技能，以确定在新的学习前学生所具有的基本能力与起点行为。

（二）形成性评价

一般指学习中评价，在学习过程中进行。它的目的是为了了解教师的教学结果、学生学习进展情况和存在问题，便于及时反馈、调整，改进教学工作。通常由教师通过按教学目标编制的形成性测验来进行，亦可由学生按学习任务的要求来进行自我评价。

(三)总结性评价

又称终结性评价。一般指学期后评价,在学期末进行,根据期末学习测试和考试结果进行评价。它的目的是为了了解学生学期学习是否达到教学目标的要求,做出较为全面的总结,对学生学习结果有评价作用,并对学生以后的学习有预测评估作用。

诊断性、形成性、总结性评价三者的比较如表6-2。

表6-2 总结性、形成性、诊断性评价之比较

类别＼种类	诊断性评价	形成性评价	总结性评价
作用	查明学习准备和不利因素	确定学习效果	评价学生成绩
主要目的	合理安置学生,考虑区别对待,采取补救措施	改进学习过程,调整教学方案	了解学生已达到的水平,预言在后继教程中成功的可能性
评价重点	素质、过程	过程	结果
手段	特殊编制的测验、学籍档案和观察分析记录	经常性测验、作业、日常观察	考试
测试内容	必要的预备性知识、技能的特定样本,以及与学生行为有关的生理、心理、环境的样本	课题和单元目标样本	课程和教程目标的广泛样本。
试题难度	较低	依教学任务而定	中等
分数解释	常模参照、目标参照	目标参照	常模参照
实施时间	课程或学期、学年开始时,教学过程中需要时	课题或单元教学结束后,经常进行	课程或一段教程结束后,一般每学期1~2次
主要特点	前瞻式		回顾式

根据音乐学科及音乐活动课程的特点,音乐活动课程评价的方式主要是:形成性评价与总结性评价相结合,定性评价与定量测评相结合,自评、互评及他评相结合,对评价对象的研究与交流等,形成贯穿于音乐教学全过程的、生动活泼的良好评价氛围。

1. 形成性评价与总结性评价相结合

形成性评价是一种检验学生阶段性学习效果的评价方式。其功能是了解和检验学生一定阶段的学习效果,把握教师阶段性教学的进展情况,以利于及时调整教学计划,改进教学方法。音乐教学的实践过程是音乐教学评价的一个重要方面,应该予以充分的关注,教学评价应该穿插在教学过程中进行。对于学生音乐学习的形成性评价,可采用观察、谈话、提问、讨论、抽唱(奏)等方式进行。在音乐教学中经常采用对学生口头表扬,在课程中建立"资料档案袋"或"成长记录册"不失为一个较好教育的方法。每次上课,将学生受到的表扬及奖励记录下来,形成阶段性评价,反映学生一定时间不同方面的进步,使每个学生体会到成功与自信,看到自己良性发展的轨迹。音乐教学要对学生的形成性评价加以记载,尽可能地对所有学生(至少是大部分学生)实施日常的形成性评价。

总结性评价是指对期末课程结业的检测，所检测的内容为整个学期内的全部学习内容。它是在形成性评价的基础上，对学生学期和学年音乐学习所进行的总结性检测评价。每个学期或学年的阶段性总结评价，学生和家长、社会都比较关注，这对学生总结、回顾音乐学习具有重要作用，应该予以重视。要把平时形成性评价和阶段总结性评价相互结合起来。

2. 定性评价与定量测评相结合

定性评价与定量评价在教学评价中各显其价值和作用，定性评价的优点是显而易见的。例如对学生的音乐学习定性评价，可以针对学生的兴趣爱好、情感反应、参与态度、交流合作、知识与技能的掌握情况等，用较为准确、形象的文字简要加以描述。但定性述评的缺点是工作量大，实际操作起来会增加教师的工作量。在对音乐教师和学校音乐教学工作的评价上，则应该多采用定性的述评。

定量评价具有比较准确、便于实施等优点，如有需要或可能可以对学生的音乐能力或音乐学习水平进行定量评价，从而获得每个学生音乐学习的等级或分值。对于音乐活动课堂评价，同样可以采用定量的方法。采用课堂评价方案，按照分项的权重进行分值的计算，以获得各个评价项目的数据，并评出相应的等级或分值。尽管"凡是存在的东西都有数量"（桑代克语），但是，由于各种条件的限制，受一些因素（如情感、情绪、鉴赏力等）的影响，仅凭定量分析法很难准确地反映课堂教学质量。例如，学生正处于学习阶段，不甚了解课程标准、教学内容，又无教学法的专门知识，有的教师正在进行各种教学方法的改革，学生不理解；有的教师严格要求，而学生不支持等，都容易使评价结果产生假象。因此，应该把定性评价与定量评价结合起来，把评价数据与领导、同行和学生的反映评价结合起来。

采用定性的评语进行描述性的述评和采用测量进行定量的评价这两种评价方式各有其优点和局限性，为了使评价的各项原则能够更好地得以实现，使评价更加科学、真实、准确，便于实际操作，必须尽可能地将这两种方法互相结合起来，使其利弊互补。

3. 自评、互评及他评相结合

自评、互评及他评三种评价方式相结合是实施综合性评价的重要方面。音乐活动教学评价主张把评价者的自我评价作为整个评价过程的预评阶段，这样做有利于被评价者自己发现问题，进行改进，同时，也有利于被评价者在自我评价的基础上接受和理解最后的总评价。其中，对学生音乐学习评价的自我评价方式应给予充分的重视，要根据不同学段和年级，广泛地、灵活地加以运用。学生的自我评价应以描述性评价为主。通过生动活泼的形式让学生对自己的音乐学习进行总结、回顾和比较。学生自我评价应该注意调动学生的积极性，注意承认学生音乐学习的个体差异。为此，学生评价的重点应该放在自我发展的纵向比较上。学生之间的相互评价也是值得提倡的一种音乐学习评价方式。要根据不同年级学生的实际能力，采用简便、可行的方式方法开展阶段性或经常性的学生自我评价和相互评价活动。学生的自我评价和相互评价与以往单纯由音乐教师对学生进行成绩考核相比，在评价的价值和效果上有着很大的差别。通过各种形式的自评或互评活动可以充分发挥学生的积极性，以达到相互交流和激励、发展学生各种能力的目的。

对音乐教师的教学评价和音乐课堂教学评价，同样需重视教师的自我评价，坚持描述性的评价和鼓励性的评价为主，使音乐教师有一个踊跃参与评价、主动面对评价的积极心态，避免不必要的紧张和消极心理。为了使音乐教师和课堂教学的评价能够更加真实，在教师自评的基础上还应尽量采用多元决策的评价方式，即采取同行（教师）、对象（学生）、领导、本人相结合的评价方式进行。其中，要注意发挥学生的评价作用。因为学生是教学的直接参与者，平时与教师接触较多，对教学、教师的情况比较了解，应该说他们最有发言权，学生和教师自评、生生之间、师生之间和教师之间的互评、学校和上级主管部门对教师的评价、家长对教师的评价以及师生和家长对学校音乐教学工作及音乐课程的评价，这些都是音乐活动课程评价的重要组成部分。通过各种形式的评价，我们可以从多种渠道获取改善音乐活动课程的信息，及时调整和改进教学，提高音乐活动教学质量。评价活动要注意讲求实效，尽量简化评价过程和方法，评价不宜过常、过滥，防止流于形式。

三、音乐活动课程评价方法

（一）测验法

测验法，通常指用笔答的方式进行考核评价的方法。此类测验又被称为客观性测验，因其可以避免或减少主观判断成分，在许多音乐教学中占有重要地位。在音乐教学中多用于认知测验。

在音乐活动教学中，音乐测验常常采用结合实际音响测验的方法，这种方式更符合音乐学科特点，可避免死记硬背。

课例 6-1　声音元素的感受力

测验

测验类型：诊断性或总结性评价

测评方法：非标准化测验

测验目的：学生对声音元素的感受力

测评步骤：

（1）教师进行钢琴弹奏，演奏音乐中要出现音乐的高低、快慢、强弱、停连等相关元素；教师要求同学用动作来表现音乐的变化；

（2）学生以散点站立的形式分布，听到音乐后学生开始进行动作即兴；

（3）教师要求学生动作要尽可能有变化，包括与自己的动作、与其他同学的动作都要有所变化；

（4）在行走时教师要求学生尽量走不同的路线，同时要注意不要扎堆、不要碰撞；

（5）在动作即兴中，教师要注意观察学生，发现学生动作的闪光点，观察学生的思维模式、个性特征及心理状态。

提示

此活动既可以是音乐的教学活动,也可以是测验活动,用动作表现声音元素这样的测试让学生没有思想上的负担与压力,便于学生今后的音乐能力发展。

(二) 即兴创作法

即兴创作法属于主观检测法,可以用于认知测验,也可以用于心智技能的测验。此法在音乐活动课程中贯穿始终,考核中可采用即兴唱奏、即兴表演的方法进行,也可将创作的作品用笔记录下来,再让小学生自己用演唱、演奏的方法进行。考核学生的音乐创造力,可以用此方法,如歌词创作、动作创编、戏剧创编、即兴歌唱、演奏、表演等;或是完成曲式结构简单的音乐作品后,再进行表演。对于学生的作品,可以根据学习的不同阶段,提出不同的要求,评分标准要从学生的实际出发,从利于学生发展的目标出发。

课例 6-2　女巫的城堡

测验

测验类型:诊断性评价
测评方法:非标准化测验
测验目的:学生对节奏的感受力与表现力
测评步骤:

(1) 教师讲故事:传说有个美丽而又神秘的城堡,城堡里有许多的金银财宝、可是城堡里还住着个女巫,如果想要进入这个美丽的地方,获得财富,必须要经过女巫这一关。

(2) 关卡一:要进入城堡,就是必须要和女巫对上暗号。
教师扮演女巫,与每位同学进行节奏模仿游戏,要求学生模仿正确才能过关。
考核中,节奏的选择要根据学生不同的年级、不同音乐水平进行设定。

(3) 关卡二:进入城堡后,要和女巫进行对话,对话中如果交流愉快可以获得游玩城堡的资格。
教师与学生进行节奏对话,要求对话中要采用不同节奏的快慢、停连,表达情绪与情感。

(4) 欢乐的告别宴会
播放音乐,学生们用节奏进行模仿、跟随、对话游戏,教师根据观察对学生发放奖励卡片。

提示

教师在实施考核时,必须考虑考核的目的,针对考核的不同侧面,选择相应的方法。

（三）表演考核法

表演考核法属于主观测验法，主要针对音乐活动课程学习中的各项能力进行考核，考察内容可以是单项内容，例如：对节奏、动作、声势、演奏能力的考察，也可以是综合运用能力的考核，如：戏剧、小型曲式作品的创编与表演。前者可以了解学生对课程内容掌握的情况、音乐表现力等，后者除上述目的外还可以了解学生的音乐审美偏好、模仿能力、创造力等。例如：戏剧《小红帽》创编过程中，无论是表演的人物选择、故事情节的设定，音乐、动作、歌唱的创编与表演都体现了学生的能力与水平。

（四）音乐情感测量

这是音乐教学中最重要又最难测量的项目，音乐教学活动考察中，常用的方法是由教师直接进行行为观察评价。

应该指出的是，情感行为要受学生情感定式及客观环境因素的影响，例如教师在课堂上问谁想去听芭蕾舞音乐会，愿意去的学生可能包括两种：真心愿意去或者为了让老师满意自己；如果能集体组织或免票去，学生可能参加的人数较多，如果个人购票或因为交通不便、安全问题、票价昂贵，去的人可能就比较少。因为学生的情感行为，要受诸多因素影响，不易准确。

（五）观察法

属于主观性方法，是教师进行课堂教学、帮助达到教学目的的重要手段与方法。观察可以在教学中随时进行，观察了解学生的学习状态和反应，观察的结果可随时用符号或简单的文字记录，也可以用评分法、等级法加以评价。观察法是小学音乐活动课程中经常使用的方法，要求教师具有较好的观察、归纳与总结能力。观察，可以是对全班每位同学能力进行横向比较，也可以是在一段时间内对5至10名学生进行纵向的观察。为了进行有效的观察，教师要事先制定观察计划，明确观察目的。

音乐活动课程教学评价不仅关注教育的激励与改善功能，更注重学生的全面发展。不仅关注学生的音乐基础知识和技能，而且更加关注学生对音乐的兴趣、爱好、情感反应、参与态度。教师通过教学评价的引导，更加注重安排与设计引导学生进入音乐的过程与方法的有效性。课程活动教学评价注重评价方式的多样化和灵活性，不仅有定量评价、定性评价、总结性评价、形成性评价，还有自评、互评、他评等。新课程音乐教学评价注重综合性评价，关注个体差异，注重评价指标的多元化。良好的音乐活动教学评价对更好地实施音乐活动课程具有重大的现实意义。

思考与练习

1. 请问可以用什么方法对小学一年级的学生进行音乐能力的测评，测评的目的是什么？
2. 请设计一个用即兴创作形式反映学生动作表现力的测评活动。

参考文献

[1] 杨立梅. 柯达伊音乐教育思想与匈牙利音乐教育[M]. 上海：上海教育出版社，2011.

[2] 杨立梅，蔡觉民. 达尔克罗兹音乐教育与实践[M]. 上海：上海教育出版社，2011.

[3] 缪力. 体态律动[M]. 北京：人民音乐出版社，2001.

[4] 尹爱青. 当代优秀音乐教育体系与教学法研究[M]. 长春：东北师范大学出版社，2009.

[5] 尹爱青. 学校音乐教育导论与教材教法[M]. 北京：中央音乐学院出版社，2007.

[6] 曹理，何工. 音乐学科教育学[M]. 北京：首都师范大学出版社，2000.

[7] 雍敦全. 音乐教学法[M]. 重庆：西南师范大学出版社，2016.

[8] 上海音乐学院师范院校音乐教材编委会. 小学音乐教学法（修订版）[M]. 上海：上海音乐出版社，2012.

[9] 金亚文. 课程标准案例式导读与学习内容要点[M]. 长春：东北师范大学出版社，2013.

[10] 廖策权，梁俊. 教育心理学[M]. 长春：东北师范大学出版社，2018.

[11] 于丽. 奥尔夫音乐教学法[M]. 西安：西北大学出版社，2019.

[12] 熊伊. 学校艺术与音乐教育[M]. 北京：光明日报出版社，2016.

[13] 孙继南. 中国近代音乐教育史纪年（1840—2000）[M]. 上海：上海音乐出版社，2011.

[14] 乔克西. 柯达伊教学法[M]. 赵亮，刘沛，译. 北京：中央音乐学院出版社，2008.

[15] 张惠芬，金忠明. 中国教育简史[M]. 上海：华东师范大学出版社，2001.

[16] 金桥. 萧友梅与中国近代音乐教育[M]. 上海：上海音乐出版社，2006.

[17] 格丝朵芙. 奥尔夫[M]. 王天若，译. 北京：人民音乐出版社，2006.

[18] 冯效刚. 中外音乐教育史简编[M]. 苏州：苏州大学出版社，2018.

[19] 李妲娜，修海林，尹爱青. 奥尔夫音乐教育思想与实践[M]. 上海：上海教育出版社，2015.

[20] 温迪·瓦勒里歇，艾莉森·雷诺兹，贝斯-波尔顿等. 音乐游戏[M]. 王甘，刘昊等，译. 北京：中国对外翻译出版公司，2004.

[21] 华锋. 吟咏学概论[M]. 郑州：大象出版社，2013.

[22] 戴维·埃利奥特. 关注音乐实践——音乐教育哲学[M]. 刘沛，译. 2版. 北京：中央音乐学院出版社，2018.

[23] 陈蓉. 声势：音色、节奏与身体[M]. 上海：上海教育出版社，2016.

[24] 沃尔夫冈·马斯特纳特. 音乐教育学导论[M]. 余丹红，张礼引，译. 上海：华东师范大学出版社，2008.

[25] 戴维·埃里奥特. 关注音乐实践——新音乐教育哲学[M]. 齐雪，赖达富，译. 上海：上海音乐出版社，2009.

[26] 边霞. 儿童艺术与教育[M]. 南京：江苏教育出版社，2015.

[27] Mollie Davies. 幼儿动作与舞蹈教育[M]. 刘淑英，译. 台北：心理出版社股份有限公司，2009.